传
记
文
库

特立,不独行

新文·新民·新世界

梁启超家族

李喜所 胡志刚 著

新星出版社 NEW STAR PRESS

梁启超

梁启超与长子梁思成（左一）、三子梁思忠（右二）、长女梁思顺（右一），1905年摄于东京。

1910年，梁启超在日本抱着2岁的思庄和3岁的思忠。

20世纪20年代,梁启超和梁思永、梁思达合影。

1908年,梁启超的九个子女于双涛园合影。

1927年,梁思礼与姐姐梁思懿(右)、梁思宁(左)的合影。

左起梁思宁、梁思睿、梁思礼和梁思达,1934年摄于天津饮冰室。

1934年，梁思礼与姐姐梁思懿在天津饮冰室前合影。

林徽因（后排右一）与梁启超在长城上。

梁思成,首届中科院院士,中国现代建筑学奠基人。

1928年,梁思成、林徽因在加拿大渥太华结婚期间留影。

林徽因与儿子梁从诫,女儿梁再冰。

抗战结束后回到北平的林徽因与儿子梁从诫。

梁思永，首届中央研究院院士，中国现代考古学的主要奠基人之一。

梁思永一家于四川李庄。

梁思礼,中科院院士,我国航天事业的奠基人之一。

1956年11月,梁思礼与麦秀琼的结婚照。

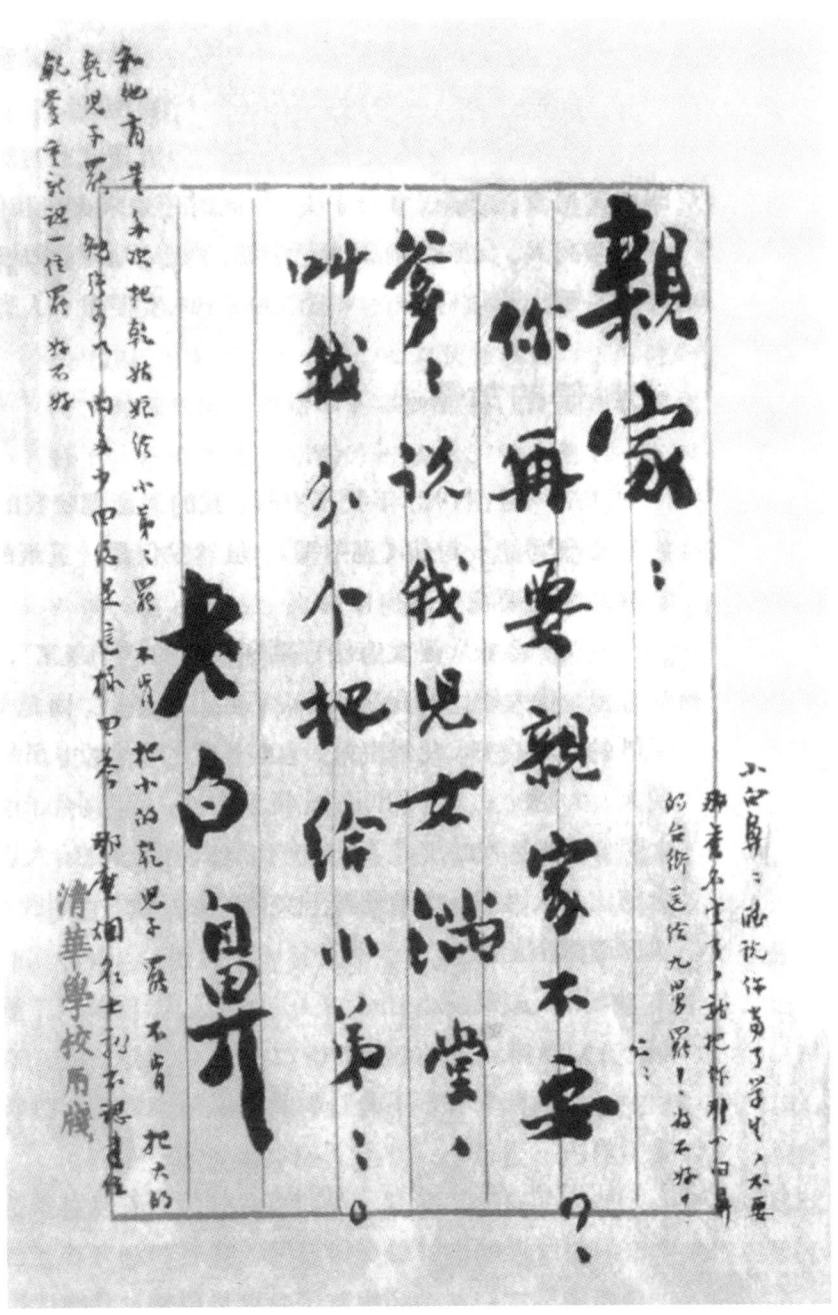

梁启超手把着三岁的梁思礼写的信。"老白鼻"是梁启超对梁思礼的爱称，即"老baby"的谐音。

前言

众所周知,人在特定的家族和家庭中生活。家庭则是社会的细胞。人、家庭、社会是无法分割的一个整体。不过,家庭和社会可以制约人,人却没有选择父母、家庭、社会或时代的自由。所以,人在创造自己历史的时候,只能在家庭和社会交织的网络中进行,可自由选择的空间和时间是很有限的。有感于此,谭嗣同大声疾呼要"冲决网罗",但"网罗"永远是冲不破的,彻底冲破了,人也犹如无本之木了。然而,话又说回来,人是活的,有巨大的创造力,可以能动地、有限度地改变家庭乃至社会。在看到社会、家庭对人有制约的一面的时候,还应看到人对家庭、社会也有改造的一面。人在特定的"网罗"中生活,又给"网罗"涂上了不同的颜色。在这方面,不同的人有不同的表现,不同的家庭有不同的命运,不同人群有不同的时代。世上有千千万万个家庭和家族,他们各有各的特色,各有各的幸福和痛苦,各有各的"难念的经"。基于这样的理性思考,本书在阐述梁启超家族浮沉的过程中特别注重了两点:一是将梁氏家族在近百年的起伏与特殊的时代和社会变动有机结合起来,以大社会为背景来考察小家庭,以小家庭为窗口来理解大社会,妥善处理全貌和一点的关系;二是着力研究梁启超家族独有的特色和长期积淀的文化内涵,写出知识分子家庭的文化底蕴、文化氛围、文化品位和文化走向,也就是注重了梁氏家族文化个性的表述。

梁启超特别善于把握时代的脉搏,时代也往往偏爱像梁任公这样跟着它走的人们。一般来讲,近代中国是一个从传统的农业社会向现代的工业社会转变的时代,现代化是时代的潮流,顺之则昌,逆之则亡。梁启超则对现代社会情有独钟,其主要的活动几乎都和中国从传统向现代的过渡连在了一起。早年即跟随康有为搞改革,后又办学、办报、开民智、参政议政,为资产阶级民主政治奔波了一生。梁启超的家庭也在潮流的裹挟下发生了巨大变化,由南国衣食有余的普通农家一跃变成了著名的新知识家庭。他可以在天津建造一座洋房,起名"饮冰室",还能在北戴河买一个小别墅,夏天带全家在那里尽情地享受天伦之乐。其子梁思成,四十年代在美国讲学,回国时还带了一辆小汽车。这在当时的中国是十分令人惊羡的。梁启超的父亲梁宝瑛成婚的时候,娶的是乡间良家女子,是典型的"父母之命,媒妁之言"。梁启超的夫人则是晚清官僚李端棻的妹妹,是地道的官宦人家的千金小姐。到梁思成成家的时候,婚配的是气质超群的文化名人林徽因。梁启超精心安排了他们的相识、相知、相爱以及一同赴美读大学、在加拿大的婚礼、往欧洲旅游度蜜月等。现代气息在梁家是越来越浓了。梁启超的走向现代意识,以及其家庭在现代社会制约下折射出的新变化,再清楚不过地反映出时代与家庭密不可分的互动关系。

梁启超的家庭处处散发着诱人的文化气息。这种文化,既不是中国传统的古典文化,也绝非欧美式的西方文化,而是中国文化在近代转型过程中所再生的新文化。中国文化在鸦片战争后遇到了前所未有的新挑战,它只能在正确处理中西和古今文化关系的过程中才能得到新生。梁启超恰好在这方面用心最多，成果也最多，是近代构建新文化的一代宗师。他主张中西文化"结婚"，并结合中国社会的需求大量介绍西方文化，极为"新潮"。在近代传播西方文化方面，梁任公功不可没。同时，他的中国古典文化修养颇深，尤其善于以全新的现代理念去诠释和介绍中国传统文化，并对旧文化赋予新意义。在家庭中，他也以这种文化理念去教育子女、处理问题。其子女虽然多出国留学，接受的是西方教育，但梁启超总是不失时机地为他们补上中国古典文化这一课。所以其子女在后来的生活和工作中大都表现出中西文化兼通的与众不同的一面。从梁启超的家庭文化中，可以切实感受到西方文化的潜移默化，更能够追寻到颇为深厚的中国文化底蕴，还会提炼出一种古今中西文化相融合后再合理升华的新的文化因子，感悟出近代中国新文化的一些新特点。

目 录

百年一梦——解读梁家………………………………… 1
  百年梁家………………………………………………… 1
  似梦非梦………………………………………………… 6

探源——南国飞出个金凤凰………………………………13
  家乡风情…………………………………………………13
  家世沿革…………………………………………………17
  "神童"的童年……………………………………………20
  迈向科举之路……………………………………………23

起飞——"神童"跟着时代走……………………………27
  拜师康"圣人"……………………………………………27
  公车上书…………………………………………………32
  主笔《时务报》……………………………………………35
  执教湖南时务学堂………………………………………38
  联志士，建社团…………………………………………41

成也，政治；败也，政治 ································ 45
二十五岁成了政治明星 ······························ 45
一转眼变成了政治犯 ································ 49
亡命日本 ·· 53
站在袁世凯的阵营 ·································· 57
入主"第一流人才内阁" ···························· 61
挥泪反袁 ·· 64
发动护国战争 ······································ 68
忍痛告别官场 ······································ 73

永垂不朽是文章 ···································· 77
笔尖常带感情 ······································ 77
治史以求新为本 ···································· 81
吹响"小说和诗界革命"的号角 ······················ 85
学术思想史研究中的硕果 ···························· 88
探求佛学的奥秘 ···································· 93
文化研究中的新论 ·································· 96

妻爱无限　儿女情长 ································ 99
"天赐"李蕙仙 ···································· 99
"爱人"王桂荃 ···································· 104
"心中的小鹿"何蕙珍 ······························ 109
儿女成群"双涛园" ································ 112
欢声笑语"饮冰室" ································ 117

"思成梁启超" … 126
- 思成初长成 … 126
- 天上掉下个林妹妹 … 139
- 欢喜冤家 … 153
- "老婆是自己的好,文章是老婆的好" … 162
- 生死不渝"黄昏恋" … 182

思成,有成;也难成 … 193
- 执教东北大学 … 193
- 醉心古建筑 … 200
- 首选院士 … 220
- 国徽、国旗、人民英雄纪念碑 … 227
- 北京城墙、大屋顶 … 237
- 爱亦清华　恨也清华 … 247

群星闪烁——渐为平常百姓家 … 257
- 新型知识分子群体 … 257
- 寻常家,寻常事 … 269

薪火相传——梁再冰,梁从诫 … 284

附录一　梁启超年表 … 293
附录二　主要参考书目 … 304

百年一梦——解读梁家

百年梁家

从 1873 年梁启超出生到 1972 年其长子梁思成离开这个世界，恰好是一百年。百余年来，由梁启超支撑起来的这个梁氏家族，经历了清王朝、民国和新中国的政治变动，沐浴了新的、旧的以及经济的、思想的、学术的、文化的、风俗的乃至战乱的洗礼，几多风雨，几度春秋，起伏不定，曲折发展，已成为人们十分关注和渴望了解的一个典型的新型知识分子家族。这中间，既有奋斗的欢乐，成功的自豪；也有失败的悲哀，挫折的苦恼；当然也少不了悲喜交织，叩人心扉的起伏。漫步梁家，可以感触到百年中国社会跳动的脉搏，录觅到梁家几代人生活的足迹，感悟出一些家族沉浮的哲理和治家的经验教训。

在近代中国，平民要想改变自己的命运，有四条路可走：一是读书，通过科举，或进入大学，或出国留学，挤进社会上层；二是当兵，出生入死，因有军功成为军官；三是步入工商界，凭着自身的精明和运气，慢慢积累钱财，变为富翁；四是冒险造反，与现政权对抗，成者王侯败者贼。梁启超走的是第一条路，通过他的聪明才智，努力拼搏，逐步托起了梁家。1873年2月13日，梁启超呱呱落地的广东新会县茶坑村，是南国一个极普通的村庄，其父母也是极普通的平民。他的父亲梁宝瑛是个一面教书、一面务农的乡间知识农民，所谓"田可耕兮书可读"；母亲虽然识字，又很贤淑，但只是一位农家女子。全家基本上以务农为生，过着不贫不富的一般农民的生活。梁启超出生后，随着其不平凡的发展，梁家才走出数百年平静的普通百姓的生活，而渐渐显露风头，为世人所瞩目。可见，一个家族的兴盛，虽然是天时、地利、人和等多方面因素交互作用的结果，但其中最关键的是要先出现一位足以将此家族推向全国甚至全球的大人物。有大人物，方有大家族；大人物灭，其家族亦渐为平常百姓家。梁启超这一代，同母所生共六人，启超为长，其下有弟弟启勋、启业，还有一个五岁夭折的弟弟；另有两个妹妹；此外，还有继母所生的梁启文和梁启雄。但只有梁启超睿智敏慧，其余皆才智一般。梁启超幼时，家人已经发现其聪明绝顶，尤其是其爷爷将梁家复兴的希望全寄托在这个长孙的身上，总是教导家人不可以"常人视之"。梁启超也特别争气，十一岁中秀才，十六岁成举人，二十五岁成为政治新星，二十九岁主编《新民丛报》，成为二十世纪初中国舆论界的"执牛耳者"，并逐步发展为学术界的一位大家，是那时一代青年崇拜的楷模。民国初建时，他又不失时机地叱咤政坛——组党结社，并为之奋力搏杀，一度成为进步党的党魁，曾任北洋政府司法总长、财政总长、币制局总裁、护国讨袁战争的都参谋等。参政失败后，则投入学术界，在清华大学、南开大学等校任教，可谓桃李满天下，著述传五洲，西方学术界一度酝酿将其作为世界诺贝尔文学奖的提名人选，可以说梁启超是二十世纪中国学术界的一代宗师。虽然梁启超于1929年英年早逝，仅活了五十六岁，但却留下了一千四百多万字的著述，厚厚的《饮冰室合集》，满载着梁启超毕生智慧的结晶。纵观梁启超的一生，一手从政，一手做学问；能做官时就做官，不能做官就做学问。以官促学问，以学问带参政。"亦官亦学"，相得益彰。从某种意义上讲，梁启超是把中国文化吃透了。在中国，官长学问就长，单单做学问者，难成大气候。然而，官场险恶，单单为官者，总是险象环生，用官打开做学问的通道，以学问打牢为官的根基。官做大了，学问就有人买账了；学问做大了，官就奈何不得了，反而要拉拢利用你了。官学结合，是聪明的中国人最佳选择。但这条路不是谁都能走得通的，既能做学问，又能做官的人毕竟太少了。像梁启超这样，参政有能力，学问是一流，实在是微乎其微，少得可怜啊！梁启超的高明之处就在于把自己的聪明才智真正用在了能发挥作用的地方，用得其所，用得其妙，在复杂多变的近代中国找到了最佳的生存方式。因此，从他的家族发展方面来讲，梁启超基本上获得了成功，成了托起梁家的"太阳"，成为梁氏家族兴旺发达的创始人和领头人。

有了梁启超所开创的基础，他的下一代就人才辈出了。梁启超有两位夫人，一为李蕙仙，一为王桂荃。李夫人1893年就为他生下了女儿思顺，二十岁的梁启超早早地当上了爸爸；后又生一子，不幸夭折；1901年生思成，1908年生思庄；算来李夫人生了两男、两女。王夫人1904年生思永，1907年生思忠，1912年生思达，1924年生思礼，还有思同，早夭，共5男；1914年生思懿，1916年生思宁，共二女。这样，除了未成年便已夭折的两个孩子外，梁启超的下一代就有五男四女，真可谓子女满堂。梁启超是性情中人，热爱家庭，喜欢小孩子，尤其对女儿情有独钟。他最喜欢大女儿梁思顺，现存的他给思顺的数百封厚厚的书信，字里行间洋溢着炽热的情感和无限的父爱。梁启超不仅关心儿女的学习、生活，而且对他们的婚姻、择业、性格修养等，都给予了具体的指导。在他的精心培植下，儿女们个个成材，出人头地，再现了梁氏家族新的辉煌。

被梁启超看作其当然继承者的梁思成，是近代中国最著名的建筑学家之一，是中国第一代建筑师的杰出代表。梁思成一生创办了两个大学的建筑系，即东北大学建筑系和清华大学建筑系，是近代中国建筑教育的开拓者。二十世纪三十年代，梁思成以中国营造学社为学术平台，在开创性的古建筑调查与研究中，逐渐梳理出了中国古代建筑的发展脉络，其多项研究成果赢得了国内外学术界的广泛赞誉。新中国成立前后，梁思成积极参与新政权创建工作，主持编制《全国重要建筑文物简目》，参加审定国歌、国旗方案的工作，组织设计国徽。进入二十世纪五十年代之后，梁思成积极参与国家建设，在北京城市规划、文物建筑保护、探索建筑的民族形式实现路径等领域表现出了一名学者高度的社会责任感和前瞻意识，并努力构建以"梁陈方案"为中心的北京旧城保护及未来发展范式。1948年，梁思成当选为"国立中央研究院"首届院士，1955年，当选为中国科学院技术科学部首批学部委员。此外，梁思成还长期担任清华大学建筑系主任，并曾当选为第三届全国人大常委会委员、北京市人民政府委员，新中国成立初期还被任命为北京市都市计划委员会副主任委员，虽说没有真正掌握过多大的权力，但颇有社会地位。遗憾的是，五六十年代他总是受到"革命者"的批判，最终没能过"文化大革命"这一关，带着无限的遗憾和永远的不理解离开了他着力要美化的世界。

和梁思成同甘共苦、休戚与共的是他的爱妻林徽因。这是梁启超精心设计，思成和徽因又经过自由恋爱而形成的一桩婚姻。对此，梁启超颇为得意，多次坦言这是解决儿女婚姻最好的方法。其实，更让梁启超引为自豪的是儿媳妇的品貌和才学。林徽因是中国近百年少有的一位奇女子，她天生丽质，美若天仙，凡是见过她的人，都情不自禁地会为她的美貌所倾倒。南开大学一位著名的数学女教授晚年曾在《今晚报》撰文，回忆其半个世纪以前偶遇林徽因的情况，她这样写道："1930年春夏之交，我因病休学在香山脚下亲戚家的别墅休养，有一天同一位朋友上山游览，半山上一顶山轿下来，我看见轿子里坐着一位年轻女士，她容貌之美，是生平没有见过的，想再看一眼，轿子很快下去了。我心中出现'惊艳'两字。身旁的人告诉我，她是林徽因。用什么现成话赞美她？'闭月羞花'、'沉鱼落雁'等都套不上。她不但天生丽质，而且从容貌和眼神里透露出她内心深处的文采和书香气息。我今生今世，认定了她是我所见到的第一美人。没有一个人使我一瞬难忘，一生倾倒。"①这位教授的观察非常准确，极富哲理。林徽因虽然一生多病，大半生与病床为伍，称得上是"病西施"，但以她少有的特殊才华，成为近代中国屈指可数的诗人、建筑学家、文学家以及话剧创作家。作为重要的成员之一，林徽因还先后参加了新中国国徽及人民英雄纪念碑的设计。她从1904年来到这个世上，到1954年过早地去世，在短短的五十年内所取得的成就，是令人惊叹的。林徽因和梁思成的结合，共同将梁氏家族推向了另一种新的境界。

梁启超的其他儿女虽然略逊于梁思成，但个个也成就非凡，能看出梁家群英汇聚，根深叶茂。

梁思顺（1893—1966），文学修养甚好，于诗词、音乐等方面都有很高的造诣，著有《艺蘅馆词选》，是难得的女才子。

梁思永（1904—1954），著名考古学家，中央研究院首届院士，是中国第一个受过西洋近代考古学正式训练的学者，中国近代考古学的开创者之一。

梁思忠（1907—1932），留学美国学习军事，回国后任国民革命军第十九路军炮兵上校，因病早逝。

梁思庄（1908—1986），著名的图书馆学家，曾任北京大学图书馆副馆长，特别在西文编目方面，贡献良多。

梁思达（1912—2001），经济学家和工商管理学家，长期在银行和工商行政管理部门任职。

梁思懿（1914—1988），早年积极参加爱国救亡运动，新中国成立后，携全家回国参加祖国建设，曾任山东省妇联主席和中国红十字总会国际联络部副部长、顾问，1980年起担任全国政协委员。

---

① 陈鹒，《我见过的徐志摩林徽因陆小曼》，《今晚报》，2000年4月26日第10版。

梁思宁（1916—2006），青年时期投奔新四军，是一位老革命。陈毅元帅曾戏言："当年我手下有两个特殊的兵，一个是梁启超的女儿，一个是章太炎的儿子。"

梁思礼（1924—2016），著名火箭系统控制专家，中国导弹控制系统研制创始人之一。1987年，当选为国际宇航科学院院士，1993年，当选为中国科学院院士和第八届全国政协委员。曾获国家科技进步特等奖、国家科技进步二等奖、何梁何利基金奖、中国老教授科教兴国奖等。

梁启超的儿女中，有三位院士，这是非常令人骄傲的事情。不过可以明显地看出，梁启超的下一代，已经缺少他那样广泛的政治影响力和可以呼风唤雨的社会地位。他们的辐射面基本局限在学术领域，向外拓展的空间有限，梁氏家族的地位在下滑，而不是更上一层楼。这中间的原因是多方面的，但最根本的一条，是无法出现和梁启超相媲美或者超越梁启超的大人物。如果再往下一代观察，梁思成兄弟姐妹的后代，虽然也有值得称道的人物，但基本上已逐步走入了普通百姓的家庭。颇负家族责任感的梁思成，为女儿取名梁再冰，寓意再造梁家"饮冰室"时期的辉煌，但这只能是一种愿望而已。家族的兴衰，往往是不以人的意志为转移的。真是风水轮流转，你方唱罢我登台，即使再厚实的名门望族，也难维持百年以上。俗话称"人无三代富"，意思就是说再能干的人，也无法将一个兴旺的家族永远维持下去，能传三代就相当不容易了。其中的奥秘，非一般的因果得失所能解释得了。叹人世，终难定。家族的兴衰和人生一样，似梦非梦，永远是个谜。

似梦非梦

梁启超在解释历史时一贯坚持进化论和寻求因果、规律，但到了晚年则对此提出了质疑，认为历史的发展不完全是进化的，也有循环的一面；

世上的事物也并非皆是有"因"必有"果",更不可能都有特定的规律,许多东西都存在不确定的一面。他提出在讲进化、找规律的同时,还要注意人和事中不可知的一面,也就是他创造的"互缘"的一面,说得通俗一些就是人们经常讲的所谓"缘分"。梁启超的这种观点,应该讲比较接近于历史和现实的真谛。人生的演绎,家族的兴衰,国家的兴亡,有些是可以找到因果关系和一般规律的,另有一些则是非因果规律所能讲清楚的。其中的非智力因素、不确定因素是相当多的。"命运"和"宿命"论之所以有市场,其根本原因主要也在这里。中国有句家喻户晓的名言叫"人生如梦",一般人将其理解为悲观厌世,其实并不全面和准确。实际上,将人生、家族乃至国家的上下起伏比作"梦",也是颇形象而生动的。首先,梦可以用因果来解释,所谓"日有所思,夜有所梦",很多梦能够找到它的起因;然而,许多梦又是不可解释的,你不知道什么原因,就突然做了那种奇怪的梦。这和人生的演绎不是很相像吗?其次,人做什么样的梦,不是你的主观愿望所能左右得了的。人生和家族的发展,同样不是以人的主观意志为转移的。人就像做梦一样,向着既定的目标拼命向前,但结果难以预料,所谓预知未来,也仅是一种猜测,事与愿违的事经常会发生,真可谓"枉费了,意悬悬半世心;好一似,荡悠悠三更梦"[①]。最后,梦有美梦、噩梦,曲折离奇,不可名状。人生不也是有欢乐,也有痛苦,有坦途也有激流,其复杂多变,趣味无穷,唯有一个"梦"字能描绘其中的情愁。因此,这里用"百年一梦"来戏解百年梁家,应该讲是颇有哲理的。

梁启超的一生,有不少事颇具戏剧色彩,好像做梦一样。因拜师康有为,使他一夜间成了无人不晓的维新志士;戊戌政变,又一转眼使他成为政治犯,亡命天津。乘日本人的小船从海河逃跑时,追兵已将他的船包围,抓他犹如囊中取物,但由于追兵请示上级,而延误时机,使他得以

[①] (清)曹雪芹、(清)高鹗《红楼梦》,北京:人民出版社,1996年,第85页。

顺利地登上了日本轮船。梁启超到日本后，与孙中山等革命党有严重的政治分歧，双方展开了规模宏大的关于革命与改良的大论战，但他却无法料及，恰是他反对的辛亥革命才结束了他十四年的海外流亡生活。这究竟是报应，还是做梦？归国后，他认定袁世凯是"强者"，与袁在政治上相互配合，希望通过袁实现他大半生所追求的民主政治，但历史又和梁启超开了一个大玩笑。他拥戴的是一个大独裁者，所以不得不九死一生，挥泪反袁。梁启超是国内最早介绍和研究社会主义、马克思主义的先驱者之一，但他却坚决反对在中国实行社会主义。而历史又出乎其料地宣布社会主义在中国的胜利，他的子女中出现了梁思成、梁思懿、梁思宁、梁思礼四位共产党员，思懿和思宁曾为革命的胜利赴汤蹈火，出生入死。对梁启超来讲，这无疑又是做了一个梦！梁启超一生讲自由，当他在海外遇到了自己倾心相爱的妙龄女子时，还是不敢爱，最终忍痛拒绝。日久天长，他却爱上了其夫人带来的贴身丫鬟，并将其认作他的第二位夫人。梁启超似乎又被"命运"所作弄了。更令人扼腕叹息的是，梁启超因病住进了当时中国最好的协和医院之后，该院院长亲自主刀为其手术，但由于将 X 光片看错了，他有病的肾没有被割掉，反而把好肾给割掉了，造成手术失误，让梁过早地离开了人世。这是天意乎，人为乎？其子梁思成，一生钟爱中国古建筑研究和建筑教育，新中国成立之前更是远离政治，全身心从事学术研究，但政治却异乎寻常地"关注"他。二十世纪五十年代全国批判以梁思成为代表的形式主义、复古主义建筑思想，他不知写过多少检查，最终经受不了"文革"这场史无前例的政治运动的"亲切关怀"，在困惑中去世。梁思成的夫人林徽因，才貌双全，聪明绝顶，但和梁思成结婚不久就患上了重病。是生活条件不好吗？不是。是她不懂养生之道吗？非也。是没有长寿的遗传基因吗？也不好讲，林徽因的母亲在林 1954 年去世后，还活了二十余年。俗话讲"红颜薄命"，这种毫无道理的话，似乎用来阐释林徽因比较能讲得通。不过，这里所举的梁氏家族的一些较特殊的现象，还是用梁启超的话来加以概括最好。1925年7月10日,梁在给远在海外的孩子们的信中讲到对人生的体验时称:"其实我们刻刻在轮回中,一生不知经过多少天堂地狱。"[①]现实生活中,有多少不可一世的,妄图掌握自己的命运,但又有几人实现得了呢?

人生或者家庭,除了许多不确定因素之外,也存在不少可以用因果或规律来解释的一般现象。具体到梁家的沉浮,就有一些客观因素值得我们加以总结。这似乎又不是"梦"。梁氏家族主要是由梁启超托起来的,所以梁的思想、品格和个性,对其家族的影响就具有决定意义。仔细观察,有三点是很突出的。

一是永不满足的进取精神。梁启超才学过人,但并非所有有才学者都可以成就一番事业,他的成功得益于刻苦奋斗。强烈的欲望是梁启超的人生支柱,他视希望为成功之母,总是对他所追求的一切抱有必胜的信念。他把"兴趣"看作事业成败的关键,总是对他所做的一切抱有浓厚的兴趣。他不怕失败,往往愈挫愈奋。戊戌变法的失败,并没有使他灰心;和革命党论战的败北,反而使他进一步向前;进步党的不理想,也没有让他放弃追求民主政治;上了袁世凯的当后,他没有怨天尤人,而是发动护国战争,打倒了袁世凯。从政的接连失败,从未使梁启超失去生活的信念。他晚年的文化活动,学术研究,成就非凡。有病住院,仍伏案著述。这种孜孜不倦的奋斗精神,使梁家充满活力,其后代没有出现混饭吃的纨绔子弟。梁思成对事业的执着,对建筑学的着迷,其献身事业的精神,比梁启超有过之而无不及。林徽因病中不忘著述,她的很多作品都是在病床上写的。其好友金岳霖在写给费正清的夫人费慰梅的信中讲,要使徽因高兴,唯一的方法是让她忙起来。梁思永的考古研究,一多半是在病中完成的,这种院士的奋斗精神,是中华民族真正的脊梁。梁思庄无论遇到现实和社

---

① 丁文江、赵丰田编:《梁启超年谱长编》,上海:上海人民出版社,2009年,第674页。

会给她多么不公平的待遇，她总是满腔热情投入她所热爱的图书馆事业，最终在学术上颇有建树。梁启超的后代，人人敬业，个个发愤，如此高涨的献身事业的奋斗精神，是少见的。

二是特别重视子女教育。梁启超一生主张开民智，呼吁提高国民素质，对教育非常重视。难能可贵的是，他身体力行，首先从家庭做起，对子女的教育格外关注。这在中国的许多名人中是屈指可数的。吴荔明在《梁启超和他的儿女们》一书中讲了这样一件事：

> 1924年以后，五舅思达、五姨思懿、六姨思宁渐渐长大了。比他们大的哥哥姐姐们都先后出国留学，只有他们年龄小的一组孩子在身边，全家住在天津。但公公从日本回来后一直很忙，初期忙于政治活动，后又远行欧洲考察……所以在天津的时间不多，对子女直接教诲的时间不多。为了提高充实他们几个人的国学、史学基本知识，决定让他们从1927年下半年起，休学一年补课，特聘请了他在清华国学研究院的学生谢国桢先生来做家庭教师，在家里办起了补课学习组。当时（1927年暑假前）五舅在天津南开中学上初一，准备升入初二。
>
> 课室就设在老房子——原来梁启超所用的楼下的"饮冰室"书斋里。
>
> 据五舅回忆，补课的课程如下。
>
> 国学方面：从《论语》《左传》开始，至《古文观止》，一些名家的名作和唐诗的一些诗篇由老师选定重点诵读，有的还要背诵，每周或半月，写一篇短文。有时老师出题，有时可以自选题目。作文要用小楷毛笔抄正交卷。
>
> 史学方面：从古代到清末，由老师重点讲解学习。
>
> 书法方面：每天要临摹隶书碑帖拓片（张猛龙），写大楷二三张。

每周有半天休假，无所谓考试。作业由老师批阅、审定。

在短短一年多的补课的紧张学习中，五舅的国学、史学方面的知识有很大的充实和提高，受益匪浅。

补课学习结束，五舅回南开中学复学，跟上原班升入初中三年级一起学习。①

类似这样形式多样、方法灵活的家庭补习班，梁启超经常在家里举办。很多情况下，是他手把手亲自教子女们读书、写字、作文。梁启超本人就是一位最合适的家庭教师，在他的关怀下，其子女都接受了良好的教育：

梁思顺，在日本就读过女子师范学校。

梁思成，清华大学毕业，留学美国宾夕法尼亚大学，获硕士学位。

梁思永，清华大学毕业，后往美国哈佛大学攻读考古学和人类学。

梁思忠，毕业于美国弗吉尼亚军事学院和西点军校。

梁思庄，先后毕业于加拿大麦基尔大学和美国哥伦比亚大学，分别获得文学学士学位和图书馆学学士学位。

梁思达，南开中学毕业，进入南开大学，先后获得学士和硕士学位。

梁思懿，先入燕京大学学习，后又往美国南加州大学历史系学习。

梁思宁，早年在南开大学学习，抗战期间加入新四军。

梁思礼，留学美国普渡大学，获学士学位，后就读于辛辛那提大学，获硕士和博士学位。

梁启超一家，是地地道道的高知家庭。

三是思想文化的先进性。在近代中国，所谓思想文化的先进性就是现代性。梁启超毕生追求在中国建立民主政治，献身维新变法，企望以非武

---

① 吴荔明：《梁启超和他的儿女们》，北京：北京大学出版社，2009 年，第 286 页。

装斗争的方式实现社会形态的转换和政权的更替，面向世界广泛吸收外来文化，以现代的全新理念诠释中国传统文化，呼吁提高国民的现代文化素质。如果从现代化的角度去观察他的思想主张，其先进性是多方面的。这种先进性影响到了他的下一代。梁思成关于北京城市布局的构想，关于北京城墙的处理方法，关于中国古建筑的研究，无一不具有世界眼光和现代理念。至于林徽因、梁思永、梁思庄、梁思礼等，他们身上都充满了现代性，这就使梁氏家族形成了一种一般知识家庭较难具备的现代素质。梁家的独特之处主要在这里。但是，家庭的现代性只能和现代的社会相共鸣。在武装斗争年代，或者在阶级斗争为纲的岁月，梁家自然不会被人关注。即使被想到了，也是出于批判的需要。只有中国真正向现代化迈进，实行改革开放和走向世界，梁启超所代表的梁家，才重新引起了社会的关注。现实的变迁推动人们去重新寻求历史的亮点，从某种意义上讲，有什么样的现实就会写出什么样的历史。梁氏家族之所以如今又"热"起来，其根本原因是梁家蕴藏着的新文化创建可以挖掘比较丰厚的文化资源。我们在这里有理由做出肯定的预言：随着中国现代化的深入，梁家还会不断升温。待详细考察过这个家族的历史之后，则会进一步加深对这一点的理解。

探源——南国飞出个金凤凰

家乡风情

梁启超的家乡坐落在南国水乡——广东省新会县的茶坑村。

新会县位于美丽富饶的珠江三角洲的南端,距花城广州一百多公里,多为冲积平原和小山丘,西汉时称四会县,晋更名盆允县,南朝刘宋时置新会郡,隋朝废郡改县,因袭至今。从新会县城往南,过大作家巴金所描绘的"小鸟天堂"——就是那棵特大的榕树,约二三十公里,便是茶坑村了。这里正当西江入海之冲,居河海相隔而成的七小岛中央。无怪乎梁启超自称为"中国极南之一岛民也"。[①]

茶坑村有一百多户人家,五千余人。村前一条清澈见底的小河缓缓流过,时有风行的小船飞驶;村后一布满松柏竹林的小山拔地而起,游人清脆的歌声此伏彼起。山上有一建于明代的凌云塔,雄伟壮观。立于塔旁,珠江三角洲的秀丽景色,尽收眼底;南海潮的冲天巨浪,隐约可见。可以

[①] 梁启超:《三十自述》,张品兴主编:《梁启超全集》,北京:北京出版社,1999年,第957页。

设想,青少年时期的梁启超常绕塔漫步,思潮起伏,叹人生之艰辛,思祖国之兴衰,念天地之悠悠,独自命而奋起。

新会属亚热带气候,少寒多暑,炎热潮湿,严冬无雪;花开四季,稻花香气逼人,桑园郁郁葱葱,柑橘、香蕉等水果挂满树枝,著名的大葵扇行销全国。但气候易变,往往一日之间,风雨凉热骤易,令人难于应付。同时,会有台风侵扰,天灾伴随着人祸,不时袭来。从晚清的多种文献来看,生活在这鱼米之乡的人们,并不富庶。他们需要抵御各种天灾和人祸的侵袭,再加上生产力水平的低下,所以生活相当艰辛。艰苦的乡村环境养成了茶坑村民十分顽强的生活能力。他们善于应付各种突然事件,勤劳俭朴,务实、求新、自治、爱乡,崇尚封建义理,信神鬼而不乏迷信思想,尊重知识分子,向往升官发财。这种乡风,即使在有了很大变异的梁启超身上,也隐约地有这样那样的反映。

清末的茶坑村实行一种带有一点自治色彩的乡绅保甲制度。在梁氏宗祠"叠绳堂"设有本村的最高权力机构——耆老会,由五十一岁以上的老者充任,年轻的秀才、举人亦可为会员。耆老会又名"上祠堂",聘任四至六名年轻力壮能办事的男子为值理,其中两人为会计,管理全村财务税收,另举保长一人,"专以应官",但身份比较低。耆老会一般有会员六七十人,但开会时有一多半人不出席,权力实际掌握在少数几个人以及办具体事务的值理和保长手中。梁启超的父亲就曾掌握耆老会权力三十多年。据梁启超在《中国文化史》中记述:"耆老会议例会每年两次,以春秋二祭之前一日行之。春祭会主要事项为指定来年值理,秋季会主要事项为报告决算及新旧值理交代,故秋祭会时或延长至三四日。此外遇有重要事件发生,即临时开会。大率每年开会总在二十次以上,农忙时较少,冬春之交最多"。[①]

[①] 梁启超:《中国文化史》,张品兴主编:《梁启超全集》,北京:北京出版社,1999年,第5107—5108页。

耆老会设有自己的地方武装——乡团，由敢于争斗的青年自愿报名，耆老会批准。团民备受优待，分东西时可以领双份。每人或数人发一支枪，弹药则由值理统一保管。有盗卖枪支弹药者，必从重处罚。乡团定时操练，学一些武术和作战技能，有一定的战斗力。在维护茶坑村社会秩序方面，乡团具有举足轻重的地位；当遇到外来侵略，又可发挥组织民众、保卫家乡的积极作用。应该说，清末的乡团是较复杂而作用多变的乡村武装集团。

茶坑村还设有江南会，类似我们今天的农村供销社。乡民自愿集资，购买较为急需的布匹、日用百货及柴米油盐等，同时收购村民出售的农产品和手工业品，方便百姓，扩大交流。三五年后，所得利润少量还给会员，早还者利少，晚还者利多，一般三十年内还清。余下的利润多充公，用于村中公益事业。春秋之季，江南会还贩运肥料和农具，颇受农民欢迎。一些善于交往又经营有方的农民，积极参与到江南会中，借以渔利，偶有"以赤贫起家而致中产者"。可见，新会一带的乡村贸易还是较为发达的，这是清末商品经济的勃兴在一个小角落的典型反映。

耆老会的主要收入是"赏田"。凡是村里新开垦或淤积的土地，一律归耆老会掌管，通常情况下有近十顷之多。租种这些土地的农户，每年要交40%的地租。每到年初，很多人争着租地，竞争十分激烈，说明茶坑村的土地并不富裕，也透露出这里无地或少地的贫苦农民较多。如果欠租，是绝对得不到下一年的耕种权的。此外，茶坑村的乡民对祭神拜佛和祭祀祖先十分重视，所用的财物大都落入耆老会手中。耆老会利用老百姓的这种心理，也会拿出一部分钱来拜神祭祖，并把祭完后的肉（胙）分给村民。村民则把分到肉（胙）视为一种殊荣，若得双份，则让大家羡慕；若未分得，则被视为奇耻大辱。尤其在春节，分胙是梁启超家乡最热闹、也是最重要的一件事情。

耆老会最繁忙的事务是处理民事纠纷。遇有纷争，初由亲友中的耆老会员调解；不服，再由就近的家族来解决；再不行，则由村里的"叠绳堂"评判；如果还不服，就只能诉之于官府了。但村民皆认为到官府评理为不光彩的事情，所以诉之于官的极少。村民有害公益事业，如聚众斗殴、偷盗抢劫等，一般由耆老会出面，绑起来游街示众，任人责骂。犯有奸淫罪者，村民最恨，要将全村的猪杀光，平分给每户，钱则由犯罪者偿付，美其名曰"倒猪"。

茶坑村的公益事业，多由耆老会组织。如河流的整修，由耆老会调派全村十八岁以上五十一岁以下的劳力开挖，若不出工者，必须出钱。乡村的儿童教育，由耆老会组织读书人，开办三四个私塾，以各祠堂为教室。老师的工资，多者三十元，少者几升米，全村分肉时，可以拿双份，以表示对知识的尊重。村里的娱乐活动，以正月十五的灯节和七月的祭神最为热闹。梁启超小时候，最喜欢这两个节日，往往不知疲倦地尽情玩耍。

1873年2月13日，当梁启超发出第一声啼哭时，给他提供的就是这样一个古朴、有序、守成、封闭而又缺少生机的小乡村的生活环境。

茶坑村的小环境虽然依然故我，但是，国际和国内的大气候却发生了惊人的变化。

十九世纪中叶，欧美资本主义列强凭借强大的武力和以先进的科学技术为中轴的经济实力，已经将全世界连成了一片，清廷与世隔绝，万世长存的美梦不可能做下去了。1840年的鸦片战争，使清政府门户洞开，广州城外的炮声不时使近在咫尺的茶坑村的老百姓震惊；三元里一百零三乡村民英勇的反侵略斗争，也给梁启超家乡的父老兄弟以巨大的鼓舞。1857年英法联军在珠江口外发动的第二次鸦片战争，更给新会一带的村民带来了灾难，珠江三角洲的士农工商已经切实感受到了西方资本主义的威胁。伴随着殖民主义的腥风血雨，距新会县一百五十多公里的花县出了一位洪秀全，他高举反抗清朝专制统治的大旗，试图建立一个绝对平等的农民理想社会——太平天国。虽然这场农民大起义经过十四年艰苦卓绝的斗争悲壮地失败了，但给了中国人民尤其是梁启超故乡的人们以新的力量和新的思考。外来的压力和内部的反抗，使清廷无法照老样子统治下去了。1861年后，清廷不得不举办洋务运动，对外开放，"师夷之长技"，企图移植西方资本主义的军事力量和科学技术来维护封建专制的内核。这种自相矛盾的做法并没有使清政府强大起来，但在客观上引进了资本主义先进的生产力，刺激了中国民族资本主义的萌发。1872年，离茶坑村六七十公里的南海县出现了继昌隆缫丝厂，由此产生了中国最早的民族资本家——陈启源。此后不久，新会县也设立了缫丝厂。这种资本主义的生产方式无疑给清廷封建主义专制大厦的墙角划开了一道无法弥补的裂痕，给珠江三角洲带来了新的希望。

古老的中华大地在这种血与火压迫下的新陈代谢，迫使一些有头脑的知识分子去重新认识世界，反思中国，面向未来，提出新的对策。魏源早在鸦片战争之后就写了《海国图志》，呼吁向西方学习；徐继畬在1848年刊刻了《瀛环志略》，公然颂扬华盛顿；离茶坑村仅几十华里的香山县的南屏村，贫家子弟容闳已经去美国留学，并在梁启超出生的前一年率詹天佑等三十名幼童赴新大陆学习西学；比梁启超大七岁的小同乡孙中山在香港学习了一段时间的西医后，又奔赴美国的檀香山，构筑着新的救国方案；比梁启超大十五岁的康有为，正在南海县西樵山宁静的书斋里苦思冥想，试图从古色古香的经卷里寻求再创一个新世界的路径。

环境变了，人也在变。这种急剧变化、新旧交替的客观社会环境和梁启超不甘居人之下、追求真理又天资聪明的自身条件，使得他不可能在其先辈所走过的道路上亦步亦趋。

家世沿革

据《梁氏历代世系图谱》和《茶坑梁氏谱记》所记，广东省有梁姓始于宋代的梁绍。梁绍字季美,中进士后,为官广东,择居南雄的珠玑里;绍传三代,梁南溪开始迁至新会的大石桥;再传十二代,梁谷隐才在茶坑村嘉亨里立户;谷隐之十世孙,名上悦,即为梁启超的高祖;上悦之子名炳昆,便是梁启超的曾祖;炳昆的第二个儿子名维清,字延后,则是梁任公一再颂扬之至的祖父了。①这时的梁姓在茶坑村占三分之二人口,已有较大的势力了。

梁维清生于1815年,逝于1892年,兄弟八人,仅数亩薄田,家境贫寒。分家时仅分得几分地,一间小砖房。但他不满梁氏十世为农的困境,苦读诗书,梦想通过科举道路跻身官场。其夫人黎氏,是广东提督黎第光之女,对改变梁氏门庭亦颇为卖力。但多年奋斗,难遂人愿,梁维清只中了秀才,挂名府学生员,弄了个管理一县文教事业的小官——教谕,属于不入流的八品官。不过,在茶坑村那样的小乡村,梁维清就是个大人物了。他也自鸣得意,总算给后代开辟了挤进官场的通道。于是购置图书,采买了十几亩好地,过上了"半为农者半为儒"的小乡绅生活。

梁维清视梁启超为掌上明珠,爷孙俩一起生活了十九年,常同食同住同读书。梁启超对爷爷也十分崇拜,印象颇深。从梁启超那些有关记述祖父的情深意切的文字里,可以发现,梁维清勤奋、俭朴、自尊、自信,律己严,待人宽,是一位典型的乡间儒家小知识分子。梁维清不抽烟、不喝酒、不吃肉,服装简朴,忠厚仁慈,治家极严,注重子女教育。他也热心乡村公益事业,组织乡民修路、挖河、禁赌,还帮助调解民事纠纷。1851年太平军在广西兴起后,新会县响应者甚多,甚至包围县城,茶坑村也有人要加入起义队伍,梁维清火速组织保良会,加以制止,将反抗者扼杀于萌芽当中。可见,从梁启超祖父起,梁氏家族即跳出了一般贫民的政治立场,而进入了一个新的社会阶层。

---

① 丁文江、赵丰田编:《梁启超年谱长编》,上海:上海人民出版社,2009年,第3页。

梁启超的父亲名宝瑛，字莲涧，生于1849年，卒于1916年，是梁维清第三个儿子。梁维清对宝瑛要求极严，千方百计让他刻苦读书，希望能更进一步，博取功名，光宗耀祖。但宝瑛仕途接连失败，未能争到一官半职，只落得一个不被人看重的教书先生，出入于茶坑村的私塾之中。教书之余，躬身田野，可谓"田可耕兮书可读"。虽然仕途无望，但梁宝瑛无论教书，还是种田，都任劳任怨，认真做事，勤奋耐劳，处处按儒家的伦理道德严格要求自己，事事以地主文人的标准评论是非得失，严守其父开创的家风。

这样一个洁身自好、温良恭俭让的谦谦君子，自然在茶坑村有一定的威信。村中的大小事务，多推梁宝瑛去处理。梁宝瑛也以治理乡政为荣，尽心竭力去维护茶坑村的社会安宁。据梁启超回忆，其父一生为村里办了三件事：一是茶坑村濒临大海，海盗和内匪勾结，时扰乡里，百姓叫苦不迭，梁宝瑛积极利用乡团，防盗贼，护民财，成效显著，村民有口皆碑；二是村与村、族与族之间常为私仇械斗，经年不息，为害甚大，梁宝瑛一方面从中调解，一方面壮大梁族声势，还曾带着梁启超往邻村讲和，初步消除了各方的积怨，使械斗暂时平息；三是新会一带赌博成风，一些人倾家荡产，甚至为害乡里，梁宝瑛就利用耆老会，采取一切可行的措施，禁赌博、改民风，并初见成效。中年后的梁宝瑛仍精力充沛，四处奔走，并悉心照料多病的父母。当梁启超往云南策动护国战争的时候，梁宝瑛病逝于香港。每念及此，梁启超辄引为终身之恨。

梁启超的母亲赵氏，出身书香门第，能诗能文，贤淑聪慧，勤劳干练，常教姑嫂姐妹识字和"习女工"，以"贤孝"闻名乡里，是典型的中国封建文化陶冶下的贤妻良母。赵氏生四子二女，长子启超，次子启勋，三子仅五岁而亡，四子启业，两个女儿不知其名。生启业时，赵氏因难产而亡，梁启超刚十五岁。宝瑛后又续娶吴氏，生一子早亡。还娶了叶氏，生子梁启文和梁启雄，还生有二女。梁宝瑛这一代的经济情况没有什么大的改观。梁维清的十几亩地分给三个儿子，宝瑛仅四五亩，一般也不雇人耕种。梁启超名声大振后，梁家才有实质性的改变。

"神童"的童年

梁启超的童年是在"神童"的一片赞誉声中度过的。

梁启超才华早露，童年时就常常表现出惊人的学识，深受梁氏家族的宠爱。其父梁宝瑛一向视之为奇才，从来不把他以常人来看。祖父梁维清更把梁启超看作梁家出人头地的希望，在八个孙子中，爱梁启超"尤甚"。母亲赵氏将全部的爱倾注在梁启超身上，千方百计引导、教诲、关怀，希望他耀祖光宗。爱多虽是一件好事，但对孩童时的梁启超压力也十分沉重。在梁后来的回忆文章里可以看出，除了读书，还是读书，读书比命还重要。

两三岁时，母亲就教梁启超认字，四五岁开始在祖父的谆谆教诲下读《四书》《诗经》等。到了晚上，祖父一面给他讲故事，一面让他背书，困了，就和祖父同床而睡。祖父还手把手教他写字，特别是柳公权那"刚健婀娜"的书法，一度让梁启超着迷。后来，梁维清索性在宅后建了一间小房，起名"留余"，专门用来给梁启超上课。在梁启超幼小的心灵里，第一位老师就是慈祥而严厉的梁维清。六岁后，梁启超除一度拜其表兄张乙星为师外，大多数时间是在其父执教的茶坑村私塾中读书，学习中国历史、古典诗书、《五经》等，同时学习写文章、作诗，对中国古典文化颇为了解。

在祖父、父母的悉心教育下，梁启超学业大进。八岁即可以学做八股文，九岁就写出了洋洋千字的好文章。"神童"之称在茶坑村一带渐渐传开，梁维清一家时常流露出得意之情。有亲朋好友来梁家做客，无不夸奖梁启超聪明，有的还出题相试。有一次，一位教书先生来拜会梁宝瑛，启超立于旁，这位先生即高吟一句："东篱客赏陶潜菊，"令启超来对。梁启超略加思索，脱口而出："南国人思召伯棠。"在座者齐声喝彩，梁宝瑛得意扬扬，十分自豪。梁启超对诗如流的佳话一下子在十里八乡传开了。还有一次，梁宝瑛的一位好友来梁家做客，启超恭恭敬敬地端上茶来，客人想一试他的聪明，顺口出一句"饮茶龙上水"，命他对。他不假思索，应声答道："写字狗扒田。"客人拍手称快，并解释其高妙之处在于，他出的上句是新会一带的土语，启超所对的也是新会的土语，且雅俗相配，十分有趣！从此以后，一些文人雅士或者梁家的好友，都常令梁启超对诗，启超的过人天赋也越传越神。

　　读书之余，梁启超亦爬山、喂鸟、划船、观海、游祖庙，多数时间则是和兄弟姐妹以及邻居小朋友玩耍，做游戏，尽情享受如诗如画的童年。暑热乘凉，他还常和姐弟们乩卜，乩来一位诗仙或古代的大文豪，借以作诗打趣。若"请来"了李白、杜甫，就每人仿作诗一首；若乩来了李梅娘等，则为其作传，评论是非得失。这种游戏虽带迷信色彩，却也十分有趣，还能增长知识和才干，深受孩子们的喜爱。当然，喜欢创新的梁启超常常变换玩的方法，更吸引了左邻右舍的许多孩童。

　　茶坑村有一座古庙，构筑精细，风格典雅，内藏四十多幅古画，很有历史和艺术价值，还挂有中国历史上有作为的二十四位大忠臣图像和在民间流传极广的二十四位大孝子的漫画。每当元宵佳节，庙内灯火通明，彩带飘舞，锣鼓喧天，百姓在赏灯欢乐之余，还可领略这些忠臣孝子的忠孝精神。梁维清则把这种节日观光作为教育子女的有利时机，每年正月十五必带梁启超等人进庙赏景观画，接受教育。他一会儿指着岳飞的画像讲述其英勇善战，精忠报国的壮举；一会儿又指着朱寿昌的画像，述说其如何行孝，怎样弃官寻母的孝行。孩童们个个聚精会神，听得津津有味。每到此时，好奇而善学的梁启超总是认真倾听爷爷的教诲，还不时提出一些问题，同时暗暗记住一些历史知识，反过来又向他人讲解。每遇及此，梁维清总是摸着花白的胡须，得意地微笑，一来赞叹梁启超的聪明；二则对这种形象生动的教育子女方式，颇多自得。

梁家的祖坟在崖山。这里濒临大海，石厚土薄，又是南宋末年与蒙古铁骑血战的古战场。当时南宋皇帝赵昺被逼得走投无路，大忠臣陆秀夫誓死抗战到底，与元军激战。最后，只剩下几个残兵败将，无处可逃，被迫无奈，陆秀夫先将爱妻推入海中，自己则背着赵昺投海自杀，演出了南宋灭亡时极为悲壮的一幕。富有民族意识的梁维清常来此凭吊陆秀夫，寄托对忠臣赤子的哀思。每当清明时节，杨柳依依，鲜花盛开，百鸟争鸣，梁维清就划一小舟，带上梁启超等儿孙往崖山扫墓，一祭祖先，二怀南宋灭亡时为国捐躯的民族英雄。船接近崖山时，有一怪石，高数丈，突伸大海之中，上刻"元张宏范灭宋于此"八个大字。梁维清等每至此，必下船观赏，并讲陆秀夫等忠臣如何之英勇，南宋灭亡如何之可悲，还要朗诵各种纪念英雄的诗词歌赋。这种满怀激情的慷慨悲歌，是极为形象而生动的传统的爱国主义教育，弦外之音是发泄对清廷以满族贵族为中心的专制统治的不满。这对梁启超爱国主义思想的形成以及后来的坚持变法维新有一定的影响。

在伦理道德教育方面，梁家也极为重视。梁启超的一言一行，其祖父和父母都严格要求，具体指导，忠孝节义这些封建道德，已经悄然播撒在梁启超幼小的心灵之中。梁家决心要把梁启超培养成一位具有"仁义礼智信"道德情操和"修身齐家治国平天下"能力的封建社会的强人。有一次启超说了谎话，其母不仅责骂，而且警告他，如果不进行好好的道德修养，将来就没有立身之地，甚而至于变成盗贼，沦落为乞丐。这对童年的梁启超触动非常大。多年后，他还写文章回忆这件事。在这种浓厚的封建文化氛围中度过童年岁月的梁启超，就只能在这种价值观左右下向前走，在传统的科举道路上搏击。

迈向科举之路

封建时代,年轻人的理想道路是读书——考科举——升官发财。梁启超不仅也曾在这条道路上艰难跋涉,而且较一般人早得多。

1882年,刚满九岁的梁启超就在父母的和祖父的催逼下往广州考秀才。那时无现代化的交通工具,去广州应试的人合伙租一条木船,由新会沿西江而上。时值11月,稻花飘香,金秋送爽,西江清澈见底的绿水,两岸远去的青山倒影,使这些憧憬于美妙前程的读书人顿生无限诗情画意。年龄最小的梁启超,面对这些兄长、叔伯,甚至四五十岁的长辈,不免有几分怯意,但那急切盼望出人头地的心情又使他有一点自负,总想寻找机会来表现自己的才学。到广州的水路要走三天,一天中午,大伙儿正在舟中共餐,米饭加咸鱼,有人突然提议以咸鱼为题,吟诗作句。当满船学子还在苦思冥想之际,梁启超已经在那里引吭高歌:"太公钓鱼后,胶鬲举盐初。"诗句风格典雅,故事动人,抒发了成大事业者不畏失败的奋斗精神,既富有诗情,又寓意高远,博得了众人的一片喝彩,大家无不惊叹这位初出茅庐的"神童"不寻常的才华,这就是时至今日仍在新会一带广为流传的梁启超舟中吟诗的故事。

这次应试,梁启超名落孙山。但毕竟从边远乡村走向了繁华的广州大都市,见了世面,增长了科举考试的实践知识,也结识了一些朋友。回乡后,他拜周惺吾先生为师,发愤读书,同时把在广州买来的《輶轩语》《书目答问》等书,反复阅读。《輶轩语》为张之洞所著,凡一卷,有《语行》《语学》《语文》等篇;《书目答问》由张之洞和缪荃孙合著,出版于1873年,比起科举考试的八股文来,这些书较实用而具新意。当梁启超接触了这些书后,顿觉进入了一片新天地,大大开阔了视野,始知天地间有所谓学问者。

1884年初冬,梁启超第二次往广州应考,中秀才,补博士弟子员。

十一岁的童子成秀才,这在中国科举史上是不多见的。主考的广东学政使叶大焯非常惊喜,特地找来梁启超等几个年龄较小的秀才,"试以文艺"。唯独梁的对答条理清晰,极少差错,叶叹服之情不觉溢于言表。善于察言观色的梁启超灵机一动,双腿跪倒在地,连谢叶大人的台爱,并乘机言道:"我的祖父七十岁了,马上就要过生日。他老人家含辛茹苦,治家教子,又教我读书,方有我梁某人的得中。我斗胆请大人写几句祝寿文,以表达我家父母以及我们这些孙子辈的对祖父大人的一片孝心。先生如蒙吾愿,这不仅是我的光荣,也是梁氏家族的无比荣幸。"一席话颇令叶大焯感动,一则他很是喜爱年幼的梁启超如此乖巧伶俐;二来又为这小"神童"的孝心所折服。于是,叶满口应允,提笔写下了一篇激情洋溢的祝寿文。这篇洋洋洒洒的文字,引经据典,含蓄地表明了三层意思:一是梁启超才学不凡,可与历史上的吴祐、桓驎、任延、祖莹等聪明绝顶的人相媲美;二是不可骄傲,要巩固所学,"勤夫其未学者",要发奋努力,向新的目标前进;三是梁家教子有方,茶坑村风水极佳,人杰地灵,梁启超的前途不可限量。清代的一省学政为三品大员,得到这样的高官赞许,梁启超真是受宠若惊。当梁启超将那张祝寿文拿回家中,端端正正挂在墙上之后,梁家顿觉四壁生辉,喜气冲天。茶坑村男女老幼,络绎不绝前来道贺。一庆梁启超中秀才;二庆叶大焯写寿文;三庆梁维清七十大寿。一三喜临门,热闹异常。乳臭未干的梁启超在道喜的人群中出没,尽情领略成功的喜悦,暗下决心向下一个台阶登攀。

在人生的征途上,成功的鼓舞有难以估量的推动力。1884年后,梁启超鼓起中状元的理想风帆,一方面抓紧钻研科举考试的科目;一方面博览群书,扩展自己的知识领域,才学与日俱增。为使自己的学业有更快的进步,1885年,梁启超以秀才的资格入广州"学海堂"读书。学海堂为当时广东的最高学府,由前两广总督阮元所设,旨在给秀才们提供一个继续深造的场所。该校先生称山长,一般有八人,必须人品好,学问深,在学术界有一定的地位，督抚到广东赴任时都要前往拜谒。学海堂分专课生和附课生两种，以治经学为主，学生又称专经生。每月初一，山长和学生共餐，相互交流感情。学堂还设有"膏火"，即奖学金，奖励学业成绩优异者。梁启超"四季大考皆第一"，经常得奖。他爱书如命，把奖学金的钱全用以购书。所以每当寒暑假回家，总是背着一大捆书，如《皇清经解》《四库提要》《四史》《二十二子》《百子全书》《粤雅堂丛书》《知不足斋丛书》等，由此可见梁启超的读书面大大扩展了。

和学海堂并立的还有菊坡精舍、粤秀书院、粤华书院、广雅书院，号称广东五大书院。各个书院虽然风格不一，但皆以汉学为主要教学内容，作风质朴，治学严谨，注重考订、辑佚、辨伪，但脱离现实，信而好古，较少涉及义理的发挥。这虽然会对梁启超创新思维的培养有一定的负面影响，但毫无疑问，学问做得还是很扎实的。1888年，十五岁的梁启超成为学海堂的正班生，同时又是菊坡、粤秀、粤华书院的院外生。先后教过梁启超的先生有吕拔湖、陈梅坪、石星巢等，其中尤以石星巢对他影响最大。

从1885年到1889年，梁启超在广州读了近五年书。这使他有机会接触到各种学术流派和较广泛地涉猎古典经籍，打下了比较深厚的汉学基础。那时的广州学术界，较有影响的学问有两种：一是为科举考试作准备的帖括学；二是继承乾嘉时形成的以考据为中心的汉学。石星巢、陈梅坪这些人对汉学最有兴趣，亦有一定的成绩。梁启超自然跟着老师的指挥棒，去钻研段玉裁、王引之的训诂学，学习考释、辑佚、辨伪，也进行辞章学、文字学的基本训练。这些学问虽然极为枯燥，但较帖括学要有意义，是一种较实用的真本领，而且一旦钻进去，也有无限的乐趣。兴趣广泛的梁启超一时为乾嘉汉学所吸引，他刻苦钻研，收获很大，自称于帖括学之外又学到了一门新学问。如果说梁启超在中秀才之前主要是在祖父和父亲的指导之下学习八股文，那么，进入学海堂之后则转向汉学了。这种视角的转移，扩大了视野，对科举考试也有一定的好处，更重要的是为他打下了深厚的传统学术的根底，具备了较广博的学术知识和基本的治学方法。梁启超晚年离开政界后的学术研究，就是在广州五年苦学扎下深厚根基的结果。

1889年，十六岁的梁启超神态潇洒，踌躇满志，大有当今天下舍吾其谁的宏图大志。这年9月，广东举行乡试，主考官是李端棻和王仁堪。梁启超胸有成竹，欣然应考。据上海《申报》9月6日所载，考题是：一、"子所雅言诗书执礼"至"子不语怪力乱神"；二、"来百工则财用足"；三、"离娄之明，公输子之巧"。诗，"荔实周天两岁星"，得星字。发榜之后，梁启超成绩斐然，中举人第八名。李端棻极为欣赏启超的品貌和才学，将妹妹许配给了这位翩翩少年的举人老爷。抑制不住心头喜悦的梁启超更相信了宋代以来就广为流传的格言——"书中自有黄金屋，书中自有千钟粟，书中自有颜如玉"。

清制，举人即有参加会试的资格，考中后就有官做，即使落榜，根据不同情况也会给知县、教谕等职位较低的官，也就是说可以挤进官场了。经过十多年艰苦奋斗的梁启超，终于有了出头之日，使祖父、父母多年的宏愿有了变成现实的可能。而且，少年得志，前程似锦。但是，恰在这时，梁启超遇到了康有为，康独特的政治见解和学术观点如"大海潮音，作狮子吼"，对梁简直是"冷水浇背，当头一棒"。①特殊的知遇，使梁启超的生活道路和思想追求发生了新的转折。

---

① 梁启超：《三十自述》，张品兴主编：《梁启超全集》，北京：北京出版社，1999年，第958页。

起飞——"神童"跟着时代走

拜师康"圣人"

梁启超拜师康有为,对其一生的道路选择具有决定意义。他选择跟随康有为在某种程度上是触及了时代的脉搏。这是由中国当时特定的社会文化走向和康有为所占有的政治地位促成的。

近代中国人向西方学习大体经历了相互递进的三个层次,即鸦片战争至洋务运动时期主要引进西方的物质文明;戊戌变法至辛亥革命时期侧重于学习资本主义的社会制度;1915年新文化运动时期又将视角集中于欧美的资产阶级文化。梁启超与康有为相交,始于1890年。这正是洋务运动由高涨逐步走向破产的年代,也是一批先进的资产阶级改良主义知识分子涉足政治舞台,对洋务运动进行比较科学地反思、评判,并呼吁清廷开展政治改革,即由学习西方的物质文明向引进欧美的制度文明的转折年代。十九世纪八十年代,随着洋务运动的一系列问题如管理不善、贪污腐化、效益低下、连年亏本等不断出现,一些参与洋务运动又善于思考的知识人士,如郑观应、薛福成、马建忠、王韬、陈炽、胡礼垣等,大胆指出了洋务运动的弊病，提出了切实可行的把学习西方科学技术和改革封建社会制度同步进行的改革方案，反映了先进的中国人对当时社会变革的深层次思考。郑观应著《盛世危言》，指出了洋务运动的许多问题，提出办新式学堂，学习西方文化；建议院，改官制，变革封建的生产关系等观点。薛福成的《出使英法意比四国日记》，以在欧洲学到的最新文化知识为基础，对清廷和洋务运动作了大胆评判，既指明了洋务运动的不足，又从政治、思想、文化等方面提出了一系列的改革方案，勾画出了一条实现民富国强的曲折道路。马建忠在欧洲留学时主攻政治学，他的《适可斋记言》论述了西方资本主义国家强盛的本源在其政治，而经济只是其表象，清廷要想振兴，必须开展政治上的兴利除弊。王韬善于思辨，敢于建言，他的《弢园文录》记述了他对洋务运动的抨击和在政治方面的改革要求，尤注重教育文化的变革和人才的培养，发人深省。陈炽、胡礼垣等人对西方的议院、议会也很感兴趣，还具体设想如何在中国建立议会制度。客观地讲，洋务运动的兴起和发展，向清廷提出了必须进行政治变革的问题。郑观应这些有识之士正是推进这一历史合理运转的典型代表。但是，他们这一批早期资产阶级改良主义者虽然在国外学到的知识比较丰富，头脑新颖，有胆有识，善于把握中国社会的脉搏，但中国传统文化却相对薄弱，尤其不大会将中西文化有机地糅合在一起加以创新，从而为中国知识界和思想界所接受。他们是拿来有余，创新不足，就不可能站在历史的潮头，指挥一切，即不可能在学习西方文化制度过程中成为挥斥方遒的领袖人物。出人意料的是，这一重担由康有为挑起来了。这有一定的必然性。

康有为出生在广东南海县一个走向衰落的地主官僚家庭，从小受到良好的封建传统教育。从六岁开始，他就读《论语》《中庸》《大学》《孝经》等书，背诵各种诗词、古文，也学习史学、经学等，打下了较深厚的旧学基础。1874年，十七岁的康有为在康家两万卷的藏书楼中翻出了《海国图志》《瀛环志略》《职方外纪》等书，读后眼界大开，对变幻中的西方世界发生了浓厚的兴趣，对传统的中国文化开始进行反思，并为之心潮滚滚，思绪万千。1876年，具有较高学术造诣的朱次琦在南海县的九江镇办起了礼山草堂，康有为欣然前往，拜朱次琦为师，刻苦攻读。经学、史学、文学、掌故、辞章、文字学等大有长进，逐步形成了自己的治学风格。但是，康有为研究学问是为了治世，三年的读书生活结束后，他仍未悟出解救中国的出路何在。1879年，康有为茫茫然来到西樵山日夜苦思。西樵山是著名的风景胜地，松柏交映，泉水叮咚，花开四季，清香宜人，灵山秀水进一步激发了康有为对人世的思索，唤起了青年人所独有的种种狂念。他在自编年谱中称："时或啸歌为诗文，徘徊散发，枕卧石窟瀑泉之间，席芳草，临清流，修柯遮之，清泉满听，常夜坐弥月不睡，恣意游思，天上人间，极苦极乐，皆现身试之。"①这种如痴如狂的浪漫生活曾使许多人怀疑康有为精神失常，但这种"失常"则有可能将其导向新的思想境界，成为与世不容的"怪人"——"圣人"。

1879年年底，康有为怀着一种好奇心来到了香港。这时的香港已经被英国统治了三十多年，资本主义的经济、思想、文化和社会结构基本建立，并显露生机。繁华的街道和鳞次栉比的高楼使康有为赞叹不已；崭新的思想和学术文化更让他应接不暇。尽情地领略了香港的风光之后，康有为购买了一批书籍和地图，又开始了新的钻研和思考。

从香港返回南海后，康有为在读书时就十分注意中西文化的比较，善于从中西文化的结合上去构筑自己的思想体系。他的西学知识虽然是有限的和肤浅的，又多为自然科学，但康有为思辨力极强，能够由自然引申到社会，由科技联想到天地人生。而且，这时的康有为酷好公羊学，弘扬今文经学，抨击汉学，重视从古典学术的一般论述中去放言高论，阐发表述其思想倾向的各种观点，已经逐步成长为较有造诣的今文经学大师，成为

---

① 康有为：《康南海自编年谱》，中国史学会主编：《中国近代史资料丛刊·戊戌变法》（第4册），上海：上海人民出版社，1957年，第114页。

鸦片战争以来继龚自珍、魏源之后的又一位今文经学新兴学术思潮的代表人物。

康有为思想框架的一个重要特色是将今文经学的微言大义和西方某些文化知识糅合在一起，去表达自己的"怪论"。1882年，康有为利用去北京考试的机会，游历了上海，在江南制造总局的翻译馆里购买了一大批声光化电的科技图书和介绍西方历史、地理、政治、法律的社科图书。后来，他还弄到了一台显微镜，从中遐想世界和人类的各种带有哲学意义的重大命题。实事求是地讲，康有为并不想成为自然科学家，而是希望从西方的一些自然科学知识中寻求解决社会问题的答案，并将其升华到哲学层面。这使他提出了不少新的见解。康有为从事学术研究还有一个重要特点是具有鲜明的政治色彩，为解决中国的现实问题而"上下求索"。1884年中法战争之后，他将数年中接触到的西方文化和今文经学的社会哲理以及佛学、陆王心学融会贯通，再结合当时中国的政治状况和思想文化水平，逐步创造了一整套思想理论体系，形成了自己改造社会的总体设计。

1888年年底，康有为到北京参加举人考试。面对国家的破败，民族危机的加深，官场的黑暗以及民众生活的困苦，他毅然以一个普通百姓的身份写了《上皇帝书》（上清帝第一书），从国际背景、中国前途、社会矛盾、官吏民情等方面分析了当时的形势，提出了"变成法""通下情""慎左右"的改革方案，并警告说，如果不变法，中国国将难保，清廷将危在旦夕。在等级森严的封建专制社会，一个普通的小知识分子胆敢对朝廷指手画脚，是有可能遭杀身之祸的。康有为这时的胆识和勇气是一般人难以想象的。但是，一帮腐朽官吏惧怕此书上达给自己惹祸，将上书扣压下来，并未追究康有为的责任。1889年，康有为怀着复杂而沉重的心情，踏上了返回广东的路程。当然，他并没有因上书失败而灰心丧气，而是想写书办学，将自己的变法思想条理化和理论化，培养人才，将变法落到实处。应该讲，他是非常理智和现实的。

1890年，康有为举家迁往广州，在云衢书屋执鞭开讲。梁启超来到这里，成为康有为最早的学生。接着，陈千秋等二十多位翩翩少年也投入康有为的门下，潜心求学。康有为一整套学术和政治理论得以宣泄。1891年春，又迁往长兴里邱氏书屋，继续授课，人称长兴学舍。1893年，随着投奔的青年学子日渐增多，长兴学舍人满为患，遂再迁于府学宫仰高祠，匾书"万木草堂"。这里树木参天，空气清新，环境幽雅，是读书的好地方。梁鼎芬有诗称："九流混混谁真派，万木森森一草堂。但有群伦尊北海，更无三顾起南阳。"诗中把康有为比作卧龙南阳的诸葛亮，真实道出了万木草堂的政治色彩。这一点，恰是万木草堂新潮起伏、生机盎然的原因所在。康有为不是一般的传道、授业、解惑，而是研究中国的命运，民族的前途，自然为梁启超这批热血青年所欢迎。万木草堂打破了传统的"两耳不闻窗外事，一心只读圣贤书"的读书方法，把求知和救国救民、改造社会紧密联系起来。学生既读书，又议论国事，从古今中外的思想资料中寻找解决现实问题的方法。

康有为在万木草堂的教学，颇有创新的地方。一是注重课堂讨论，经常就一些问题让学生各抒己见，培养了学生的主动精神；二是教学和实践相结合，不仅让学生作实地考察，而且将著述的任务分给学生，锻炼他们的写作能力，他的《孔子改制考》《新学伪经考》等有影响的著作，梁启超等都参与了写作；三是德智体美全面发展，力求培养一批新人。在这种新的教育环境的熏陶下，梁启超在万木草堂生活得特别快乐，并且成长为不同于传统的旧知识分子的新人。他基本上接受了康有为今文经学的学术观点，循环进化论的历史观和天下为公的大同理想，尤其为康有为的维新变法思想所倾倒。梁启超几乎变成了第二个康有为，在康有为的旗帜下呐喊搏击。人们习惯上称戊戌变法为康梁变法，可以说准确地反映了这个历史事实。

四年的万木草堂学习生活结束之后，梁启超就紧跟康有为，投入到如火如荼的维新变法运动当中了。

公车上书

1894年是维新运动由思想准备走向实际行动的转折点，也是梁启超涉足政治的起点。

这年3月，为准备1895年的会试，梁启超风尘仆仆来到向往已久的北京，下榻粉坊琉璃街新会会馆。这时的北京，乍暖还寒，古城春色淡雅清新，含苞待放的桃花，丝丝吐绿的垂柳，显示出一种新的生机，给人以精神爽快的好感。然而，青年梁启超面对北京腐败的政治、危机四伏的国难，怎么也兴奋不起来。他"惋愤时局"，放言高论，抨击时政，呼吁变法。无奈人微言轻，在高官、名士云集的北京，谁知道梁启超是何许人也！不仅如此，一些守旧派官僚看到其师康有为的《新学伪经考》等书之后，极为不满，认为是对正统经典的诬蔑，是"惑世诬民，非圣无法"，应当像孔子杀少正卯那样把康有为杀掉。梁启超闻讯，惊恐万分，立即找同情他们的官员，四处活动，最后得到光绪皇帝的老师翁同龢的帮助，才幸免于难。但广东方面还是严禁《新学伪经考》的流传。通过这场小小的政治风波，梁启超深深感到变法的艰难，但青年人少有的政治热情促使他仍在政治风浪中搏击。

春夏之交，中日两国交涉日紧，战争犹如箭在弦上，一触即发。但又逢慈禧太后六十大寿，北京城里，大兴土木，整修街道，设点布景，忙于祝寿。一些贪官污吏借机欺压百姓，榨取钱财，搞得人心惶惶，民怨沸腾。梁启超面对如此黑暗的社会现实，心急如焚，除了在会馆与好友鞭笞当道之外，只有写诗文来表达自己忧国忧民的心声。其中一首写道：

怅饮且浩歌，血泪忽盈臆。

哀哉衣冠俦，涂炭将何极。
道丧廉耻沦，学敝聪明塞。
竖子安足道，贤士困缚轭。
海上一尘飞，万马齐惕息。
江山似旧时，风月惨无色。
帝阍呼不闻，高谭复何益。①

借酒消愁，长歌当哭，是无权无势的士人发泄对社会不满的传统方式。书生梁启超客居北京，也只能在杯酒和诗文中表达自己那颗郁结、愤慨和永难平静下来的心。8月，中日正式宣战，甲午战争爆发。日军武器精良，策划周详，气焰嚣张，步步进逼；清军则内部腐败，指挥混乱，士气低落，节节败退。9月初，平壤一战，清军大伤元气，日军占领朝鲜，越过鸭绿江，入侵辽宁。接着黄海大战，北洋海军与日本海军打了一个平局。但李鸿章为了保存实力，令北洋海军滞留威海卫军港，不许出战，清廷失去了海上控制权。10月，日军攻旅顺、大连，占辽东半岛，清廷的所谓"龙兴之地"即将失守。北京城里舆论大哗，可是慈禧太后仍在鼓乐声里进行她的万寿庆典。悲愤已极的梁启超感到时局维艰，11月返回广东，寻求对策。不过，也无能为力。

1895年3月，春江水暖，燕子衔泥，梁启超和康有为前往北京会试。及至天津的大沽口外，已闻清军大败，又遇日本人搜船，颇被污辱，令康梁极其愤怒。到达北京后，到处传言北洋海军全军覆灭，李鸿章往日本议和，要割地赔款，国将不国。此情此景，使得梁启超无法静下心来去参加考试，而是思考着如何救亡图存。正如他在致友人的信中所言："此行本

---

① 丁文江、赵丰田编：《梁启超年谱长编》，上海：上海人民出版社，2009年，第22—23页。

不为会试，弟颇思假此名号作汗漫游，以略求天下之人才"。①这次会试，康有为中进士第八名，梁启超则名落孙山。据一些野史轶文透露，当时的主考官为守旧派官员徐桐，副考官是李文田、唐景崇、启秀。徐桐生怕康有为中进士，凡是像康的考卷一律弃之，梁启超的考卷即被列入弃卷，但未曾想到的是康有为的考卷却未被挑出摒弃，而是侥幸通过。4月中旬，《马关条约》签订的消息传到了北京。在京应试的举人议论纷纷，决心抗争。康有为觉得"士气可用"，立即令梁启超四处活动。梁先联合广东的举人联名上书，反对议和，湖南的举人立即响应，两省举人遂联合上书，抗议卖国，要求改革。台湾的举人更是痛哭流涕，要求清政府不要割让台湾。连日来，往都察院递请愿书者络绎不绝，还有人拦阻官僚的轿子，请求他们反对议和，反对割地赔款。随后，康有为、梁启超集合全国十八省的两千多名举人在松筠庵开会，讨论上书事宜。会上群情激昂，义愤填膺，甚至有痛哭失声者。最后通过了起草的万言书，要求清政府拒和、迁都、变法。当场签名的有一千三百多人，遍及河北、河南、湖南、湖北、广东、广西、福建、江苏、安徽、江西、山东、吉林、山西、陕西、甘肃、四川、云南、贵州十八个行省。这就是历史上著名的"公车上书"。上书虽然由于守旧官僚的阻挠没有成功，但意义深远。

"公车上书"开创了中国历史上知识分子集会上书、抗议政府的新格局，反映了鸦片战争以来中国人民爱国、革新、奋发向上的新的思想追求，它是近代中国人民在蒙受巨大灾难后民族觉醒的一个重要标志。对康有为、梁启超来说，"公车上书"是他们所坚持的维新变法由思想变为行动的一个转折点。同时，通过这次上书，宣传了康梁的变法主张，争取到了很多人的支持。而且，康梁的改革方案也具体和明确了。这就是"下诏鼓天下之气，迁都定天下之本，练兵强天下之势，变法成天下之治"。

---

① 丁文江、赵丰田编：《梁启超年谱长编》，上海：上海人民出版社，2009年，第26页。

所谓"下诏鼓天下之气",就是要求光绪皇帝下罪己诏,承认过去的过失,激励天下,"以雪国耻";下惩罚诏,严惩卖国将领和贪官污吏;下求贤诏,广求人才,破格录用。所谓"迁都定天下之本",就是要求清廷将首都迁往西安,躲避外国列强的干涉,抗击殖民主义者的侵略。这虽然过于天真,但反映了康梁等知识分子强烈的爱国激情。所谓"练兵强天下之势",就是希望清政府改革军制,选用精良武器,练就精兵强将,以卫国家,振国威。所谓"变法成天下之治",包括富国,发展资本主义工商业;养民,发展科学,设立商会、农会,建立社会福利;教民,建学堂。讲西学,改革科举制度,振兴文化事业。此外,康梁还提出改革官制,精简机构,广选人才,派人出国学习,聘请皇帝顾问等等。总之,康梁试图将他们思考多年的改革主张,通过"公车上书"付诸实践。这虽然有些操之过急和理想化,但毕竟公开提出来,打破了旧式封建统治的沉闷局面,表达了改革的信息,引起了社会的共鸣。

"数贤一振臂,万夫论相属"。①康梁在"公车上书"中起的正是振臂一呼的作用。这使青年梁启超看到了变法的希望,决心在政治上干出一番事业。

主笔《时务报》

通过"公车上书",梁启超深深认识到了组织政治团体的重要性。经过认真而艰苦的努力,1895年11月梁启超协助康有为在北京创立了强学会。以强学会为阵地,他们组织集会、演讲、购书、办报等活动,有力地推进了维新运动。通过一段时间的摸索,康梁师徒明确了促进维新变法的三个基本途径:第一,利用学会,组织变法队伍;第二,通过办报、译

---

① 丁文江、赵丰田编:《梁启超年谱长编》,上海:上海人民出版社,2009年,第23页。

书,宣传变法主张;第三,创建新式学堂,培养维新人才。在和康有为通盘策划之后,1896年夏,梁启超来到了上海,以《时务报》为阵地,为维新变法大造舆论。

《时务报》创刊于1896年8月9日,报馆设在上海四马路,由汪康年、梁启超、黄遵宪、邹凌瀚、吴德潇创办。经费源于强学会的余款,约二千四百元;其余的则通过募捐获得,黄遵宪曾自捐一千元。汪康年和梁启超分任经理和主笔。其宗旨一是开民智,二是求自强,尤其注重现状的评析和中外时事的介绍。其风格活泼,能反映民众呼声,敢于抨击时政,颇受读者欢迎,一时风靡全国,成为和天津《国闻报》并驾齐驱的戊戌变法时期影响最大的报刊。梁启超后来描绘说:"甲午挫后,《时务报》起,一时风靡海外,数月之间,销行至万余份,为中国有报以来所未有,举国趋之,如饮狂泉。"①

创办《时务报》是梁启超的辉煌时期。他利用这一宣传阵地,较全面系统地宣传了他的变法主张、文化追求、改革思想和改革方略。《时务报》共出六十九期,没有梁启超文章的仅十七期,而且梁启超每期发两三篇妙文,他是名副其实的《时务报》主笔。梁的这些文章,从内容上看大致分为五类:一是强调报刊的"喉舌"作用,认为报刊可以医治各种社会病,起到"通神",解除社会病痛,增强活力,提高民智的重要作用;二是呼吁变法,认为变是天下之公理,顺之则昌,逆之则亡;三是抨击现实,揭露封建官吏,哀叹平民疾苦,鞭笞社会丑恶现象;四是介绍西方先进文化和弘扬中国优秀的传统文化,主张中西并重,相互融合;五是对一些具体人物、事件、图书、学校、团体、商务、财政、文献等进行叙论,在扣人心弦的记述和画龙点睛的评说中阐发他的政治、文化观点。总之,梁启超选择了《时务报》,《时务报》也宣传了梁启超。

---

① 梁启超:《清议报一百册祝辞并论报馆之责任及本馆之经历》,张品兴主编:《梁启超全集》,北京:北京出版社,1999年,第477页。

梁启超之所以在《时务报》时期取得如此辉煌的业绩，并成为家喻户晓的名人，首先是他的言论反映了当时大多数人的呼声，符合近代中国社会前进的需要，具有雄鸡一唱、呼唤黎明的效应；其次是他刻苦努力，奋发向上，日夜苦战的结果。这时的梁启超二十三四岁，精力过人，才华初露，新思想一个连着一个，漂亮的文章一篇接着一篇。他回忆当时的情况说："每期报中论说四千余言，归其撰述；东西文各报二万余言，归其润色；一切奏牍告白等项，归其编排；全本报章，归其复校。十日一册，每册三万字，经启超自撰及删改者几万字，其余亦字字经目经心。六月酷暑，洋蜡皆变流质，独居一小楼上，挥汗执笔，日不遑食，夜不遑息"。①这大体符合事实，梁启超的确是《时务报》的中坚。所以在大多数人的眼里，《时务报》为梁所办，梁启超和《时务报》不可分割地连在了一起。随着《时务报》的广泛发行，梁启超也声名卓著，上自通都大邑，下到穷乡僻壤，"无不知有新会梁氏者"。借着《时务报》这块宝地，梁启超的才华自然一鸣惊人。

随着梁启超社会影响的扩大，清廷的一些大官僚也逐渐对其另眼相看了。1897年年初，梁往武昌拜见张之洞。张当时是洋务派的实际首领，坐镇武昌，握有一方军队和数个近代化工厂企业，还办有军事、科技、文化各类学堂，懂一点西学，著有不中不西但颇有影响的《书目答问》等书，在清廷官僚当中是颇有实力和影响的大人物。但张之洞一听到梁启超来拜访，极为振奋，破例开武昌城中门来迎接梁，甚至还准备鸣炮，等其属下告诉他梁启超仅仅是一个小小的举人，只有迎接钦差和督抚时才能鸣炮，张才作罢，但还是以特殊的礼节迎梁启超入城。梁启超拜见张之洞那天，恰值张的侄儿结婚，客来客往，应接不暇，但张之洞丢下宾客，和梁启超长谈起来，"至二更乃散"。张还希望梁能执掌两湖书院，月薪"千二百

---

① 梁启超：《创办时务报原委》，中国史学会主编：《中国近代史资料丛刊·戊戌变法》（第4册），上海：上海人民出版社，1957年，第526页。

金"。梁启超这时一心扑在《时务报》上，婉言谢绝，不久便返回上海。不过，梁对张之洞的礼贤下士、热情招待极为感动，一度将张视为维新变法的知己。显然，他是被张之洞的表象所迷惑了。张作为洋务派的大员，对康梁的主张有首肯的一面，也有反对和不赞成的一面，而且后者更多一些。对于梁在《时务报》的言论，张早就认为太过分了，曾指使任过其幕僚的汪康年从中干预。汪于是常为梁设置关卡，《时务报》内部一直争论不休。1897年前后，汪梁之争日趋恶化，若不是黄遵宪从中调和，几有破裂的危险。梁并不清楚汪的后台是张之洞，一直把张看作维新变法的支持者。可见梁启超还是缺乏识人的经验。1897年夏，汪梁分歧更为严重，梁已经感到再无法待下去了，恰好黄遵宪调任湖南按察使，湖南维新运动方兴未艾，谭嗣同等人要办时务学堂，黄遵宪等即致信梁启超，邀他出任中文总教习。11月，梁启超由沪奔湘，开始了新的拼搏。

执教湖南时务学堂

时务学堂是湖南维新变法的一项重要内容，由王先谦等人首先提议创办。王是湖南长沙人，同治年间进士，充任翰林院庶吉士，后在长沙任城南书院和岳麓书院院长，重考证，有学问，为湖南名士，但思想守旧，以维护封建旧学为己任，亦是湖南守旧分子的总代表。1896年冬，为了发扬封建礼学，他上书湖南巡抚陈宝箴，请求设立时务学堂。在各省督抚中，陈宝箴是最开明的，具有一定的维新倾向，较为支持湖南的维新派。陈并不了解王先谦的本意，以为是为了培养革新人才，便欣然同意。陈宝箴希望通过时务学堂，开通湖南风气，培养革新人才，推进湖南变法维新。第二年春天，陈便着手筹集经费，选定校舍，聘请教师，认真而迅速地开展了建校工作。由于陈宝箴的直接干预和当时维新变法运动的高涨，已经不可能将时务学堂办成一所讲经论道的旧式书院，只能是一所培养新型人才的新式学堂。时务学堂的章程中明确规定,学生所学功课必须中西并重,毕业后可以从事时政、工厂、企业等各项新的工作,还可以出洋留学。学堂的招生人数、招生办法公布之后,报名者非常踊跃,一所崭新的学堂即将出现在湘江之畔。这自然深深地吸引着梁启超。

梁启超到达长沙时,时务学堂已经从两千多名考生中招收了四十名学生,并建立了图书资料室,购买了科学仪器,还提调了熊希龄、西文总教习李维格以及谭嗣同、唐才常、皮锡瑞、黄遵宪等人,每人都热心于各项工作。这种如火如荼的热烈场面,使易于动情的梁启超不能自持,迅速投入教学中去。他亲手制定了《湖南时务学堂学约十章》:一曰立志,中心要求学生要以天下为己任,为救亡而献身;二曰养心,要破苦乐,破生死,破毁誉,威武不屈,富贵不淫,贫贱不移;三曰治身,要求忠信笃敬;四曰读书,要"上下千古,纵横中外之学";五曰穷理,即要注意思考和观察;六曰学文;七曰乐群;八曰摄生,即要锻炼身体;九曰经世,即要寻找图强之道;十曰传教,即要宣传孔子精神。这十条学则虽然充满了儒家的治学立身精神,但其总目标是学以致用,全面发展,服务于救亡图存和变法维新,具备了鲜明的时代特征。随后,时务学堂又公布了学生功课详细章程,要求学生在读书中重思考,多实验,可自由讨论,学用结合。所读书目有数十种,其中有《万国公法》《几何原本》《日本国志》《化学鉴原》《格致汇编》《万国史记》等较为新颖的图书十多部,同时强调学生多读报,关心国内外时事。学习程序分为两个阶段:前半年学普通学,包括经学、诸子学、公理学、中外史志及格算诸学初步;此后两年半攻专门学,即公法学、掌故学、格算学等。梁启超实际是以公羊学派为轴心,参以古典儒学、西洋科技、史地等学科,再发挥他的政治思想和学术宗旨,把康有为在万木草堂的教学方法搬过来,让时务学堂变成为维新变法服务的速成政治学堂。

梁启超此时刚二十四岁,风华正茂。他每天上四小时课,还要批改四十多名学生的作业，有的批语上千言，往往工作到深夜，有时"彻夜不眠"。这些青年学生都精神焕发，胸怀一腔救国热血，在苦苦思索救国救民的灵丹妙药时，往往问题成堆。梁启超经常被他们包围，并乐于不厌其烦地解答各种各样的问题。现存的《总教习梁批》，记录了梁启超回答学生问题的主要批语，涉及政治、经济、文化、社会等多个领域，触及民权、议会、总统、君权、道德习俗、官制等许多敏感的问题。但是，梁都可以大胆发挥，圆满回答。教学之余，梁启超还和谭嗣同、唐才常、黄遵宪等维新志士漫谈志向，议论时政，诗歌互答，享受知己者难得的快慰。在时务学堂这块自由的天地里，梁启超痛快淋漓地宣传自己的思想，无拘无束地展现自己的个人才华。这种幸福，一生不可多得。中年以后的梁启超总是回想起在时务学堂的甜蜜的岁月。时务学堂开办之后，共招考三次，收学生二百多名。在梁启超等人的谆谆教导下，这些学生不仅学到了新知识，而且接受了新思想，特别是变成了变法维新的积极支持者。国家的破败，清廷的昏庸，使他们以救亡图存为己任；对西方的了解，对新的思想理论的钻研，又使他们决心效法西方，改革内政。这批学生正值十七八岁，精力旺盛，求知欲强，善于接受新鲜事物，梁启超的许多观点很容易被他们吸收。他们回到家乡或者外出时，都大力宣传变法，呼吁民主，鼓动改革，成了传统社会的积极批评者和要求建立新型社会的热烈拥护者。一些思想顽固的守旧人士，对这批人颇有看法，有的甚至扬言要对他们进行制裁，还有的则大力攻击梁启超等人扰乱社会，误人子弟。王先谦等人更认为时务学堂的方向不对，违背了他当时的初衷。在顽固派的眼里，时务学堂简直是培养邪恶势力的阵地。这恰恰说明，梁启超、谭嗣同等人在时务学堂造就了新的变法人才。后来的实践证明，像蔡锷、林圭等时务学堂的高才生都成了晚清社会变革的重要人物。可以肯定地讲，在培养人才方面，时务学堂是十分成功的。正如梁启超在《戊戌政变记》中所生动描述的那样：

自时务学堂、南学会等既开后，湖南民智骤开，士气大昌，各县州府私立学校纷纷并起，小学会尤盛，人人皆能言政治之公理，以爱国相砥砺，以救亡为己任，其英俊沈毅之才，遍地皆是。其人皆在二三十岁之间，无科第，无官阶，声名未显著者，而其不可算计。自此以往，虽守护者日事遏抑，然而野火烧不尽，春风吹又生。湖南之士之志不可夺矣。①

时务学堂是湖南维新运动最重要的标志之一。在南学会的具体组织和时务学堂的直接影响下，湖南的新学堂和新人才成批涌现，使湖南成为最有朝气的一省，给全国的维新运动以很大的推进。梁启超的辛勤汗水，终于迎来了绽放的花朵。

联志士，建社团

甲午中日战争之后的两三年间，梁启超在办学堂、办报的同时，还特别注意结交维新志士，其目的是形成一个有实力、有影响的维新知识群体。为此，梁启超活跃于湖南、北京、上海、广东等地，引朋聚友，研究改革大计，交流学习心得，渐渐汇成一种受社会关注的革新势力。从梁启超这时的书信、文章、札记中来观察，他结交的志士有四五十位，包括夏曾佑、谭嗣同、黄遵宪、汪康年、严复、马建忠、马相伯、宋恕、陈炽、吴小村、章太炎、张謇、曾广钧等。这些人皆是清末的社会名流，尽管政治观点不完全一致，但思想新，见识广，有学问，有影响，不满现状，企求国家富强，这就为梁启超推进变法增添了力量。尤其是夏曾佑、谭嗣

---

① 梁启超：《戊戌政变记》，张品兴主编：《梁启超全集》，北京：北京出版社，1999年，第249页。

同、黄遵宪,和梁极为要好,这使他如鱼得水,受益无穷。

夏曾佑是杭州人,光绪进士,1890年授礼部主事,在文学、史学、哲学、政治学等方面都有自己的独到见解,了解西方文化,具有维新思想1891年和梁启超一见如故。那时他俩一起住在北京的新会会馆,一开始梁的广东话与夏的杭州话相互听不懂,无法交流,后来慢慢可以交谈了,则有说不完的话,有时彻夜长谈。后来又加入了谭嗣同,更是无话不谈,三人一起努力策划变法维新的大计。梁启超晚年回忆说:"我们几何(个)没有一天不见面。见面就谈学问,常常对吵,每天总大吵一两场。但吵的结果,十次有九次我被穗卿(夏曾佑)屈服,我们大概总得到意见一致。"[1]有这样的知己,真是人生一大快事,所以梁启超非常珍惜这一点。此后,梁启超到了上海,谭嗣同在南京。谭在写他的《仁学》,但两人还不时地聚会,讨论问题,切磋心得。梁谭一旦住在一屋,则谈天说地,往往"彻数日废寝食"。十天不见,相互的文章都存了一大堆,则交流传阅,互提意见。梁启超在湖南时务学堂教书时,更和谭嗣同朝夕与共,成为难得的知己。黄遵宪比梁启超大二十五岁,但十分器重梁的才华,千方百计协助梁的维新变法。甲午战争之后,当梁刚刚涉及政治的时候,黄早已声名卓著。黄遵宪不仅善写诗,精西学,思想新,而且长期在日本、美国、英国、新加坡等地充任外交官,堪称戊戌变法时期最富世界知识的才子。梁启超出任《时务报》主笔和湖南时务学堂教习,都是黄推荐的。黄遵宪写的《日本国志》,对梁有很深的影响,梁的许多世界知识都是从黄遵宪那里得来的。这种师长式的忘年交,更让梁启超终生难忘。

在广泛交友的同时,梁启超还热心于组织各种文化和社会改良团体,这对促进维新变法颇有帮助。1897年秋冬间,在梁启超的多方努力下,在上海南京路创立了"大同译书局",目的是通过译书为社会提供精神食

---

[1] 梁启超:《亡友夏穗卿先生》,张品兴主编:《梁启超全集》,北京:北京出版社,1999年,第5207页。

粮,开民智,促改革。他明确指出:"本局首译各国变法之事,及将变未变之际一切情形之书,以备今日取法,译学堂各种功课,以便诵读,译宪法书,以明立国之本。译章程书,以资办事之用。译商务书,以兴中国商学,挽回利权。"①总之,目的是立竿见影,以解"燃眉之急"。1898年春,大同译书局开始陆续出书。主要有《大同合邦新义》《意大利侠士传》《孔子改制考》《俄土战纪》《南海先生春秋董氏学》《新学伪经考》《桂学答问》《日本书目志》《中西学门径》七种等。这些图书基本上体现了梁启超的初衷,为维新运动作了舆论的准备,为中国人了解世界、认识时局提供了精神食粮,更为重要的是它由资产阶级维新派独立筹办,显示了梁启超等人实力的壮大和社会地位的提高。大同译书局虽然仅维持一年,在1898年秋就停办了,但在维新运动中发挥的作用是不言而喻的。

与此同时,梁启超在经元善、谭嗣同等人的支持下,在上海开办了中国第一所女子学堂,并亲自撰写《倡设女学堂启》,呼吁解放妇女,改变中国的人口素质,培养有知识、有理想的新型女青年。他把妇女受教育当作开民智的基础,只有"妇人各得其自有之权,然后风气可开,名实相副"。②1897年春,梁启超还会同汪康年、谭嗣同、康广仁等在上海发起成立了"不缠足会",借以提倡妇女解放,推进变法维新。他们规定,凡入会人所生女子,不得缠足;所生男子,不得娶缠足之女;如果会员的女儿已经缠足者,立刻放足;会员之间的子女可以通婚。这些规定一方面大力提倡天足,另一方面也为当时的天足女子面临的出嫁难问题找到了出路。这些规定在《时务报》刊出后,引起了强烈的反响。不少人写信给《时务报》,表示支持。有的提出给不缠足妇女以物质奖励;有的建议广办女

---

① 梁启超:《大同译书局叙例》,张品兴主编:《梁启超全集》,北京:北京出版社,1999年,第132页。
② 《上海新设女学堂章程》,丁文江、赵丰田编:《梁启超年谱长编》,上海:上海人民出版社,2009年,第48页。

学堂；也有的上书清廷，要求明降谕旨，禁止缠足。总之，在梁启超等人的推动下，全国形成了一股较有力的反缠足的舆论力量，并逐步变成了行动。湖南立即筹备"不缠足会"，还刊布了《湖南不缠足会嫁娶章程》。福建的陈宝琛成立了"戒缠足会"，天津出现了"天足会"，江苏、湖北、澳门、香山、顺德、龙山、福州等地都有规模不等的"不缠足会"。广东潮州饶平县还把设立不缠足会与办女学相结合，颇受欢迎。康有为则首先从自己的家庭做起，先让其女儿康同薇带头不缠足，再广及他人。他和家乡绅士区谔良早在1882年就成立了中国第一个不缠足会，1895年又在广东创立了"粤中不缠足会"。湖南的不缠足运动甚至波及个别山村，各地到长沙的考生在考场的器物上还要贴上"不缠足会"的标签。据统计，戊戌变法时期参加"不缠足会"的人达三十多万。这表明梁启超等人倡导的"不缠足"运动有着广泛的社会基础，也取得了可喜的成果。

戊戌时期的知识界具有旺盛的活力，许多人和梁启超一样，忧国忧民，企望为振兴中华多办一点实事。而知识分子能办的事不外乎办报刊、设学堂、组织学会、创立书局等。当梁启超等维新派将新知识分子的积极性鼓动起来，并有了一定的组织之后，就在全国掀起了一个和传统相对立的新文化运动。据统计，当时新办的学堂有一百八十五所，报馆六十四个，书局十多个，学会一百零三个。以此为阵地，新知识界争相抨击时政，倡言变法，介绍西学，弘扬改革传统，古老而衰竭的中国出现了一线生机。容易激动的梁启超抑制不住心中的激动和喜悦，翘首企盼着改革成功的一天早日到来。

成也，政治；败也，政治

二十五岁成了政治明星

1898年2月13日，梁启超刚刚庆祝了他的二十五岁生日，就迎来了变法运动的高潮。他也随之和康有为一起成了众人崇拜的变法英雄。

戊戌变法高潮到来的原因是多种多样的，有经济的、政治的、文化的等各个方面，但光绪皇帝的支持具有决定意义。光绪帝即位于1875年，当时还是个年仅四岁的娃娃，一切朝政皆由慈禧太后左右。1889年，光绪"大婚"，慈禧不得不宣布"归政"，由光绪料理朝政。十九岁的光绪面对清廷江河日下的败局，很想经他手挽救回来；外侮的日趋严重，光绪亦幻想有所解除；他还对世界局势有所了解，具有某种开放意识。《马关条约》签订之后，光绪十分惧怕做亡国之君，认为"非变法不足以救中国"，逐步形成了以挽救清廷为核心内容的改革思想。一些官员，如他的老师翁同龢等人也十分赞同并积极支持光绪的变法主张，希望清廷有所作为，改变"积贫积弱"的窘况。于是形成了以光绪帝为核心的所谓"帝党"。慈禧太后的一切举措都是以保住自己的权位为出发点，为此她既可以起用洋务派,也可以拉拢守旧派;既可"联夷",也会盲目排外。光绪日益想变法,自然会去争慈禧的权力;慈禧为了夺权,逐步站到了变法的对立面,和守旧派连在一起,出现了所谓的"后党"。诚然,光绪的变法意图和康梁的变法目标还有一定的差异,但在"变"这一点上不乏共同语言。于是,光绪积极支持康梁,才演出了"百日维新"悲壮的一幕。

在等级森严、礼节烦琐的清王朝,光绪想和康梁沟通是很困难的。康有为的上书,在第三次才颇费周折到了光绪的手里。光绪读后,拍案叫绝,立即派翁同龢去访康有为,商讨变法事宜。但此后光绪两次要召见康有为,都被恭亲王奕訢以按清制,皇帝不能召见四品以下小官为由相阻。实在无奈,光绪只好一面命翁同龢等大臣与康有为交流维新变法,一面令康有为上书,了解他的变法主张。这使康梁备受鼓舞,康有为、梁启超在积极向光绪上书的同时,还借北京会试、知识分子云集北京的大好时机,筹划成立一个全国性的变法组织。经过一个多月的紧张筹备,1898 年 4 月 17 日,迎着明媚的春光,保国会在北京南横街粤东会馆成立了。参加成立大会的有近三百人,康有为在会上发表演讲,声泪俱下,极其动人。几乎没有经过讨论,就一致通过了保国会章程。这个章程共三十条,清晰地阐明了保国会的宗旨、指导思想、组织原则、内部构成、入会手续、会员的权利和义务、各项纪律和管理方法以及财务开支等,具有近代政党的性质,是康有为、梁启超资产阶级民主思想的集中反映。

4 月 21 日,保国会在崧云草堂举行第二次集会。面对情绪激昂的爱国志士,梁启超一跃登台,发表了动人心弦的演说。他首先陈述了日益严重的民族危机,指出中国正处于亡国灭种的边缘。三年以前很多人还对中国的被瓜分不以为然,"今之忧瓜分惧危亡者遍天下"。在这种"国将不国"的危急时刻,必须唤起国民,救亡图存,再无别的选择。但是,有不少士大夫面对危亡,空发议论,没有行动,甚至认为中国不可救药,只好坐以待毙。这是极其危险的。"中国之亡,不亡于贫,不亡于弱,不亡于外患,不亡于内讧,而实亡于此辈士大夫之议论之心力也。"①为改变这种书生空议论、于事无补的局面,梁启超引经据典,深刻分析了产生这种现象的历史和现实的原因,呼吁大家应立即行动起来,投入轰轰烈烈的救亡运动,以实际行动支持维新变法。

梁启超的演讲动于情、晓之理,赢得了许多人的赞赏。在国破家亡临近之时,民族感情是最容易打动人心的。4月25日,保国会又在贵州会馆第三次集会,使得救亡图存、变法维新的声浪越来越高。康有为居住的南海会馆更是高朋满座,康梁师徒激情满怀,高谈阔论,极力宣传他们的变法主张。在梁启超的一生中,这是最痛快的时期之一。

在保国会的影响下,保川会、保浙会、保滇会相继成立,保国会的东风大有吹遍全国之势,这引起了守旧派的恐慌,他们纠集各种反对势力,疯狂攻击保国会,并歪曲保国会是"保中国不保大清"。清廷内部的很多官员立即对保国会看法大变,一些人怕惹祸退出了保国会,这时的保国会事实上已形同虚设,无法有所作为。但经过多年磨砺的梁启超并没有气馁,1898年5月,他利用自己在变法运动中的影响,又联合在北京应试的一百多名举人,上书光绪皇帝,请求改革科举制度,废除八股取士制度。没想到,所上之书送往都察院,都察院不给代奏;再送总理衙门,总理衙门也拒绝代奏。而正在北京参加会试的近万名举人,听说梁启超等一帮人要废除八股考试,这等于砸掉了他们的饭碗,一时愤怒异常,有些人甚至集结起来,要殴打梁启超。梁启超曾专门记述了这一经历,"当时会试举人集辇毂下者,将及万人,皆与八股性命相依,闻启超等此举,疾之如不共戴天之仇,遍播谣言,几被殴击。"②可见反对派势力之大,改革之

---

① 梁启超:《保国会演说词》,张品兴主编:《梁启超全集》,北京:北京出版社,1999年,第166页。
② 梁启超:《戊戌政变记》,张品兴主编:《梁启超全集》,北京:北京出版社,1999年,第214页。

艰难！

但是，变法毕竟是大势所趋，特别是光绪一心想通过变法振兴清廷，就使康有为、梁启超多年的变法努力有了变成现实的可能。1898年6月11日，光绪帝"诏定国是"，宣布变法，"百日维新"正式开始了。紧接着，光绪召见了康有为，商谈变法事宜，并任命康为总理衙门章京行走，特许专折奏事。从此。康有为思考多年的变法主张，通过一道道奏折，飞进了皇宫，成为光绪变法的重要参考资料。

7月3日，光绪召见梁启超。谈话的内容及召见的情形，不得而知。梁在《戊戌政变记》中仅轻描淡写地说了一句："上命进呈所著《变法通议》，大加奖厉。"①按梁启超的一贯作风，如果这次召见谈话的内容广泛并十分投机，他一定会大书特书，作形象而生动的描述。梁一直少言此事，说明谈话并非如愿。王照等人猜测，可能是梁启超不会讲普通话，无法与光绪交流，少叙即止。语言的障碍使梁启超失去了大胆谏言的良机。这的确令他抱恨终身。后来梁请夫人教他学习"官话（普通话）"，大概和此事有极密切的关系。

梁被召见的当天，即被清廷赏给六品衔，办理译书局事务。至此，梁启超的变法总算取得了合法地位。7月间，梁启超草就了《恭拟译书局章程并沥陈开办情形》，由孙家鼐代奏，具体规定了开办译书局的规模、经费和条例等，并呼吁速购图书，广译西书。接着，他又要求清廷开设编译学堂，广招学生，培植翻译人才，还请求在这些学生毕业后同样给予出身，和科举生员待遇相同。这些举动虽然对"百日维新"的全局没有太大的影响，但也是变科举、兴学堂的一个重要组成部分。

8月间，严复、谭嗣同、林旭、刘光第、杨锐等人也先后被光绪接见。变法的声浪与日俱增。9月5日，谭嗣同、林旭、杨锐、刘光第被任

---

① 梁启超：《戊戌政变记》，张品兴主编：《梁启超全集》，北京：北京出版社，1999年，第194页。

命为军机四卿,直接参与光绪的变法事宜。许多维新的诏旨,都出自谭嗣同等人之手。梁启超等维新派的不少政治主张这时通过光绪的名义,得以伸张。无怪乎梁曾自豪地讲:"新政来源,真可谓尽出我辈。"

百日维新期间,光绪发布的新政命令达一百多件,涉及政治、经济、文化、教育、军事等各个方面。概括来看,主要是改革官制,废除八股取士,准许平民上书言事,改革财政制度,开办邮局,鼓励开矿和修铁路,振兴工商业,训练近代化军队,取消旗人特权等。这些改革条款,虽然是初步的,和梁启超的设想有不小的距离,但毕竟使改革变成了现实,在"祖宗之法不可变"的坚冰上打开了一个缺口,在向西方学习和近代化的道路上迈出了可喜的一步。梁启超每读到一道上谕,都喜形于色。随着变法的深入,梁启超的名声也越来越大,已经成了妇孺皆知的政治明星。

一转眼变成了政治犯

正当梁启超踌躇满志、春风得意之时,9月21日发生了血腥的政变,梁随之变成了政治通缉犯。

改革,说到底是利益的重新分配,必然引起激烈的新旧之争。光绪宣布实行新政之后,守旧派官僚就四处活动,或造谣言,或上书慈禧太后,要求推翻新政,制裁康梁维新派。光绪利用手中有限的权力,给予一定的反击;慈禧太后则一方面坐观事态的发展,另一方面也偶尔给光绪一点颜色看看。慈禧的如意算盘是:让你闹,但也要给你找些小麻烦,等闹到一定火候,再一网打尽,夺回权力。事实上,从8月下旬开始,慈禧太后已经在暗地里积极策划政变。在他们看来,由于各种新政条款的颁布,渐渐引起了社会的普遍不满。例如,废除八股取士,使遍布全国各地靠八股升官发财的士子们丢掉了饭碗,士子们从自身的利益出发,拼命反对新政;改革官制,删定则例,又触犯了一批官僚的既得利益,为了保官、保权、保私利，他们对变法也恨之入骨；光绪一再斥责许多官僚办理新政不力，敷衍应付，当然令这些人耿耿于怀；允许一定的言论、结社和出版自由，必然不利于贪官污吏和专制集权，所以当官者多数持反对态度；让旗人自谋生计，削掉了他们两百年来得到的特权，旗人肯定拼死抗争；至于发展私人企业、开矿山、修铁路、办邮政这些具体事务，表面上看和人们的权和利无关，实质上也有谁有权、谁得利的问题。因此，随着"百日维新"的推进，自然在社会上出现了一个强烈的反对派。以慈禧太后为代表的守旧派本能地把这个反对派视作可利用的力量。9月中旬，慈禧等守旧分子认为废掉光绪的时机已经成熟，遂胁迫光绪发布上谕秋季往天津阅兵，以借机行动。光绪也闻到了火药味，知道阅兵就权位难保，但深感力量单薄，难以应付。于是在9月15日让杨锐带密诏给康梁，谓其帝位难保，请二位设法相救。梁启超等人本一介书生，又缺乏政治斗争经验，只是靠光绪才得以在北京指手画脚，为人侧目。光绪帝位不保，他们自然要遭杀身之祸。想到维新事业功败垂成，自己的生命又危在旦夕，梁启超号啕大哭。严酷的现实不认眼泪，大哭之后，还得想应付之法。他们所能想到的办法，一是请谭嗣同和湖南的唐才常、毕永年联系，动员会党和绿林好汉进京，捕杀慈禧太后，保卫光绪皇帝；二是请求光绪重用袁世凯，让袁带兵救驾。第一个办法实际上行不通，因为一来会党难组织，能否组成队伍并无把握；二则湖南距北京路途遥远，远水难解近渴，即使迅速赶来，也难免被官兵阻杀。所以，只有求袁世凯还算有可能性。这当然有一定的历史原因。

袁世凯，字慰亭，河南项城人，地主官僚出身。先为吴长庆手下的幕僚，后拜状元张謇为师，曾出使朝鲜，对外国有所了解。甲午战后，袁世凯开始在天津小站编练新军，其手下聚集了像段祺瑞、冯国璋、徐世昌、王士珍这样的一批军阀头目，练成新建陆军两千人。从此有了政治资本，成为朝野上下的风云人物。戊戌维新运动兴起后，出于政治投机目的，他加入了强学会，伪装赞成变法。康有为、梁启超对他印象很好，赞扬他讲变法，通外情，是难得的新式将才。当维新运动出现危机的时候，康梁感到需要用军队来支持变法，自然就想到了袁世凯。康有为派自己的亲信门徒徐仁禄到天津小站去试探袁世凯，虽然没有见到，但通过徐世昌的传话，袁世凯还是吹捧了康有为，并表示效忠于光绪帝。于是，康有为、梁启超向光绪推荐起用袁世凯，以对付守旧派。光绪采纳了康梁的建议，9月16日召见袁世凯，详细询问了情况，夸奖袁忠心可嘉，赏以侍郎衔，专办练兵事务。当晚8时许，梁启超和康有为等正在吃饭，忽然得到光绪发上谕要重用袁世凯的消息，不禁转忧为喜，拍案叫好。17日，光绪又召见了袁世凯，要他和慈禧太后最信任的荣禄互不掣肘，各办各的事，并授意一有"意外之变"，即带兵入京师。这显然是让袁世凯不要买荣禄的账，而支持光绪。颇富政治经验的袁世凯深深知道他陷入了政治斗争的旋涡，稍有不慎，就会官丢命危。所以他在被光绪帝召见之后，故意在北京遍访达官贵人，探听风声，测试内情。凭袁世凯的判断力，他已经觉察到光绪的力量远远敌不过慈禧，与其效忠光绪送死，不如投靠后党升官。他征求心腹幕僚们的意见，一致认为不能效忠光绪这个傀儡皇帝。于是袁世凯谒见了刚毅、王文韶、荣禄等慈禧的亲信，借机暗示自己绝对不会倒向光绪一边。但是，在公开场合，袁世凯不露风声，既看不出他与光绪为敌，也绝没有投向慈禧的蛛丝马迹。天真的光绪和康梁等人还误认为袁世凯是他们队伍中的一员，尤其在无计可施的情况下，更把全部希望寄托在袁世凯这位拥有军事实力的人物身上。9月18日深夜，谭嗣同赴北京西郊法华寺拜访袁世凯，以争取袁全力支持光绪帝。

袁世凯深知谭嗣同疾恶如仇、敢说敢当的大无畏性格，也明白此人来者不善。而且，谭一进门，袁斜看他的衣襟，即发现带着凶器。袁世凯非常客气而有礼貌地和谭嗣同交谈，并一本正经地表示，光绪帝是"旷代圣主"，他绝对忠于皇帝，如果皇帝在天津阅兵时遇到麻烦，他肯定拼死相救。袁还满自信地讲:"诛荣禄如杀一狗耳!"缺少政治经验的谭嗣同完全相信了袁世凯的谎言。谭嗣同走后,袁世凯反复思考,最后还是从自己的前途考虑,决定出卖光绪帝和康梁维新派。9月20日,他返回天津,立即把谭嗣同求见的情况告诉了荣禄。荣禄连夜进京,报告了慈禧太后。

9月21日凌晨,光绪从中和殿批阅奏章出来,迎面荣禄带着一队卫兵和几个太监蜂拥而来,将其团团围住,之后又连推带搡,将其带到了中南海的瀛台。不一会儿,慈禧太后在李莲英等的陪同下,气势汹汹地赶来。在接受一顿严厉训斥之后,光绪被关在了瀛台。为防光绪逃跑,来往的桥板全被拆掉。光绪望着碧波荡漾的湖水,一点也体会不到瀛台的美丽,心中的凄凉与苦闷,真是不可名状。一直到1908年病逝,光绪基本都与空旷无情的瀛台相伴。

9月21日一整天,北京城大乱。先是步军统领衙门和护军营调兵遣将,守住紫禁城及颐和园等要害部门,接着到处抓人,一时谣言四起,人心惶惶。康有为见势不妙,化妆出逃天津,又逃往上海、香港,转而逃亡日本。

梁启超这时正在南海会馆,和谭嗣同兴高采烈地对坐在一张床上,高谈阔论,策划袁世凯杀掉荣禄之后他们将如何行动。不料,传来了清军查抄南海会馆和康有为的弟弟康广仁被捕的消息。梁谭大惊失色。接着,火车停开,侦探密布,想逃出北京已非易事。稍稍镇定之后,谭嗣同对梁启超说:"昔欲救皇上既无可救,今欲救先生亦无可救,吾已无事可办,惟待死期耳!"①梁启超劝他一同逃走,谭坚决不从。谭嗣同反倒劝梁迅速逃跑。无可奈何,梁往日本使馆避难,惶恐万分。日本驻华公使林权助此时正陪来华访问的日本首相伊藤博文午饭后聊天,一看梁启超脸色苍白,"飘浮着悲壮之气",就知道出事了。他立即命人拿纸给梁启超,让他写明来意。梁告诉他发生了政变,他们只有以死来报天下。林权助劝梁不可

---

① 梁启超:《戊戌政变记》,张品兴主编:《梁启超全集》,北京:北京出版社,1999年,第233页。

死,并告诉梁启超可以随时来日本驻华使馆,由他来设法营救梁。吃下了这颗定心丸之后,梁启超情绪略有稳定,急忙回寓所收拾行装。到了夜晚,日本使馆外也聚集了不少人,嘈杂骚闹,好像在抓人。梁启超躲过混乱的人群,潜入日本使馆。林权助随机安排梁暂时在使馆安顿下来。

当晚,梁启超惊魂未定,辗转反侧,一夜未眠。22日,梁启超昏昏沉沉,正闷坐在屋子里,突然,谭嗣同来了。谭劝梁赶紧逃离北京,并说:"不有行者,无以图将来;不有死者,无以酬圣主。"①显然,谭嗣同是要以死"酬圣主",并希望梁启超将来继续努力,以成就他们的维新事业。23日,为了救光绪皇帝,梁启超和谭嗣同一起拜访了英国传教士李提摩太,商议通过外交途径解决问题。于是决定由李提摩太去见英国公使,容闳去求美国公使,梁启超去说服日本公使。不料,这时美国公使在西山避暑,英国公使在北戴河疗养,单靠日本公使也无能为力。这一着又失败了。25日,谭嗣同、杨锐、林旭同时被捕,刘光第闻讯,亦自投入狱。加上先前被捕的康光仁和杨深秀,人称"戊戌六君子"。9月28日,谭嗣同等"六君子"被清廷残酷地杀害了。临刑前,谭高声吟道:"有心杀贼,无力回天,死得其所,快哉!快哉!"此时,梁启超已经踏上了岛国日本的土地。

亡命日本

梁启超逃到日本使馆后,心情极度紧张。他不懂日语,只能和林权助等人笔谈。使馆外面,人声嘈杂,不时传来捕人的吆喝声和被捕之人的哀号声,令人毛骨悚然。梁启超心惊肉跳,不知何时能逃出虎口。为了离开北京这个是非之地,9月24日晚,梁启超剪掉辫子,着上西装,进行了

---

① 梁启超:《戊戌政变记》,张品兴主编:《梁启超全集》,北京:北京出版社,1999年,第233页。

一番巧妙的化妆，在日本友人的保护下，逃到了日本驻天津领事馆。日本驻天津领事馆领事郑永昌迅速将梁隐藏了起来。

天津是直隶总督兼北洋大臣荣禄的地盘，戒备森严。据说，梁启超一下火车，就被盯梢的暗探发现。只因他们行动迅速，才没有落入荣禄之手。一连数天，日本驻天津领事馆周围暗探密布，梁启超无法脱身。25日晚9点，梁启超等四人化妆成猎人，乘暗探不备，偷偷潜出，钻进海河上早已准备好的一艘日本船内，急向塘沽驶去，准备搭乘日本商船玄海丸号逃往日本。一小时后，忽听岸上马蹄声响，二十多名清廷巡警气势汹汹赶来，不让该船行进。原来，清廷暗探还是发现了梁启超的行踪，并误认梁是康有为。巡警以船上藏有康有为为名，逼迫该船回驶，日本人则拒不听命，双方展开激烈的争论。这些巡警惧怕引出中外交涉等麻烦，两小时后，决定派一半人回城向荣禄请示，另一半人随船监视日本人的行动。不料，日本人不理那一套，将巡警轰下船，开航急速驶往塘沽。26日凌晨，日船抵达大沽口。见一日本军舰停泊于附近，即与之联络，获同意后，梁启超顺利上船，清廷巡警一不敢和日本军舰发生冲突，二也没有接到上司的新命令，干瞪着双眼，让梁逃之夭夭。26日上午9点半，直隶提督聂士成、亲兵营总教习王得胜、天津县知事吕宗祥等三十余人，奉荣禄之命飞奔塘沽车站。当得知逃犯已经躲进日本军舰之后，聂士成暴跳如雷，一定要上舰抓人，王、吕二人害怕引发中日冲突，苦苦相劝，不得已，聂士成方息怒而归。随后，荣禄又派人往日舰交涉，要求放人，被日方一口拒绝。26日午后，日本军舰启航，悬在梁启超心中的一块石头才落地。同逃的还有维新志士王照。

转眼间，军舰驶出大沽口，航行在浩瀚无际的渤海上。梁启超步出舱外，尽情欣赏大海的风采，不时回头张望，眷念着妻儿、父亲和兄弟，惦记着维新志士的安危。回想着出逃时的惊险场面，不禁出了一身冷汗。痛定思痛，百感交集，不觉潸然泪下。为什么正义的事业遭涂炭，爱国志士被屠杀，天理何在，正义何存，思前想后，心乱如麻，梁启超又回到舱中闷坐，一日本友人见他心绪不佳，送给他一本叫《佳人奇遇》的日本小说，因不通日文，无法看懂，遂下定决心，到日本后首先要闯过语言关。过了不久，梁启超又漫步到船头，面对海上落日的余晖，眼观碧波翻滚的海浪，梁诗兴大发，写下了著名的《去国行》。

呜呼，济艰乏才兮，儒冠容容，佞头不斩兮，侠剑无功。君恩友仇两未报，死于贼手毋乃非英雄。割慈忍泪出国门，掉头不顾吾其东。

东方古称君子国，种族文教咸我同。尔来封狼逐逐磨齿瞰西北，唇齿患难尤相通。大陆山河若破碎，巢覆完卵难为功。我来欲作秦廷七日哭，大邦犹幸非宋聋。

却读东史说东故，卅年前事将毋同。城狐社鼠积威福，王室蠢蠢如赘痈。浮云蔽日不可扫，坐令蝼蚁食应龙。可怜志士死社稷，前扑后起行影从。一夫敢射百决拾，水户萨长之间流血成川红。尔来明治新政耀大地，驾欧凌美气葱茏。旁人闻歌岂闻哭，此乃百千志士头颅血泪回苍穹。

吁嗟乎，男儿三十无奇功，誓把区区七尺还天公。不幸则为僧月照，幸则为南洲翁。不然高山蒲生象，山松阴之间占一席，守此松筠涉严冬，坐待春回终当有东风。

吁嗟乎，古人往矣不可见，山高水深闻古踪。潇潇风雨满天地，飘然一身如转蓬。披长发啸览太空，前路蓬山一万重，掉头不顾吾其东。[①]

这首长诗反映了梁启超激愤、忧虑、奋进的复杂心情。"君恩"、友仇

---

① 梁启超：《去国行》，张品兴主编：《梁启超全集》，北京：北京出版社，1999年，第5415页。

未报，含泪逃跑，令人于心不忍；国破家亡，虎狼当道，爱国有罪，卖国有功，正义不伸，国家危在旦夕，使人担忧；是七尺男儿就要献身祖国，即使困难如万重山，也决不却步，竭力奋斗，披发长啸，一往无前。这种心境，使流亡海外十四年的梁启超不仅没有倒下，反而在逆境中成长壮大，在中国人心目中的地位一天天提高。

梁启超到达日本东京后，住在牛达区马场下町，生活非常方便。加上他出逃时带了不少钱财，一切都应付自如。这时，康有为也在英国人的协助下，也来到了日本。师徒相见，热泪盈眶，其情其景难以用语言来形容。从康有为那里，梁启超得知其家已经被清廷查抄，他的父亲和妻儿逃往澳门，还算没有出大乱。后来，他将全家接到了日本，总算过上了团聚的生活。但是，随着人口的增加，住房显得十分拥挤，出于爱心和对梁启超革新事业的支持，一位当地的华侨把自己在神户郊外须磨海滨的一幢别墅借给了梁家居住。这幢别墅原名"怡和山庄"，依山傍海，松林密布，可以听见大海的波涛和优美的松涛，梁启超形象地将这幢别墅改名为"双涛园"。

为了安全和行动方便，梁启超起了一个日本名字叫吉田晋，康有为称夏木森。师徒二人在经历了一场戏剧性的逃难之后，又利用一切可能的条件，继续为他们的政治目标而奋斗。他们广交朋友，与犬养毅、高田早苗、柏原文太郎、志贺重昂等频繁来往，希望得到日本政府的支持。他们也千方百计从国内获取情报，了解清廷的动向和下层社会的呼声。与此同时，他们也同美洲、澳大利亚和南洋的华侨联系，试图取得更多的海外华侨和国际友人的支持。流亡海外的梁启超，经过多方磨难，较戊戌变法时期更加成熟，也在政治上、学术文化上相对独立，有了自己的个性。

如果说在戊戌变法时期梁启超基本是跟着康有为，在政治上宣传和实践康的理论和主张，在学术上解释康的学理和观点，康梁几乎是一个人，那么，二十世纪初年的梁启超，则逐步跳出了康有为的窠臼，自成一体了。在日本流亡的十四年，梁启超前往美洲、澳大利亚等世界各地访问，大大开阔了眼界，广泛结交朋友，影响越来越大。他支持自立军起义，创办《清议报》和《新民丛报》，筹办大同学校，发起和组织与孙中山等革命党人的大论战，创建"政闻社"，积极支持和遥控国内的立宪运动，在政界的活跃程度远远超过了康有为。与此同时，梁启超充分发挥他的智慧和才能，进入了创作的旺盛期。他如饥似渴地吸收西方文化，从日本新文化中攫取营养，刻苦写作，发表了大量作品，于文学、历史学、哲学、经济学、法学、政治学、新闻学、社会学、心理学等方面都有新颖而独到的见解，一时间成了中国学术界的执牛耳者。一个亡命客，借助着在戊戌变法中赢得的名望，抓住了海外难得的思想文化环境，上下左右出击，转眼间成了政治上和学术上的大人物。当他十四年后回到国内的时候，已经今非昔比了。

站在袁世凯的阵营

1912年11月14日，一艘从日本开来的轮船缓缓驶进了大沽口。梁启超从船上遥望着或隐或现的塘沽，不禁心潮起伏，激动万分，整整十四年了，祖国变成何种模样了？！

历史就是那样具有讽刺意义。对于孙中山领导的反清革命，梁启超一贯持反对态度。尤其在1903年之后，随着革命形势的不断高涨，梁启超反对革命的劲头更高。他惧怕革命会造成社会大乱，中国从此会国将不国；他认为中国人民智未开，不可能建立共和的民主政治。总之，革命不可以救中国，改良才是中国的唯一出路。梁启超的看法不能讲百分之百的错误，有些看法颇有见地。但是，在清廷已经腐败透顶，又拒绝任何有利于国家和民族的社会改革的时候，唯有革命才能解决一切问题。历史实践证明，他坚持的改良，无法解决那时的社会问题，甚至连他自己的流亡命运都不能解救，倒是他反对的孙中山的革命，结束了他的流亡生涯，重新回到了祖国的怀抱。1911年10月10日,武昌起义爆发,清王朝分崩离析。接着成立了南京临时政府,孙中山就任临时大总统。随后,袁世凯在北方崛起,他利用把持的北洋军队和多年的政治经验,一方面用南方革命势力压清政府交出政权,另一方面用清政府让孙中山妥协。通过软硬兼施,千方百计的策划,袁世凯最终窃取了辛亥革命的胜利果实,高坐北京,当上了中华民国大总统。

热心政治又善于观察形势的梁启超深知,这时的中国虽然群雄争斗,革命党、立宪派、旧官僚各有势力,矛盾百出,孙中山、黄兴、宋教仁、张謇、黎元洪等皆有影响,相互制约,但是,真正"强有力的人"只有袁世凯。袁手握北洋军,既可以用大总统名义发号施令,又能够和帝国主义保持密切联系,还能够利用现代的政党、社团肆意推波助澜,欺骗民众。回国后要想生存和发展,只有倒向袁世凯的怀抱。但是,从感情上讲,袁世凯出卖维新派,扼杀戊戌变法,人品极坏,让梁启超实在放心不下。再说,与昔日的敌人言和,也是很痛苦的一件事。然而,在政治斗争中,没有永远的敌人,更不会有永远的朋友,有的只是利益和相互利用。这一点,梁启超是非常明白的。面对现实,梁启超决定抛弃旧怨,联合袁世凯。早在回国之前,梁启超就和袁世凯秘密联系。袁就任大总统时,他便致电祝贺。深谙政治斗争之道的袁世凯当然认识到了梁启超的社会影响力,亦更懂得投桃报李拉拢人心,其与梁启超电报书信往来不断,他们好像是从未发生过任何矛盾的知己。梁启超这一政治转向,为他回国后走红全国铺平了道路。

果然,梁启超一踏上国土,就受到了意想不到的热烈欢迎。

11月16日,梁启超一抵达天津,就受到了北洋系军政大员张锡銮及唐绍仪等人的夹道欢迎,接着是袁世凯的贺礼。三天之中,登门拜谒者达二百多人。与此同时,"各省欢迎电报,亦络绎不绝"。梁启超兴奋地说:"此次声光之壮,真始愿不及也","此次项城致敬尽礼,各界欢腾,万流辇集前途气象至佳也。"①

11月28日，梁启超离津赴京，受到社会各界更热烈的欢迎。他在给大女儿梁思顺的几封信中，十分得意地描述了他在京期间受到的热情礼遇：

> 都人士之欢迎，几于举国若狂。每日所赴集会，平均三处，来访之客，平均每日百人。吾除总统处，概不先施。国务员自赵总理以下至各总长，旧官吏如徐世昌、陆征祥、孙宝琦、沈秉堃之流，皆已至。吾亦只能以二十分钟谈话为约，自余则五分钟，自余则旅见而已。②
>
> 在京十二日，可谓极人生之至快，亦可谓极人生之至苦。……此十二日间，吾一身实为北京之中心，各人皆环绕吾旁，如众星之拱北辰，其尤为快意者，则旧日之立宪党也。旧立宪党皆以自己主张失败，嗒然气尽，吾在报界欢迎会演说一次，各人勇气百倍，旬日以来，反对党屏息，而共和、民主两党，人人有哀鸣思战斗之意矣。……此次欢迎，视孙、黄来京时过之十倍，各界欢迎皆出于心悦诚服。③

这些话虽然有些自我陶醉和飘飘然，但大体上是真实的。梁启超为什么会如此受欢迎呢？一则因为梁启超名望太大，是很多人崇拜的对象；二则民国成立后，孙中山等革命党人成为主流，那些和梁一脉相承的立宪党人和旧官僚一时不被社会各界看好，难以找到安身立命的对策，在政治斗争中有些力不从心，梁启超的突然到来，似乎为他们的政治前途带来了光明。梁一方面发表文章，另一方面到处演讲，将立宪派、旧官僚与革命党

---

① 丁文江、赵丰田编：《梁启超年谱长编》，上海：上海人民出版社，2009年，第423—424页。
② 梁启超：《致梁思顺（1912年10月24日）》，张品兴主编：《梁启超全集》，北京：北京出版社，1999年，第6106页。
③ 梁启超：《致梁思顺（1912年11月1日）》，张品兴主编：《梁启超全集》，北京：北京出版社，1999年，第6107页。

说成殊途同归,都是为了建立民主共和,都为反清革命贡献了力量。这就使他们在理论上站住了脚跟,可以大胆地去做民国的功臣。而且新组建的民主党、共和党、统一党等有影响的大党,又以立宪党和旧官僚为核心,一下子来了梁启超这样一个大理论家为他们指明方向,自然求之不得。特别是袁世凯此时正需要拉拢这些人去跟南方的革命党做斗争,觉得梁启超可以好好利用一下,以带动其他各派力量,当然就要格外关照梁任公了。在这种特殊的政治斗争背景下,梁启超被大家热烈欢迎就顺理成章了。

梁启超也的确不负众望,利用他的社会影响和特有的活动能量及造舆论的才能,和袁世凯、旧官僚、立宪党人频繁往来,商谈对策,策划行动;同时从理论和历史两个方面论证他们对辛亥革命的贡献,并为今后的民主政治建设出谋划策。他发表的《中国立国大方针》《宪法三大精神》《新中国建设问题》《莅共和党欢迎会演说辞》等,都集中反映了袁世凯和立宪派、旧官僚的心声,受到了他们的高度评价。梁启超俨然变成了能够左右民国方向的理论家。不过,袁世凯此时更注重从组织上取得绝对优势。他见宋教仁领导的国民党的势力渐渐壮大,大有压垮他的危险,于是,秘密授意共和党、民主党、统一党联合起来成立了进步党,其实际领袖就是梁启超。梁启超依靠进步党,一方面全力支持袁世凯,另一方面和国民党进行激烈的明争暗斗。但是,由于国民党势力大,受民众拥护,他们还是接连败下阵来。宋教仁也跃跃欲试,希望当上总理后,在中国实现梦寐以求的民主政治。袁世凯见大事不妙,1913年3月20日,派人将宋教仁暗杀于上海火车站。孙中山等革命党先是抗议袁世凯,揭露他的政治阴谋,后又发动"二次革命",武力讨袁,结果惨败,孙中山被迫流亡日本。从此,国内成了袁世凯的一统天下。梁启超为首的进步党也欢喜万分,更紧跟袁世凯,幻想在新政府中多攫取一些权力。至此,梁启超和袁世凯的合作达到了顶峰。

入主"第一流人才内阁"

梁启超和袁世凯之间，虽然有一致的一面，但也有根本的分歧。梁启超是想通过袁世凯这样一个强有力的人，由开明专制，逐步推行民主政治。因为在梁启超看来，中国国民素质太低，如果一下子推行民主共和，不仅行不通，而且会天下大乱，唯一可行的方法是选择一位开明的专制"伟人"，既有集权的本领，又愿意一步一步向民主过渡。如此，社会不会大乱，民主政治也会逐步实现。在他的心目中，袁世凯就是这样的合适人选。这也是梁启超支持袁的根本出发点。袁世凯则是想利用梁的影响和能量，去对抗和打倒国民党，再利用他可以左右的进步党组成国会，选举他为正式大总统，最终爬上皇帝的宝座，实施彻底的专制独裁。所以，当南方的革命党被打垮之际，他就急不可待地解散了原内阁，授意熊希龄联络梁启超的进步党，组织新内阁，重开国会。

梁启超则把此举看作实现自己政治理想的千载难逢的绝好机会。他极力怂恿熊希龄尽快行动，并表示自己愿意入阁担任财政总长，以实际行动支持熊希龄。熊也跃跃欲试，决定出任内阁总理，甚至满怀信心地扬言要组织一个"第一流人才和第一流经验的内阁"。谁知当他兴冲冲地跑去与袁世凯磋商阁员名单时，袁却把一张早已拟好的内阁总长人选名单交给了他：外长孙宝琦，财长周自齐，交通杨士琦，内务朱启钤，陆军段祺瑞，海军刘冠雄。重要的部门皆由袁的心腹担任，仅剩下农商、司法、教育等几个无关紧要的职位让熊希龄去安排。梁启超得知这一消息后，十分恼火。他对理财一直抱有浓厚的兴趣和宏大的抱负，希望能当上财政总长，有所作为，干出一番事业，不料却竹篮提水一场空。所以他拒绝入阁，以示抗议。熊希龄见势不妙，急忙找袁。袁却以梁启超是书生为由，坚决不让步，并执意要梁出任教育总长。梁启超更怒不可遏，坚决不入阁。熊希龄深知梁的重要，又找袁世凯讨价还价，希望袁让步。袁世凯权衡再三，来了个给梁启超下台阶的方案：财长由熊希龄兼任，梁启超改任司法总长。梁觉得再闹下去也不会有好果子吃，只好见好就收，终于同意入阁。这样，1913年9月11日，一个由进步党和旧官僚混合组成的新内阁出台了，结果是：总理兼财政总长熊希龄，内务朱启钤，外交孙宝琦，陆军段祺瑞，海军刘冠雄，交通周自齐，司法梁启超，教育汪大燮，农商张謇。由于梁启超、汪大燮和熊希龄都是社会名流，张謇是闻名全国的实业家和教育家，所以这个内阁被人戏称为"第一流人才内阁"。

"第一流人才内阁"的成立，使梁启超颇为振奋。在他看来，这个内阁虽然不是由进步党单独组成，但毕竟进步党能够入阁参政，提供了将来进一步发展的空间，扩大了进步党的影响。自己虽然没能当上财政总长，但毕竟财长还在进步党人手中，而且，经过他运作而成的这个内阁，人才济济，大可干一番事业。他满怀信心地扬言，如果这个内阁干不出一点名堂，或者在方针政策上出现什么失误，他"即行辞职"。梁启超亲自草拟了《政府大政方针宣言书》，洋洋万言，俨然要依法治国，全面推行资产阶级民主政治。具体方案是：第一，实行完全责任内阁制，划清总统府与国务院之权限；第二，司法独立，制订切合实际的法律；第三，重视教育；第四，军民分治，废省改道，整顿吏治，严定考试之制；第五，实施县和城镇或乡两级地方自治。这个庞大规划，体现了进步党人建立资本主义国家，发展正常秩序、巩固和扩大政治权力的强烈愿望。他们强调责任内阁制，划清总统与总理权限，希望通过特定的规章以实现其真正的权力；他们主张司法独立，企图瓦解封建的特权和旧式的官僚体制；他们提出重视教育，旨在提高国民素质和共和观念，培养新型人才；他们鼓吹整顿吏治，改革考试制度，是要对腐朽的官吏任免制度进行改造；他们宣扬废省改道，军民分治以及地方自治，是妄图逐步削弱乃至消灭军阀势力。很显然，他们想尽快建立一个地地道道的资产阶级共和国，这和袁世凯的计划完全背道而驰。

袁世凯对什么"第一流人才内阁"毫无兴趣,对梁启超拟定的《宣言》更不屑一顾。他只不过是想把进步党作为招牌,利用一下。此时的袁世凯首要任务是将临时大总统变为正式大总统。如果按一般常理,国会要先订宪法,再选总统。但袁世凯坚决要倒过来,先选总统,后订宪法。梁启超开始还起劲反对,后见胳膊拧不过大腿,也就随其自便了。1913年10月6日,国会举行总统选举,袁世凯怕出意外,授意组织了形形色色的请愿团,如"公民请愿团"等,在国会大楼外面吆喝;同时派了大批军警,荷枪实弹,将国会会场团团围困。其用意十分明白,如果不选袁世凯当总统,就休想离开会场。但是,就是有一些国会议员,偏偏与袁作对,不投袁世凯的票。到中午十二点,还没有选出总统。在军警的强大压力下,议员们只得饿着肚皮投票,最后投到第三次,才选举出袁世凯为正式大总统。此时,梁启超等人差点儿饿晕。

袁世凯当正式大总统的目的达到后,回过头来就向国会和"第一流人才内阁"开刀。他先是对内阁的计划和方案置之不理,接着反对他们实施改革,甚至横加干涉,使梁启超等一帮阁员寸步难行。11月,袁世凯又借口参加和指挥"二次革命"的通缉犯李烈钧与某些国民党议员有信件来往,悍然下令解散了国民党,开除国会中的国民党议员,国会形同虚设,几乎处于瘫痪状态。然而,梁启超等进步党人还对袁世凯抱有一些幻想,希望制订宪法,约束总统的权力,建立真正的共和制度,因此对袁的所作所为委曲求全,并没有反对。不过,袁世凯并不领情,一心一意向专制的顶峰迈进。1913年12月初,他设立了御用的"中央政治会议",剥夺了国会的立法权。1914年1月10日,他公然下令停止所有国会议员的职务,勒令议员回原籍。同时,他还煞有其事地成立了一个"筹办国会事务局",声称为组织新的国会作准备,民国的第一届国会就这样被袁世凯给葬送掉了。此后不久,袁世凯又解散了各个省议会,并下令停办地方自治。2月,袁世凯索性以种种"理由"迫使"第一流人才内阁"辞职。至此,勉强支持了五个月的以梁启超为灵魂的内阁彻底垮台了，梁启超为此痛心不已。

为了拉拢梁启超，袁世凯又任命梁为币制局总裁。对此，梁启超还是颇感兴趣。他认为中国币制问题很多，急需改革，自己应该在这方面为国家做出贡献。于是，梁匆匆上任，着手制订各种改革措施，还发表了十多篇关于币制改革的文章，很想有所作为。但是，一遇到具体问题，袁世凯不仅不支持，而且予以阻挠。梁启超处处碰钉子，有苦难言。至此，梁启超才明白当官的难处和袁世凯的用心，才自觉上当，悔恨交加。1914年12月，他愤而辞职，避居天津，随后，带上全家老小回南方新会老家探亲消愁去了。

当1915年春光普照海河两岸的时候，梁启超返回了天津的饮冰室。回想自己这几年的政治生涯，无异成了袁世凯手中的玩物，可悲可叹。面对密密麻麻的书架和流光溢彩的书桌，梁启超又对做学问兴趣盎然，于是提笔发表了脱离政界的宣言，开始安心写作。然而，袁世凯一手制造的乌烟瘴气的复辟帝制逆流，使颇有社会责任心的梁启超实在不可能坐下来去作文论道。

挥泪反袁

铲除了"第一流人才内阁"之后，袁世凯得意忘形，有恃无恐，放心大胆地向称帝迈进。为此，他首先制订新宪法，使专制集权合法化；接着改官制，变成终身总统；第三步策划"民意"劝进，"被迫"接受"人民"的意愿，爬上皇帝宝座。

1914年5月，袁世凯组织炮制的《中华民国约法》正式出笼，将总统的权力无限扩大，包括军权、财权、官吏任免权等，俨然变成了一个改了称谓的皇帝。这样，袁世凯的专制集权就以法律的形式规定下来了，所谓民国就成了一块招牌。真可谓"无量金钱无量血，可怜购得假共和"。

为了称帝，袁世凯连象征共和的国务院也废除掉，成立了一个所谓的政事堂，主要任务是襄赞总统处理政事。这无异于总统的一个秘书班子，和清朝的军机处没有什么两样。为了削弱陆海军的权力，袁世凯又解散了总统府军事处，设立"陆海军大元帅统率办事处"，由他亲自指挥，同时筹设直属大元帅统率办事处的军人模范团，也就是设立由袁世凯一手控制的"御林军"，以防不测。紧接着，袁世凯又取消了民国的官制新称谓，改为九等，分上卿、中卿、下卿；上大夫、中大夫、下大夫；上士、中士、下士。省一级官吏叫巡按使；都督改名为将军。而且发布命令一律用令箭，仿佛回到清朝一般。

8月29日，袁世凯又公布了修订后的总统选举法，规定总统的任期为十年，而且可以连选连任；如果遇到特殊情况，经讨论，认为可以不进行换届选举时，可以不选，这就意味着袁世凯可以永远当总统。更为荒谬的是，将来的总统候选人可以提三名，须由现任总统来提名，显然终身总统又可以变为世袭总统了。袁世凯提名，首先将自己心爱的儿子排在第一位。连总统都变成了世袭，这和皇帝传位于子孙有什么两样？

从法律上和组织上达到目的之后，袁世凯就开始暗箱操作，制造舆论，要民众"强烈要求"他当皇帝。利用人们崇洋媚外的心理，他先授意他的宪法顾问、美国学者古德诺发表了一篇题为《共和与君主论》的文章，论证中国只能推行帝制，不能搞共和。日本学者有贺长雄紧跟其后，抛出了一篇《共和宪法持久策》，中心是讲中国如果不实行集权制，不由袁世凯这样的"强人"来领导，必然分裂。与此相呼应，在袁世凯的操纵下，杨度、刘师培等一帮社会名流于8月14日成立了"筹安会"，为袁世凯称帝四处奔走。为造声势，各种请愿团蜂拥而起，什么国民请愿团、公众请愿团、妇女请愿团、青年请愿团，乃至乞丐请愿团、妓女请愿团，不一而足，都要求袁世凯早日称帝。与此同时，北京街头到处流传着各种各样的离奇古怪的神话，为袁登上皇帝宝座制造舆论。如有一则神话讲，袁有一天中午正睡午觉,将醒时其仆人去送茶,进屋一看,惊叫一声将茶碗摔在了地上,因为他看见床上躺的不是袁世凯,而是一条威风凛凛的大龙。一时间,袁世凯真龙天子显灵的神话到处传开。可见,袁世凯为了当皇帝,无所不用其极。

9月中旬,袁世凯下令成立了全国请愿联合会,把各地分散的请愿小社团联合为一个全国性的组织,并上书参政院要求迅速召开国民代表大会,举行关于国体问题的投票表决。参政院当即表示同意,并马上投票,最后全票同意恢复帝制。紧接着,各省也开始就国体问题投票,一致赞成实行帝制。12月,参政院代表全国人民两次向袁世凯上拥戴书,要求他不辜负民意,早日举行皇帝登基大典。袁世凯此时则半推半就,假惺惺地表示,他本不想当皇帝,但"民之所欲,天必从之",为了顺从"天意""民意",只好被迫当皇帝。至此,袁世凯觉得一切就绪,就剩下选择良辰吉日,三呼袁皇帝万岁、万岁、万万岁了!

但是,善于洞察政治走向的梁启超非常清楚地认定,袁世凯垮台的日子即将到来了。

梁启超辞官之后,虽然对袁世凯失去了信任,但还是希望他能坚持走民主共和的道路,努力把民国治理好。因为在梁启超看来,如果把袁搞垮了,就很难有人可以使中国维持统一。从维护统一、天下不乱这一点来说,梁启超并不想打倒袁世凯。所以,当袁向称帝一步步迈进的时候,梁启超真是忧心如焚,觉得这是往死路上走。1915年4月,他约冯国璋联袂进京,拜会袁世凯,苦口婆心劝说袁千万不可称帝,否则死路一条。谁料,善于伪装的袁世凯信誓旦旦,表示绝对不会称帝。冯国璋和梁启超都相信了袁的谎话,以为袁不会搞帝制。但是,转眼之间,帝制黑浪甚嚣尘上,梁启超感到问题十分严重,必须奋起抵制帝制逆流。从某种意义上讲,梁启超之所以站在袁世凯的对立面,完全是被袁逼出来的。

不过,袁世凯一伙儿也深知梁启超的社会影响,千方百计想让梁支持他们的帝制运动。袁世凯搞的御用参政院也要挂上梁启超的名字。1915年春节前夕，袁世凯的长子袁克定在北京西郊的汤山温泉举行宴会，邀请梁启超出席，目的是试探梁对帝制的态度，并试图拉拢梁。不料，梁实话实说，历数了帝制的危害，宴会不欢而散。筹安会成立时，杨度等人又想拉梁启超加入，但又怕梁一口拒绝，几天苦思冥想，决定委托与梁关系非常密切的汤觉顿、蹇念益赴天津说服梁。然而，在大是大非问题面前，梁启超是连朋友的面子也不给的。汤、蹇二人带回的不是梁启超要参加筹安会的承诺书，而是要和杨度断绝一切关系的绝交信，这令杨度大失所望，也不能理解梁启超的做法。没过几天，又传出梁启超写了一篇反对帝制的长文——《异哉所谓国体问题者》。在这篇千古宏文中，梁启超从历史到现实，从理论到实际，以一颗忠于中华民族的赤诚之心，论述了只能行共和，不可搞帝制；同时，深刻揭露了袁世凯的帝制野心，充分论述了帝制逆历史潮流，不得人心，必然失败的历史归宿。文章字字含情，声声带泪，希望袁世凯悬崖勒马，犹未为晚；如果一意孤行，必将被全国人民扔进历史的垃圾堆。袁世凯得到此文的消息后，深知关系重大，立即派人往天津送梁启超二十万元巨款，希望梁看在老朋友的份儿上，不要发表此文。梁婉言辞谢，将钱如数退回，并将文章誊写一份，送给袁世凯。与此同时，杨度为了讨好袁世凯，收到梁启超的绝交信后还不死心，又找到梁最赏识的学生蔡锷，求蔡说服梁，不要发表此文。蔡锷深知梁启超不会改变主意，而且也赞成梁的观点和行动，但出于面子，还是跑了一趟天津，回京告诉杨度，人各有志，不可强求。这可惹恼了袁世凯，他认为梁启超是敬酒不吃吃罚酒，立即派人往天津威胁梁，如果发表此文，你梁启超轻则流亡海外，重则后果不堪设想。梁启超一不做，二不休，根本不理袁的威胁利诱，于9月3日将《异哉所谓国体问题者》在北京《晨报》赫然刊出，立刻引起了轩然大波。当天的《晨报》旋即被抢购一空，《国民公报》转载后，也供不应求，一时形成全国争看梁文的壮观场面。这无疑是对袁世凯恢复帝制逆举的沉重一击。

然而，袁世凯鬼迷心窍，死心塌地往帝制的道路上狂奔。看来靠劝说和写文章抨击已经无法解决问题，只有让枪杆子来讲话了。于是，梁启超和蔡锷暗地策划，准备发动反袁战争，挽救中华民国。为了留有余地，在决定起兵讨袁的前夕，梁启超于12月16日给袁世凯写了一封长信，最后一次规劝袁停止帝制运动，不要引火烧身。其中讲道："启超诚愿我大总统以一身开中国将来新英雄之纪元，不愿我大总统以一身作中国过去旧奸雄之结局；愿我大总统之荣誉与中国以俱长，不愿中国之历数随我大总统而斩。……抑启超犹有数言欲效忠告于我大总统者，立国于今世，自有今世所以生存之道，逆世界潮流以自封，其究必归于淘汰，愿大总统稍捐复古之念，力为作新之谋。"①如此发自心底的肺腑之言，如此洞察时局的谆谆劝告，真可谓情真意切、仁至义尽，但袁世凯已经听不进任何劝言。心地善良的梁启超实在是不希望用战争解决问题，实在是不希望袁世凯玩火自焚。面对袁世凯这样一个不明事理、不顾世界潮流和国家前途的混世魔王，梁启超痛心疾首，不禁想起当初由日本回国后错将袁世凯当作帮助自己实现政治理想的"强人"，悔恨不已，心乱如麻。实行武装反袁，是梁启超不得已的选择。但历史已经证明，这是最明智的选择。梁启超过人的聪明之处，也再次得以展现。

发动护国战争

所谓护国战争，就是保卫中华民国的武装斗争。当袁世凯连中华民国的招牌也要一脚踢开，利欲熏心复辟帝制的时候，梁启超便下定决心联合蔡锷武力反对袁世凯。

---

① 丁文江、赵丰田编：《梁启超年谱长编》，上海：上海人民出版社，2009年，第463页。

蔡锷（1882—1916年），字松坡，原名艮寅，湖南宝庆（今邵阳）人，出身于一个贫苦农民家庭。1898年蔡锷进入长沙时务学堂学习，成绩优异，思想活跃，深受时任学堂总教习的梁启超喜爱和器重，同时也受到梁启超变法革新思想的影响，一心想要改造中国。戊戌变法失败后，梁启超亡命日本，仍念念不忘蔡锷这个高才生，转年秋天就写信给蔡锷，希望他到日本共同奋斗。蔡锷不辱师命，到达日本后与梁启超朝夕相处，共同策划了自立军起义。为了进一步深造，蔡锷又考入了日本的士官学校，1903年11月以优异成绩毕业于骑兵科，与同班的蒋百里、张孝准被誉为"中国士官生三杰"。1904年归国后，蔡锷先后在江西、湖南军事学堂任教。1905年，蔡锷被调往广西任新军教官，成绩卓著，因而声名大噪。1911年蔡锷被调往云南任新军第十九镇三十七协协统。10月，武昌起义爆发，他积极响应，参与策划了云南起义，被推举为临时革命军总司令和云南军政府都督，后又和梁启超左右的进步党过从甚密。随着袁世凯和梁启超关系的日渐疏远，特别是目睹了袁的一系列倒行逆施后，蔡锷反袁的倾向逐渐明显。因为蔡锷掌握军队，袁对蔡格外担心。为了束缚住蔡的手脚，1913年9月，袁调蔡赴京，委以陆海军大元帅统率办事处办事员、参政院参政、全国经界局督办等一系列虚衔，实际是将蔡软禁于北京。蔡锷深知袁的用意，使用韬晦之计，一方面与京师名妓小凤仙打得火热，以避开袁的耳目；另一方面和梁启超暗地策动反袁计划。

1915年8月15日，即"筹安会"成立的第二天，梁启超就和特地从北京秘密赶来的蔡锷在好友汤觉顿家里商讨倒袁大计。他们认为，国民党已经被袁赶到了海外，倒袁的重任就历史性地落到了他们的肩上。蔡锷当即表示，为了倒袁，保护民国，即使肝脑涂地，在所不惜。梁认为现在时机尚不成熟，让蔡锷一定继续实行韬晦之计，保存力量，以便一举必胜。此后，每隔数日，蔡锷即来天津与梁商讨反袁对策。他们最后商定，一旦袁世凯称帝，云南即宣布独立，贵州过一月后响应，广西过两个月后响应,然后云贵合力攻下四川,再以广西之力攻下广东,三四个月内会师湖北,北上消灭袁氏。梁、蔡二人对这一计划的成功充满信心。梁启超的《异哉所谓国体问题者》的宏文发表之后,蔡锷即暗中与北京的反袁同党联络声气,与云南的部将密电往来,扎扎实实地做好武装反袁的准备。1915年12月2日,在与梁启超秘密话别之后,在小凤仙的全力帮助下,蔡锷穿上了日本和服,改换了姓名,满怀切肤之痛辞别了心中的知音,潜往天津,巧妙地躲过了袁世凯的密探,登上早已联络好的日本轮船,驶往日本;然后秘密由日本转道香港,再潜赴云南,在昆明受到将士们的热烈欢迎。在蔡锷离津半月之后,梁启超也从天津乘中国新济轮南下,于12月18日抵达上海,秘密指挥反袁武装起义。

在上海的近两个半月时间里,梁启超度过了一生中最艰难困苦的日子。一方面要防备袁世凯的明枪暗箭;另一方面要为远在云南的蔡锷出谋划策;加之经费奇缺,生活拮据,人手不足,事事都要亲力亲为。但是,强烈的事业心和民族责任感,使梁启超克服了一个又一个难以想象的困难,全身心投入到护国战争的筹划之中。为了争取人心,梁指示蔡锷先礼后兵,并起草了《云南致北京警告电》《云南致北京最后通牒电》等,警告袁世凯赶快悬崖勒马,停止帝制活动;如果不放弃帝制,就会立刻起兵。对于云南方面的警告,袁世凯根本不予理睬。12月25日,蔡锷等人又第二次通电北京,袁世凯还是不理睬。于是,梁、蔡二人一起议定出兵讨袁。1916年元旦,在隆隆的炮声中,蔡锷雄赳赳、气昂昂率军进攻四川,袁世凯大为震惊。

蔡锷率领的护国军兵分三路,迅速向四川挺进。1月21日,护国军以锐不可当之势一举攻克了川南重镇叙州,全川大震。1月27日,贵州响应云南而独立,给蔡锷以有力的支持。袁世凯火速调兵遣将,往川南阻击蔡锷,双方在泸州一带展开激战。由于袁军人多势重,武器精良,蔡锷一时难以取胜,战斗极为艰苦。梁启超在上海如坐针毡,忧心忡忡。为了支持护国军,他一方面努力筹措军饷,运动冯玉祥支持蔡锷,著文大造舆论;另一方面试图运动广西独立,使西南三省联为一片,改变护国军的被动局面。2月25日,梁启超致信陆荣廷,希望他配合蔡锷,举起反袁大旗。陆荣廷立即派特使往上海,请梁赴广西,商讨反袁事宜。梁兴奋不已,随即决定启程赴桂。

3月4日,在日本驻沪武官青木中将的帮助下,梁启超和汤觉顿等一行七人,乘日本邮船会社的横滨丸号离沪南下。为了防范袁氏密探,梁启超只好藏于舱底锅炉旁的一间十分狭小的密不透风的黑屋里。船外大雪纷飞,梁启超却大汗淋淋。只有到了深夜,万物皆静,他才可以爬到船板上呼吸一点新鲜空气。尽管条件如此恶劣,梁启超仍然笔耕不辍,在室闷难耐的旅途中,他就广西独立、袁氏劝退、军务院的组成等问题,接连起草了通牒、宣言、公电等十余份文件。

3月7日,横滨丸号抵达香港,香港巡捕立即登船严加搜查,盘问汤觉顿等人的姓名及来港目的,连行李中包东西的纸片也不放过。所幸的是,汤觉顿有一小皮包,包中藏有梁启超所起草的有关广西独立的文件和康有为给陆荣廷的信等,居然没有被搜去,真可谓有惊无险。为了躲避巡捕,梁启超一直藏在船底,一连四天没见天日。更糟糕的是,按照南下的行程安排,入广西前要先绕道越南的海防市,但当时经越南入桂的道路已被封锁。而且,本来外国人入海防不必持护照,可是3月3日驻港法国领事突然发布公告,外国人进入海防必须有护照。梁启超不敢露面,当然无法办理护照。这样,绕道海防入桂的计划就成了泡影。广东的日本领事又传出消息说,袁军在四川已经攻克叙州、纳溪,袁的广东心腹龙觐光又攻下了剥隘。梁启超闻讯,焦急万分。不得已,他们只好兵分两路,一路,汤觉顿等五人由香港经梧州先期赴南宁,并带去梁为广西独立所拟定的各项文件;另一路,则由梁启超和黄溯初冒险偷渡海防,再潜入广西。

3月12日,梁启超和黄溯初扮成日本商人,秘密换乘日本运煤船妙义山丸号，离开香港。轮船开足马力，15日即抵海防附近的洪崖。早已等候在那里的日本友人横山立即用游船将梁、黄二人接走，佯装海上游览，迂回曲折漂泊了一天一夜，16日晚才悄悄在海防登陆。当晚，梁启超会见了云南驻海防秘密代表张南生，张转交了唐继尧请梁入滇的三封信，并转告说，陆荣廷已派驻镇南关的交涉员欢迎梁早日入桂，这使梁备受鼓舞。

但是，在越南的法国人受袁世凯的委托，正严密捉拿梁启超。为了防备不测，17日凌晨，横山用汽车将梁送到他创办的帽溪牧场，暂时躲避起来。在这里，梁启超度过了他一生最艰苦的十天。不能抽烟，又无书可读，被褥污秽，跳蚤横行。更可怕者，初到帽溪，他未听人劝告，用黑布裹头，以防烈日，结果患上了一种威胁生命的"热病"，卧床不起。幸亏医治及时，才渐渐痊愈。梁启超此行，真可谓历尽千辛万苦，如"小小一部冒险小说"。

所幸的是，3月14日汤觉顿一行抵达南宁，谒见了陆荣廷。陆得知梁启超很快就来广西，遂于15日发布了广西独立的通电，紧接着又发布了梁所拟定的各个文件，还任命梁为广西都督府的总参谋。这给了蔡锷以及全国的反袁斗争以极大的支持。护国军乘势反击，节节取胜，云、贵、川、桂联为一气，令袁世凯奈何不得。袁的一些心腹见袁大势已去，纷纷反戈。袁见形势不妙，急忙于3月22日取消帝制，八十三天的皇帝梦破灭了。

3月26日，梁启超离开帽溪牧场回国。27日下午抵达镇南关，早已在这里迎候的人群欢声雷动，锣鼓喧天，鞭炮齐鸣，梁启超被大家簇拥着回到了祖国的怀抱，激动得热泪盈眶，夜不能寐。4月4日抵达南宁后，又受到热烈欢迎，梁启超成了举国敬仰的反袁大英雄。6月6日，袁世凯在全国人民的唾骂声中死去。梁启超觉得该进一步干一番事业了。但事情并非如想象得那么好。

忍痛告别官场

袁世凯死后，群龙无首，出现了军阀混战的局面。以张作霖为首的奉系，冯国璋为首的直系，段祺瑞为首的皖系等，各占一方，争地夺权。开始黎元洪为总统，段祺瑞为总理，段不买黎的账，黎也时刻想制约段，矛盾重重，剑拔弩张。1917年夏，因为第一次世界大战中中国是否对德国宣战问题，双方撕破了脸，黎元洪一怒之下免去了段的国务院总理之职。不料，军阀张勋乘机带兵进京，赶走了黎元洪，将清朝亡国皇帝溥仪又推上了皇帝宝座，演出了一场复辟闹剧。

在这一系列的政局变化中，梁启超基本上是站在段祺瑞一边的。因为在梁看来，段祺瑞是颇有力量的一个人，而且在对德宣战等问题上观点基本相同。梁启超在护国战争后，又在寻求走依靠"强人"、通过"开明专制"实现资产阶级民主政治的老路。他这时心目中的"强人"，就是段祺瑞。段也十分看重梁的巨大社会影响，希望梁加入他的阵营。特别是梁在护国战争后搞起来的宪法研究会，很有势力，人们习惯上把这一帮人称为研究系。段祺瑞很想利用这股力量。这样，梁、段二人就慢慢走到了一起。

段祺瑞被黎元洪免职后，跑到天津，伺机东山再起。张勋一进京，段认定时机已到，立刻决定进军北京，赶走张勋，重新掌权。他请梁启超拟定了讨伐张勋复辟的通电，通告全国。梁也发表了《反对复辟电》。一时间，段、梁摇身一变成了反复辟的领袖。7月12日，张勋被段祺瑞赶到了荷兰使馆避祸，复辟丑剧草草收场，段转眼变为再造共和民国的英雄。但是，冯国璋为了夺权，抢先在南京就任了临时大总统，并任命段祺瑞为国务院总理。段立即在北京组阁，行使实际权力。为了酬谢和拉拢梁启超，段请梁出任财政总长，同时安排了六位研究系的人入阁。梁启超兴奋不已，觉得段和袁毕竟不一样，他可以放开手脚施展治国才干了。

不过，梁启超也深深懂得，在北洋政府做官，不仅要应付好段祺瑞，还要和各派系的要员搞好关系,否则不会有好果子吃。因此,他请和各军阀头目关系甚好的王克敏任他的次长,同时,将"改革币制,整顿金融"作为他施政的八字方针。但这只是梁启超的一厢情愿。在军阀混战时期,每个军阀都想捞钱,财政部从来都是一个债台高筑的烂摊子,想有所作为比登天还难。梁启超使尽浑身解数,还是入不敷出,只能拆东墙补西墙,疲于应付。1917年11月中旬,梁启超在呈送总统及国务院总理的密文中,报告了自己主持编制的1917年9月至1918年6月的中央收支概算及实际执行情况,"计收入方面:中央解款六百万元,中央专款约六百七十二万元,盐税余款三千万元,烟酒公卖收入五百零四万元,印花税一百万元,常关税三百二十万元,津浦货捐八十四万元,官产收入四百二十五万元,官业收入及矿务报效约三十万元,关税余款两个月六百万元,缓付赔款一千三百余万元,共约七千余万元。"而计划支出则远远超出了收入,其中"陆海两部所属为四千九百余万元,其余各部所属为二千余万元",加上"到期万不能缓之内外债二千四百余万元",仅这三项就达到九千三百余万元。显然,财政赤字,入不敷出。这使得梁启超日夜紧张,常常愁得做噩梦。但执行情况更糟糕,各地肆意截留应交中央之款项,导致实际收入大减,各派军阀亦不断催加经费,浩繁尤甚。仅段祺瑞讨伐张勋逆军总司令部送来的一张报销账单,就让梁启超头疼不已。其索取的款项主要包括:"讨逆总司令部经费七十万元";"直隶垫拨讨逆总司令部经费十五万元";"讨逆总司令部兵士犒赏十万元";"陆军部收束临时增加军队经费七十万元";"遗留东厂胡同卫队及冯德麟部下用款二十万元"。①在讨伐张勋复辟的战事中,段祺瑞实际所出动军队不过两个师加一个混成旅共两万多人,战事也不过四五天,居然一开口就要一百八十五万元。更可笑的是,讨逆军总司令部不过屈指可数的几个人,办事也超不过十来天,竟然

---

① 丁文江、赵丰田编:《梁启超年谱长编》,上海:上海人民出版社,2009年,第546—547页。

狮子大开口，报了八十五万元的账。这些钱基本上落入了大小军阀头目个人的腰包。但梁启超明知也不敢问，急不得更恼不得，只能乖乖地让他们报账。然而，有了段祺瑞要钱的先例，其他军阀头目岂能不照此办理？梁启超之后的日子也越来越难过了。果然，不到一个月，各种军费开销的单子如雪片一样飞到了财政部，什么陆军部特别军费、外交军事用款、四川湖南军事费用、江西督军临时用费、海军特别犒赏等，不一而足。梁启超粗粗一合计，到1918年6月，经常费用开支已经缺五千多万元，再加上已经垫用的各种军费开支，赤字要到六千多万元。梁启超无论如何也无法安排财政支付，一气之下，他抱着全部账本来到了10月25日举行的国务会议上，要给段祺瑞摊牌。谁知，段祺瑞根本不理这一套，任凭你财政危机四伏，金融运行到了崩溃的边缘，他照常要增加军费开支。段命令梁启超的财政部，将四国银行团垫款一百万日元，折合银圆六百多万，提出其中的六百万日元，供陆军部随时支付。梁启超听后如五雷轰顶，但也不敢与段相对抗，只好默默忍受。

然而，更令梁启超寒心的是，身为财政总长，自己连支配本部的用人权都没有。就任财长以来，他曾试图将各省盐运使、税关监督、烟酒公卖局长等职控制在自己的手里，便于政令畅通。不科，各省军阀绝对不肯放手，他们自恃武力在手，根本不把梁启超放在眼里，更不允许梁按需要更换地方财政官员。结果，梁一个也更换不动。梁启超表面上是财政总长，位高权重，实则处处受军阀左右，四处受气。他左思右想，实在无法当下去了，不得已，上书临时大总统冯国璋，请求辞职。冯千方百计挽留，梁只能暂收辞呈勉强留任。此后，直系、皖系、奉系等军阀矛盾愈演愈烈，梁启超这个财政总长谁也得罪不起。万般无奈之下，梁于11月15日再提出辞职，冯国璋依旧竭力挽留。11月18日，梁启超第三次提出辞职。恰遇冯国璋与段祺瑞矛盾白热化，11月22日，冯国璋居然解散了段祺瑞内阁，梁启超也就自然下台了。梁启超最终得以解脱，中国社会则进一步陷入了无休止的军阀混战当中。

辞官后的梁启超又回到了天津的饮冰室。回首二十多年的政治生涯，他感到一事无成。早年跟随康有为倡言变法，被通缉流亡海外；在日本支持国内的立宪运动，也没有取得成功；希望通过袁世凯、段祺瑞这些"强人"在政治上有所作为，反而被他们作弄，丝毫没有什么政绩可言让人不觉感到节节败退，走投无路。当然，这并非梁个人的悲剧，而是整个社会的悲剧，特别是近代知识分子的悲剧。中国的知识分子没有成为独立群体的社会条件，他们只能附着于某个政治集团或某个政治"强人"去实现他们的政治抱负。毛泽东嘲弄他们就像"毛"没有"皮"就难生存一样，只有附在皮上才可能有毛的亮泽。不具备独立人格的知识分子想独立去搞政治，除了失败别无选择。梁启超政治上的败北是必然的。不过，从梁自身的发展来看，他如果不参与政治，绝对不会有那么大的社会影响。他靠戊戌变法一举成为天下名人，靠护国战争变为北洋政坛的要人，靠当司法总长、财政总长而为世人瞩目。从这个角度看，梁的成功，是靠政治托起来的。比较客观地概括应该是：成也，政治；败也，政治。

不过，当梁启超经历了太多的政治"折磨"之后，特别是在1918年春节前后，面对饮冰室内那琳琅满目的书架以及带给他激情和快乐的书桌，他便一心想在学问上大展宏图了。此后十年，也是梁启超生命的最后十年，将主要精力投入到了学术文化领域，并取得了辉煌的成果。

永垂不朽是文章

笔尖常带感情

支撑梁启超成为二十世纪中国文化巨人的主要是他的论述深刻、见解独到的论著,比起他所从事的政治活动来,梁任公的文章更能够传之久远,具有一定的永恒意义。

梁启超非常善于写作,从二十世纪初成为舆论界之"骄子"后,一直称雄三十年,留下了一千多万字的论著。他那新颖的理论、广博的知识、严密的推理、扣人心弦的评说、流畅动人的文字,使一大批青年为之倾倒。生活在二十世纪前三十年的中国公民,有相当一批人受到过梁氏文章的影响。梁启超的文章之所以有如此巨大的魅力,原因是多方面的,不过其中一个很重要的因素是他的文章以情感人,情理交融,被形象地誉为"笔尖常带感情"。著名诗人和文学家黄遵宪在评论梁启超所办的《清议报》《时务报》和《新民丛报》时称:"《清议报》胜《时务报》远矣,今之《新民丛报》又胜《清议报》百倍矣。惊心动魄,一字千金,人人笔下所无,却为人人意中所有,虽铁石人亦应感动,从古至今文字之力之大,无过于此者矣。罗浮山洞中一猴,一出而逞妖作怪,东游而后,又变为《西游记》之孙行者,七十二变,愈出愈奇。吾辈猪八戒,安所容置喙乎,惟有合掌膜拜而已。"①黄遵宪是晚清地位很高的文学大家,他所崇拜的文学巨子应该说是不多的,这里对梁启超的文章评价如此之高,而且十分形象地将他比作"东游"的孙悟空,有七十二变的奇特功效,实在是褒奖有嘉了。和黄遵宪同期的文坛巨子严复,恃才自傲,对梁启超宣传的一些观点不以为然,常和梁相互辩驳,但严对梁的文章则评价甚高,尤其对梁文出色的煽动力几乎佩服得五体投地。严复在给友人的信中讲,梁启超如果写文章鼓吹暗杀,则国人会"佩然去暗杀";梁启超如果宣传去破坏,那么国人又会群起而"争为破坏"。胡适在梁启超主办《新民丛报》时还是一翩翩少年,他后来回忆梁的文章的魅力时说:"梁先生的文章,明白晓畅之中,带着浓挚的热情,使读的人不能不跟着他走,不能不跟着他想"②《新民丛报》第十六期发表过一篇读者感想,用自由诗的形式,道出了梁启超的文章对读者的巨大影响力,其中写道:"喜我脑筋之中日日涌新知,开辟心球理想古无之,生平读书枉千卷,何如一篇饷我神魂飞。乃想古来学术界之士如烟海,纷纷孔见不足供葫芦,陆王黄颜亦杰出,凤毛麟角无乃稀,其余汉学宋学清学书充栋,盘旋奴界守步不能逾。世界思潮至此忽大变,冲决网罗决藩篱,犁庭扫穴争倡大革命,打破学术界奴性独立而不羁。"由此不难断定,梁启超的文章在那个特定的年代具有反传统、求革新的难以想象的威力,中国古代的许多经典在其冲击下黯然失色,它也就自然成了批判旧文化的"洪水猛兽",渴望追求新知的青年学子"智慧的源泉"。

一般来讲,如果要使自己的文章有广泛的影响力,必须具备两个条件:一是有敏锐的思维和洞察一切的观察力,认清时代的方向和人民群众特别是知识界跳动的脉搏,出一言而为千百万人热情高呼,发一论而使全

---

① 丁文江、赵丰田编:《梁启超年谱长编》,上海:上海人民出版社,2009年,第181页。
② 胡适:《四十自述》,北京:中国文联出版公司,1993年,第49页。

国人赞不绝口;二是具备较深的文化根底和压倒一切的表达能力,能够用大众喜闻乐见的表现形式吸引读者,成为读者心目中的"上帝"。这两条,梁启超都是具备的,尤其是他在二十世纪初逐步形成的"新民体",以半文半白、通俗流畅、热情奔放又富有哲理的语言,在讲问题时夹杂着煽情,读后往往让人拍案而起。这里不妨欣赏他《少年中国说》中的一段文字:

> 欲言国之老少,请先言人之老少。……老年人如夕阳,少年人如朝阳;老年人如瘠牛,少年人如乳虎;老年人如僧,少年人如侠;老年人如字典,少年人如戏文;老年人如鸦片烟,少年人如泼兰地酒;老年人如别行星之陨石,少年人如大洋海之珊瑚岛;老年人如埃及沙漠之金字塔,少年人如西伯利亚之铁路;老年人如秋后之柳,少年人如春前之草;老年人如死海之潴为泽,少年人如长江之初发源。此老年与少年性格不同之大略也。梁启超曰:人固有之,国亦固然。①

这样一连串的排比,形象而生动的比喻,优美而富诗意的文字,对读者当然有巨大的感染力。请再读《说希望》中的一段:

> 希望者,制造英雄之原料,而世界进化之导师也。……希望者,人类之所以异于禽兽,文明之所以异于野蛮,而亦豪杰之所以异于凡民者也。亚历山大之远征波斯也,尽斥其所有之珍宝而以遍赐群臣。群臣曰:然则王更何有乎?亚历山大曰:吾有一焉,曰"希望"。夫亚历山大之丰功盛烈,赫然照烁于今古,然其功烈之成立,实希望为之涌泉。宁独亚历山大而已,摩西之出埃及也,数十年徘徊于沙漠之中,然卒能脱犹太人之羁轭,导之于葡萄繁熟蜜乳馥郁之境。摩西之

---

① 梁启超:《少年中国说》,张品兴主编:《梁启超全集》,北京:北京出版社,1999年,第409页。

能有成功，迦南乐土之希望为之也。……自古之伟人杰士，类皆不肯苟安于现在之地位，其心中目中，则有第二之世界，足以餍人类向上求进之心。既悬此第二之世界以为程，则萃精神以谋之，竭全力以赴之，日夜奔赴于莽莽无极之前途，务达其鹄以为归宿，而功业成就之多寡，群治进化之深浅，悉视其希望之大小为比列差。盖希望之力，其影响于世间者固若是其伟且大也。①

这种政论文章，拨之历史，掺入典故，以古论今，文白相间，深入浅出，绝无板起面孔训人之意，也无故弄玄虚哗众取宠之嫌，使读者在轻松自如中接受了梁启超的观点，给人以美的享受。

晚清的文坛，是一个多变而争雄的时代。就文体来讲，桐城派文体一度风行的局面已经过去，严复的汉魏风格则有一定的市场，章太炎古典而儒雅的文风也博得不少人的喝彩，但相比之下，都较梁启超要稍逊风骚。对此，亲临其境的吴其昌有一段中肯而富有诗情画意的评说，不可不读：

当年一班青年文豪，各家推行着各自的文体改革运动，如寒风凛冽中，红梅、蜡梅、苍松、翠竹、山茶、水仙，虽各有各的芬芳冷艳，但在我们今日立于客观地位平心论之，谭嗣同之文，学龚定庵，壮丽顽艳，而难通俗。夏曾佑之文，更杂以庄子及佛语，更难问世。章炳麟之文，学王充《论衡》，高古淹雅，亦难通俗。严复之文，学汉魏诸子，精深邃密，而无巨大气魄。林纾之文，宗绪柳州，而恬逸条畅，但只适小品。陈三立、马其昶之文，桃祢桐城，而格局不宏。章士钊之文，后起活泼，忽固执桐城，作茧自缚。至于雷鸣潮吼，恣睢淋漓，叱咤风云，震骇心魂，时或哀感曼鸣，长歌代哭，湘兰汉

---

① 梁启超：《说希望》，张品兴主编：《梁启超全集》，北京：北京出版社，1999年，第1088页。

月,血沸神销,以饱带情感之笔,写流利畅达之文,洋洋万言,雅俗共赏,读时则摄魂忘疲,读竟或怒发冲冠,或热泪湿纸,此非阿谀,惟有梁启超之文如此耳!①

这段评论,妙在能从晚清的大文学环境中,通过众多文豪的比较,十分形象而深刻地指明了梁启超新文体的特点和别人无法代替的历史地位,比较客观、公允,令人信服。在二十世纪初年,梁启超的确是"舆论之骄子,天纵之文豪"。后来随着辛亥革命的发生,其政治地位在人们心目中一天天地下降,其文章的影响力有所减弱,但还是有很大的市场。特别是他晚年告别官场后,潜心写出的一大批学术论著,在史学、文学、哲学、教育学、新闻学等方面都有新的建树,是二十世纪中国文化发展的宝贵财富,一直为人们学习、研究,并从中汲取丰厚的养分。从这个角度讲,梁启超的文章是永垂不朽的。

治史以求新为本

梁启超一生的学术研究,都以史学为根基。他无论是研究哲学、文学、佛学、教育学,还是政治学、经济学、文化学、新闻学、图书馆学,都融合了深厚的历史素养,所以了解梁的史学观是探讨其学术成果的一把钥匙。梁启超治史善于创新,敢于发前人所未发,善于通古而讽今,于史学理论、史学方法、中国史、世界史、文化史、政治史、宗教史、学术史等方面都成果卓著,是近代新史学的开创者。

早在1902年,梁启超就发表了《新史学》一文,对传统史学进行了淋漓尽致的批判,对将来的"史学革命"勾画了诱人的蓝图。1921年,

---

① 吴其昌:《梁启超传》,南京:江苏人民出版社,2015年,第24页。

梁启超在南开大学讲授《中国历史研究法》，比较系统地展现了他的近代新史观。1923年，梁于清华大学讲授《中国历史研究法补编》时，史学理论已经独成一体，一直到今天还有很大的影响。梁启超特别强调历史研究的目的性，也就是要有明确的指导思想。他认为研究历史的目的正确而高尚，则事半功倍，于学术、于社会都有益；反之，则费尽心力，却不会有好的效果。他明确指出："无论研究何种学问，都要有目的。什么是历史的目的？简单一句话，历史的目的在将过去的真事实予以新意义或新价值，以供现代人活动之资鉴。"①在强调历史研究的目的性的同时，梁启超特别重视史家的自我素质。在他看来，如果研究者不具备德、学、才、识四种修养，就不可能获得有价值的学术成果。在这点上，他继承和发展了刘知几、章学诚的基本思想。刘知几提出史家必须有才、学、识，张学诚后来又加了一个"史德"，可惜他们缺乏详细而深刻的论述。梁启超则将四者融会贯通，而且又进一步地发展，更之为德、学、识、才。所谓"史德"，就是心术端正，忠于史实。梁认为这一点最重要。如果对于历史不能公正、客观、准确地去记述，对于历史人物和历史事件不能真实地去评论，则失去了历史研究的意义，而且有害社会。作为史家，公正的良心，求实的态度是起码要求。所谓"史学"，指史家的学问，即治史所需要的广博的知识。梁认为研究历史所需的知识非常广，类凡哲学、文学、经济学、社会学、地理学、科技、法学等都要有一定的修养，而且历史研究不可急于求成，要有超人的刻苦精神，日积月累，循序渐进。最好先从专门史做起，一步一步扩展。所谓"史识"，就是敏锐的观察和分析能力。历史无法实验，只能靠观察思考，特别是联系起来综合分析，由局部到全局，再从全局到局部，举一反三，找出问题的症结所在。还要有怀疑精神，敢于标新立异，敢于提出新的见解，敢于自我否定，一心一意追求真

---

① 梁启超：《中国历史研究法（补编）》，张品兴主编：《梁启超全集》，北京：北京出版社，1999年，第4795页。

理。所谓"史才",就是治史的技巧。梁偏重于写作方法,他认为方法不当,同样写不出好的著作。所以合理的剪裁、科学的编排、得心应手的文字表达能力以及高人一筹的研究角度都是不可少的。而且,再好的天赋,也必须多读书,勤用脑,多抄录,才会取得成果。针对自己做学问多而缺少某一点的高、精、尖的研究,梁启超尤其强调少作而求精的原则。总之,梁是把德、学、识、才融为一体,全面而准确地进行历史研究的。同时梁还提出许多相关的理论问题,目的是揭示隐藏于历史事实中的真理。在他的眼里,一个好的史家,不仅要说明历史事件和众多人物之间的关联,而且要讲清历史变化的因果关系和为什么会有这样的因果关系,特别应该从社会特性、社会心理和个人性格等方面去解释,这样,史学研究才有意义。

让人钦佩的是,梁启超运用自己的理论建构,躬身实践,写出了一批史学专著,包括中国史、世界史和人物传记等许多方面著作。

梁启超一直想写一部中国通史,他任教清华大学的时候,一有空就撰写"五千年史事鸟瞰",现存的《中国历史上之民族研究》《太古及三代载记》《春秋载记》《战国载记》等,就是当时的作品。梁从中华各民族的产生、相互关系、文化特征、社会风貌等许多方面,论述了中国上古史的演进历程,的确有许多独创性。但由于计划过于宏大,梁启超的社会活动又繁多,再加上英年早逝,终难成就一部通史。不过,梁本人即是近代中国历史的经历者和见证人,又极喜欢对许多人和事发表评论,应该说在中国近代历史研究方面,梁硕果累累。无论是太平天国、洋务运动、中日甲午战争、戊戌变法、义和团运动,还是辛亥革命、五四运动等,他都有极中肯的评论。戊戌政变发生后一年,梁就出版了《戊戌政变记》,详细论述了变法的历史背景、原因、过程、政治倾向和成败得失,是难得的研究专著和史料书。1922年,梁启超应《申报》之约,写了《五十年中国进化概论》,十分精辟地论述了十九世纪七十年代到二十世纪二十年代政治、经济和文化的演变,可以讲是研究这半个世纪历史的总纲,其中许多观点仍被今天的研究者所采用。由此可见,梁的史学研究总是离不开现实跳动的脉搏。

梁启超还曾有著世界通史的雄心,但未真正付诸实践,现仅存残稿十五页。他的有关世界历史的评论,多散见于一些札记、短文和某些专题研究当中,其出发点一是针对中国的现实问题,唤醒国人,奋起救亡;二是抒发他的政治观点,宣传改革和向西方学习。所以,梁的世界史论著充满了政治色彩和现实感,时代性多于学术性,就内容而言,则主要包括一些国家的灭亡史、反侵略史和伟人的生平传记,如《波兰灭亡记》《朝鲜亡国史略》《越南小志》《越南亡国史》《日本吞并朝鲜记》等。这些著作以血泪交织的语言、痛心疾首的情调,通过评说这些弱国的亡国史,来激发中国人的民族意识和救亡决心,感染力很强。而《斯巴达小志》《雅典小史》等则为了论述向西方学习的重要性。《匈牙利爱国者葛苏士传》《意大利建国三杰传——玛志尼、加里波的、加富尔》《近世第一女杰——罗兰夫人传》《英国巨人——克林威尔传》等,评论的重点放在了民主自由上。至于有关中国历史上的人物传记,基本是借助古人来表达自己的思想。

梁启超所著的中国历史人物传记,影响较大的有 1901 年出版的《南海康先生传》和《李鸿章——中国四十年来大事记》、1902 年的《张博望班定远合传》和《黄帝以后第一伟人——赵武灵王传》、1904 年的《明季第一重要人物袁崇焕传》和《中国殖民八大伟人传》、1905 年的《祖国大航海家——郑和传》、1908 年的《王荆公》以及 1911 年的《管子传》。这些传记的传主基本上都是改革家或对中国历史进程有重要影响的人物,其事迹对晚清的社会变革有明显的现实意义。在写法上梁启超也有重大突破,第一,不求全,突出重点,择取历史人物一生中几个闪光点或最有影响的事件,或带有开创意义的思想,深入评述,详加论证;第二,叙论结合,叙中有议,议中叙事,既可了解人物的活动,又能悟出其为什么有这样的思想和行动；第三，不是为了写人而写人，而是知人论世，将历史人物放在特定的时代即特定的社会、经济、文化背景中加以分析，并触及其个性、思维、家庭、人际关系等，把人与社会及家庭沟通起来，使历史人物不仅有历史感，而且栩栩如生。总之，梁启超笔下的这些历史人物都个性鲜明，自成一体，读来有思想性、哲理性、趣味性，形象逼真，打动人心。这种人物研究套路，在今天也有可借鉴的地方。

吹响"小说和诗界革命"的号角

梁启超在文学方面的成就比史学要少得多。虽然他写过小说，发表过一些文学史著作，如《中国之美文及其历史》《陶渊明》《桃花扇注》等，但影响面有限。梁在文学上最受后人关注的是大力宣传的"小说革命"和"诗界革命"。

中国传统的文学理念是"文以载道""诗以言志"，诗文是治国平天下的上乘之作，小说则是下流的东西，"海淫海盗"，不足挂齿。在中国古代，直至鸦片战争后的半个多世纪，小说毫无政治地位。1902年，梁启超发表了《论小说与群治之关系》，向传统的文学观发起了挑战。他从造就新国民、革新旧政府、创建新道德等方面，形象而生动地阐述了小说的巨大社会功能，提出"小说有不可思议之力支配人道"。他用"熏""浸""刺""提"四个字来概括小说的神奇效应。所谓"熏"，就是小说如烟雾一样，无孔不入，使人处其包围当中，无法逃脱其感染；所谓"浸"，就是读小说时被其浸化，与小说的主人公同欢乐，共悲苦，完全融合在了一起；所谓"刺"，就是受小说中的人物、事件、社会境况所刺激，当头棒喝，意味无穷；所谓"提"，就是通过读小说来提神，提高思想认识，领略人生哲理，顿悟经国治世之道。教主如果能够运用小说这"四道"，必可以立新教派；文学家如果可以通其中的"一道"，就会变为大文豪，通其中"四道"，则有可能成为文圣。把此"四道"用于善事，"可以福亿兆人"；用于恶事，"可以毒万千载"。"可爱哉小说！可恶哉小说！"梁启超甚至认为，中国要想新国民，创造新宗教，建设新道德、新政治、新风俗、新人格，首先必须创造新小说。他的结论是，"今日欲改良群治，必自小说界革命始；欲新民，必自新小说始"。①

梁启超这种以小说改良社会的观点，在晚清有较大的影响。一些有地位的文学家和评论家纷纷发表文章，肯定小说的社会作用，呼吁大力创作新小说。夏曾佑发表的《小说原理》，徐念慈的《我的小说观》，吴趼人的《月月小说序》，严复的《译印政治小说序》，黄摩西的《小说林发刊词》，以及在当时颇有影响的《论小说与改良社会之关系》《中国历代小说史论》等论文，进一步发挥和完善了梁启超的观点，同时还从不同的侧面论述小说的发展趋势，分析小说内在的变化规律，有人甚至从小说的语言表达方式、叙事结构和出版发行等方面指明了目前小说存在的问题和改进的方向。从中国小说发展的历程去看问题，真正从理论和实践上清楚地论述了小说的社会地位并推进小说上了一个新的台阶的，是二十世纪初年以梁启超为代表的这一批激进的新型知识分子。1905年前后出现了一批职业的小说作家，涌现了十多种专门刊登小说的杂志，如果再加上其他杂志和报纸开辟的小说栏目，则小说的创作已经相当可观。与此同时，还有大量的外国文学作品被翻译。梁启超也身体力行，亲自投入小说的创作与翻译的工作中，比较有影响的如《佳人奇遇》《新中国未来记》《世界末日记》《俄皇宫中之人鬼》《十五小豪杰》等。这些小说虽然充满了赤裸裸的政治说教，艺术水平也比较低下，但却推进了晚清小说的繁荣，如果将其置于中国小说发展的长河中去考察，则开创了中国小说发展的新阶段，为五四运动前后以及二十世纪三十年代中国小说的大发展打下了良好的基础。可以

---

① 梁启超：《论小说与群治之关系》，张品兴主编：《梁启超全集》，北京：北京出版社，1999年，第884—886页。

说，梁启超对近代中国小说的开创之功是无法抹杀的。

在诗歌领域，梁启超也是一位激进的改革者。中日甲午战争之后，梁启超和好友黄遵宪、谭嗣同等就发起了一场不大不小但颇有影响的诗界改革运动。他们的基本观点可概括为三个方面：第一，诗歌要为现实的社会政治服务，反映新事物、新思想、新生活，要抨击旧事物、坏传统，成为引导人们奋发向上的号角，那些泥古守旧、无病呻吟、咏花歌月的诗歌，要坚决反对；第二，形式要自由活泼，不拘一格，不专一体，"吾手写吾口"，内容和形式相比较，内容是第一位的，形式应服从内容；第三，诗歌创作要敢于吸收新传来的外国文化，从形式到内容都应该大胆引进。在这种诗歌创作理论的指导下，戊戌维新时期的诗坛上涌现了一批反映民族危亡、歌颂民族英雄的爱国主义诗篇，或反映社会矛盾、民间疾苦，批评当道，呼吁改革的批判现实主义的优秀诗歌，反映西方资产阶级社会政治学说和思想文化的诗篇，其中有不少新思想、新意境和新名词，使中国传统的诗歌创作出现了生机和活力。从中国诗歌发展史的演进轨迹去历史地看问题，梁启超等人倡导的这场诗界改革运动，其成果是主要的，开创了中国诗歌发展的新篇章。晚年梁启超著《饮冰室诗话》，对"诗界革命"的重大意义给予了充分的肯定，认为是"中国有诗以来所未有"，同时对当时有影响的诗人如黄遵宪、谭嗣同、夏曾佑、严复、吴德潇、蒋观云、林旭、刘光第、汪笑侬、丁叔雅、康同璧等作了详细评说，还收入了每个人的代表性诗篇，并逐一介绍。梁清楚地认识到，戊戌时期诗歌改革最成功的地方是反映现实，呼吁变革，推动了维新变法。但他也认识到在形式的改革上很不成功，于是提出写诗应该以旧形式表现新内容，也就是"旧瓶装新酒"，"熔铸新理想以入旧风格"。显然，梁启超的反思，有合理的一面，这就是戊戌时期在诗歌改革上没有解决形式上的更新问题，仅引用一些新名词，解决不了问题；也有失之偏颇的地方，即只讲内容改革，不注意形式的改良，也不可能有真正的"诗界革命"。所以，梁启超的诗歌改革理论虽然有创新，但有较大的局限性，系统性和深度皆显不足。这种理论上的浅层次性决定了梁的诗歌创作一般化，难以写出有口皆碑的力作。

梁启超一生创作的诗歌近两百首（《饮冰室合集》收录诗一百四十七首，词四十三首）。抒情是全部诗歌的灵魂，当他思念亲人的时候，当他忧国忧民又无计可施的时候，当他政治上遭受挫折的时候，当他置身美好的大自然而心旷神怡的时候，当他踌躇满志、发愤为雄的时候……他定以诗歌来抒发他的情感。不过，梁启超写的诗虽然多情，但目的性非常强烈。从他的诗歌当中可以很容易地看到他的政治追求、思想动向和情感走向。粗略归纳一下，梁的诗歌大体有三类：一是诗中有国、有民、有政治，反映了梁启超爱国、救民和对真理的追求；二是以诗鞭策和激励自己，使梁启超在生活的海洋里永远迎浪搏击；三是通过诗歌来表达对亲人、朋友的真情厚意，或赞颂大自然的质朴，寄托自己的向往。总之，欣赏梁启超的诗歌，如见其人，如闻其声，有一种亲切感。

在诗歌创作的体例和风格上，崇尚自由的梁启超信奉的是一种自由体。他有时按传统的诗词格律作句；有时则用自由体信手写来；有时用词典雅深奥；有时却全是大众白话；有的诗歌多达千言乃至数千言，像一篇小论文；有的则只有数句，是古代绝句的再现。梁启超完全是跟着感觉走，随心所欲，不拘一格。他是诗歌的主人，而绝非其奴隶，他创作的诗歌自然而然地被赋予了一种奔放肆意的新鲜感。

学术思想史研究中的硕果

梁启超对思想史和学术史的研究，习惯于抓先秦和明清两头，其成就也自然集中在这两个时期。

对于思想史，梁启超侧重研究政治思想，尤其是先秦时期的政治思想。究其原因，一是梁认为"政治是国民心理的写照"，好的国民政治心理会造成好的社会、好的国家；坏的国民政治心理则有害社会，贻误国家。既然政治心理决定着社会和民族的走向，研究社会变迁首先需要考察政治思想。二是梁觉得春秋战国时期是体现中国思想面貌的关键阶段，这期间"百花齐放，万睿争流。后来从秦汉到清末，二千年间，都不能出其范围。""若研究过去的政治思想，仅拿先秦做研究范围，也就够了。"①

梁启超对先秦政治思想的总体描述是：四家，即道家、儒家、法家、墨家；四大潮流：即无治主义、礼治主义、法治主义、人治主义；以及四个特色。所谓四个特色，第一，中国人深信宇宙间有一定的自然法则，把这些法则运用于政治领域，便是最圆满最理想的政治思想。自然法则的代名词是"天"，老子讲"道法自然"，孔子讲"天垂象，圣人则之"，墨子讲"立天命以为仪式"，都是呼吁顺天行事。第二，君权神授，君权无限。无论道家、墨家，还是儒家、法家，在叙述国君的权限和职责上虽有这样那样的差异，但都认定帝王的绝对权威，并披着一层神秘的外衣。第三，中国人对理想中的国家和社会都有非常美好的描写，从"小康"到"大同"，无不令人神往，但如何达到这一境地，并无具体的方法、步骤，所谓的政治理想和建国方案都变成了可望而不可即的"乌托邦"。第四，中国人讲政治总以"天下"为最高，国家只是受其制约下的某个朝代，"天下"又是何物，抽象而不可即，最后还得落到为现政权效劳。儒家讲的"以天下为一家，中国为一人"，以及"治国平天下"；道家宣扬的"以天下观天下"；法家声称的"以天下治天下"；墨家所说的"天兼天下而爱之"；都是"以天下为己任"。以上四个特点，决定着中国人的政治思维。

梁启超还具体分析了道家的无治主义、儒家和墨家的人治主义、儒家独创的礼治主义和法家的法治主义，指明了各自的积极意义和消极方面。他的结论是，无论是"无治""人治"，还是"礼治""法治"，都是服务于

---

① 梁启超：《先秦政治思想史》，张品兴主编：《梁启超全集》，北京：北京出版社，1999年，第3695—3696页。

封建专制统治的,都是先秦思想家寻求解决中国政治问题的一种特定的方案。后来的封建统治者对这些方案权衡利弊后,从自身的利益出发,什么有利就取什么,或者交替用之,合而采之。因此,先秦以后的政治思想,既非"法治",也不能讲是"礼治",统治者能达到的最高标准,就是在"君主统治之下,行民本主义之精神"。究其原因,当然可以找出很多,就政治思想理论而言,在于先秦的政治学家只讲明了"政在民政""政以爱民",没有涉及如何才能实现"民政",如何才能达到"爱民"的具体做法。梁启超指出:"徒言民为邦本,政在养民,而政之所从出,其权力乃在人民以外。此种无参政权的民本主义,为效几何? 我国政治论之最大缺点,毋乃在是。"①这种看法,触及到了先秦政治思想的要害,也揭示了中国政治思想的致命弱点。梁启超在《先秦政治思想史》一书中反复论述这种观点,正是为了找出一种补救的办法,一种能够真正达到"of the people (政为民政),by the people (政由民出),for the people (政以为民)"的合理的理论框架和实施方法。显然,梁启超的先秦思想史研究是用现代理念重新诠释古人思想,所以新意迭出,入木三分。在研究先秦思想的同时,梁启超十分注意对明清、特别是清代思想的研究。他把中国思想的发展分为六个时期:一是先秦的奠基时期;二是两汉的儒学大一统时期;三是三国两晋南北朝的思想大裂变时期;四是隋唐的中外思想融合和复兴时期;五是宋元明的理学兴盛时期;六是明末和清初的思想转化启动时期。作为中国思想转化的启动时期,梁启超特别注意对明清之际特定的社会背景的考察,他具体列举了这一时期思想活跃进步的四方面原因:一是理学在明末空谈"性理",脱离实际,为越来越多的人所厌恶,已经走到了末路。许多有识之士,反理学之道而行之,兴起了一股注重客观现实的新学风。二是西方耶稣传教士的到来,带来了一些西方的天文、数学、地理、

---

① 梁启超:《先秦政治思想史》,张品兴主编:《梁启超全集》,北京:北京出版社,1999年,第 3605 页。

哲学和历史方面的知识,给中国思想界注入了新的血液。三是学术界有一批人不和清廷合作,具有"反满"意识,不参与政治活动,一心扑在学问上,产生了不少新的学术观点和学术思想。四是社会逐步安宁,康熙皇帝思想开放,了解一些西方文化,又提倡学术研究,"自然能令思想界发生好影响"。这几方面的相互制约,使明末清初涌现了一批有影响的思想家,也产生了一些有价值的思想观点。从这种广阔的思想文化背景出发,梁启超具体研究了二十多位代表人物,并分析了他们的思想特点、文化传承以及对后来思想界的影响。梁启超这种以先秦和明清为两大重点的思想史研究方法,特点鲜明,成果也颇丰盛。

在学术史的研究上,梁启超也是抓两头带中间,用力最多的是先秦和清代学术。他把先秦学术当作一个时代,研究的范围相当广,涉及的学术流派也相当多。目前留存的《先秦学术年表》和《老孔墨以后学派概观》两部论著,在学术界影响甚广。前者通过年代、人物、事实及各学派的相互传承关系列了一个大表,先秦学术变迁和有影响的学者尽收眼底,并有必要的考订,为我们研究春秋战国时代的学术史提供了方便。后者为一部专著,着重分析老子、孔子、墨子三派学术的演变过程和思想特点,同时描述了各派学术的第一代、第二代乃至第三代的衍生规律,提出了许多新观点,颇有见地。遗憾的是梁可能是社会活动太多,没有将这部专著写完。

比起先秦学术来,梁启超的清代学术研究就丰厚多了。他的《清代学术概论》和《中国近三百年学术史》,既是拓荒之作,又是学术界公认的不朽名著。《清代学术概论》写于1920年,仅半月即成书。梁启超的好友蒋方震,是和蔡锷齐名的清末民初的著名军事家,考察欧洲归来后,著有《欧洲文艺复兴与时代史》,请梁作序,梁认为清代的学术思潮有许多地方与欧洲文艺复兴相似,写序时按启蒙期、全盛期、蜕变期大加发挥,广泛评说,思如泉涌,无法止笔,一下子写出五万多言,已不成序,遂单独成书，名《清代学术概论》。蒋方震反过来又为梁作序。蒋在序言中一方面肯定了梁此书的功力深厚，论辩超群，具有启蒙意义；另一方面又提出了晚清科技意识不浓，致用学风不够，"人欲"无法自由发挥及西方文化难以在中国立足等问题，梁在书中都没有透彻地加以解释。从总体上看，《清代学术概论》仅是一部纲要式的论著，很多问题提出来了，但未加展开，可补充的东西当然不少。但这毕竟是有关清代学术的第一部专著，而且高屋建瓴，挥洒自如，描绘出了清代学术的基本走向和特点，后来的学者，基本是按照这部书的框架去研究清代学术的。

如果说《清代学术概论》是有关清代学术的一部纲要，那么《中国近三百年学术史》则是内容详尽、论述比较周详的通史了。后者近三十万字，从明代的最后二十年讲起，到 1920 年为止，恰好三百年。梁之所以不起名清代学术史，而名为《中国近三百年学术史》，理由是：晚明的二十年，已经为清代的学术打下了基础，可以讲是清代学术的先河；而民初的十多年，应看作清代学术的结束和蜕化。这一时间段正好三百年，可以定为一个历史时期。不难看出，梁启超的这种划分，是力求清代学术的完整性。

《中国近三百年学术史》主要由两大部分组成，一是继续《清代学术概论》中分启蒙、全盛、蜕化三个时期的做法，来详细探索清代各阶段学术相互转变的原因；二是用大部分篇幅评述清朝有一定影响的学派及代表人物和典型作品。通观全书，有三方面尤为突出：一是书中明确提出了清代学术的主流是厌倦主观的理性思考而注重客观的实际考察，也就是"排斥理论，提倡实践"；二是书中对明末清初启蒙时期向汉学大兴的全盛期转变的原因分析得深入透彻，入情入理，令人信服；三是结合梁启超自身的思想特点和多数知识群体的心态，将光绪年间新学术思潮的起因和基本格局描绘得惟妙惟肖。总之，后来的有关清代前后三百年的学术史著作都没有超出这部书的水平。

探求佛学的奥秘

梁启超一生与佛学结下了不解之缘。戊戌变法前后，他就呼吁人们学佛、信佛，希望把佛学变为维新派从事政治变革的精神武器。晚年，随着政治上的失意，精神上的匮乏，梁启超对佛学简直到了如痴如狂的地步。1922年在南京讲学期间，梁定期到支那内学院听欧阳竟无讲佛。他在致儿女的书信中，不仅把佛学誉为"宇宙间唯一真理"，而且要他们也经常念佛。如有闲空，梁还和夫人一起念经求佛，以解脱心中苦闷，寄托无限情思。不过，梁醉心于佛学并把佛学研究紧密结合在了一起，其信佛的过程就是他钻研佛典的过程。梁在中国佛学史、佛经的翻译和佛学理论的研究上都独辟蹊径，成绩显著，为世人称道。

关于中国佛教史，梁启超写下了《中国佛法兴衰沿革说略》《佛教教理在中国之发展》等论著，研究的重点放在了两晋和隋唐时期。因为在梁启超看来，前者是佛教在中国的确立期，后者是进一步建设期。佛教为什么能在中国确立，梁归之为特定的思想文化变迁和社会动乱两大原因。春秋战国时期空前活跃而成果辉煌的思想界，经秦统一之后很难向前发展，汉武帝独尊儒术后更杜绝了学术争鸣，文人学者或在儒学中人云亦云，或进行一些方术式的雕虫小技的评介，国民之"学问欲"被压制，难以发挥。当他们接触到佛学后就立刻感觉到新奇解渴，可以在这片新的天地，忘我地钻研。再加上东汉之后社会动荡，人民生活不得安宁，失望悲观而企求精神解脱成了一种时代的追求，佛学恰好适应了这种大众要求，和民众的心态一拍即合，从而迅速发展起来。与此同时，在两晋还涌现出了一批很有学术造诣的高僧，努力将佛学理论和中国文化相融合，自然为佛学的广泛传播铺平了道路。到了隋唐时期，在一批佛学研究者的努力下，形成了具有中国特色又行之有效的佛学理论体系。梁启超认为，佛学在中国传播的过程就是不断创新的过程。两晋时期佛学理论已有不少新的创建，但还不能真正形成适合中国人的新理论体系。隋唐时,尤其是经过高僧玄奘的终生努力,使佛学理论异彩纷呈。如果说两晋时的道安是佛学在中国传播的园艺师,那么,玄奘则是佛学理论中国化的思想理论家。新的理论一旦确立并行之有效,就会风靡全国。唐朝之后,佛教理论没有多大建树,佛教也渐渐衰落下去了。梁启超考其原因有三:一是禅宗获得统治地位后,其他诸宗难有立足之地,一花独放,自然失去了进取的生机;二是儒佛逐渐合流,一些儒生窃取佛学的只言片语,自立门户,互相排斥,佛学被纳入了儒学的固定框架当中,死气沉沉;三是佛界乏才,难得水平极高的高僧,佛学理论无法发展,反而倒退,想使佛教重现辉煌,很难实现。因此,宋元以后,直至明清,佛教一直在走下坡路。梁启超对中国佛学历程的这种概述,极其深刻而合乎历史实际,他的这些观点基本被后人所接受。

关于佛经的翻译和传播,梁启超的研究具有开拓意义。他在不少论著当中详细考察了东汉至隋唐七百年间佛经翻译的过程、特点、代表人物、成就、存在的问题以及对中国文化的影响等,俨然在叙述一部佛经翻译史。据梁的统计,东汉至唐开元年间,从事译经的主要人物有一百七十六位,翻译佛经二千二百七十八部,合七千零四十六卷。如果从译经的内部变化及不同特色来分阶段,又明显地分为东汉至两晋、两晋至南北朝、唐贞观至贞元三个时期。佛经翻译的过程就是中印文化交流的过程,也是佛学对中国文化潜移默化的过程。梁启超认为,这种文化融合对中华文明产生了巨大的影响,使中国文化更加丰富多彩了。仅就文学方面来讲,佛经至少对中国有三大影响:一是扩大了汉语的词汇,注入了许多新名词;二是使汉语的语法和文体发生了某种变化;三是影响了中国的诗歌、小说和散文创作。总之,佛经与中国文化的联系是极其丰富而令人鼓舞的。

关于佛学理论的研究,梁启超用力最深。梁的信佛和一般平民百姓的拜佛不同，他不是用迷信来解脱自己，而是用新的理念来重新塑造自己的人生观，解决心灵深处的疾苦，构筑新的思想理论体系。在梁的头脑里，"佛教是建设在极严密极忠实的认识论之上。用巧妙的分析法解剖宇宙及人生成立之要素及其活动方式，更进而评判其价值，因以求得最大之自由解放而达人生最高之目的者也。"[①] 这种高层次的理性探索，使梁启超提出了许多新的见解。概而言之，其要点包括：第一，从认识论出发的因缘观；第二，从发挥人的持续不断创造力为出发点的业与轮回观；第三，以奉献为终身目的而寻求解脱的无常与无我观；第四，实现人生真正自由而步入最高境界的解脱与涅槃观。1922年，梁启超在清华大学讲课时，对佛学理论又作了新的解释和概括，提出了佛学就是心理学的新观点。在梁看来，佛教本身就是一种心理修养，它是通过各种人生的哲理并杂以不少玄学，再结合现实生活来规劝世人如何做人，如何解除烦恼，从而达到一种"无我"的生活境界。这种规劝，就是在做思想工作，就是针对人的特殊心理定式加以循循诱导。佛教为什么会有那么多人信奉，其原因是很复杂的，但其中重要一条是抓住了现实生活中人与人之间相互竞争、相互争斗、相互欺压并产生无限悲哀、无限烦恼，渴求超脱这一"苦海"的共同心理，并提出佛教能给凡夫俗子指出了一条走向彼岸"极乐世界"的道路。尽管"彼岸世界"是虚无缥缈、可望而不可即的，所选择的道路又是艰难而有时会误人子弟的，但越是虚幻的东西，有时则越能吸引人，越符合众多民众尤其是对现实不满、失去自由的人们的心理需求，越能给心中充满苦闷的善男信女求得精神上的解脱。佛教迎合了一大批人的心理需求，这些人自然会去吃斋信佛。所以，梁启超讲佛教是一种心理学是很有道理的。总之，梁启超的佛学研究是充满新意的。

---

① 梁启超：《佛陀时代及原始佛教教理纲要》，张品兴主编：《梁启超全集》，北京：北京出版社，1999年，第3744页。

文化研究中的新论

梁启超对研究文化尤其是研究中国文化史有浓厚的兴趣,为了写一部既有理论深度又内容丰富翔实的中国文化史,他一方面对有关分支做过大量的研究,另一方面从理论上加以探讨。由于时间和精力的原因,梁启超编著一部中国文化史的宏愿并没有实现,仅写就了其中非常小的那部分社会组织篇,但其大体思路清晰可见,仍然为今天治文化史者所参阅。梁的文化理论虽没有形成长篇巨著,但自成体系,见解独特,值得品味。

1922年,梁启超在南京金陵大学和第一中学作了"什么是文化"的演讲,比较简明而又概括地说明了文化的定义、内涵和许多具体问题。何为文化?梁的回答是:"文化者,人类心能所开积出来之有价值的共业也。""共业"是佛教语言,与"别业"相对,意为相互传播、相互渗透。具体来讲,就是人类在心灵推动下的文化活动相互碰撞、相互影响,像电子一样迅速波及他人。人的本能及其表现,有相当大一部分"遗传到他的今生他生或他的子孙,永不磨灭",这就是"别业"。还有一部分,"像细雾一般,霏洒在他所属的社会乃至全宇宙,也是永不磨灭,是之谓'共业'。又叫作业力周遍的公例。文化是共业范围内的东西。因为通不到旁人的'别业',便与组织文化的网子无关了"。照梁的这种解释,文化首先应理解为人类活动中相互联系和影响着的一种"网络"。但这种"网络"或叫"共业"并非全是文化,只有其中的一部分可谓文化。因为梁启超将人类的活动分为自然系和文化系两部分,自然系由因果法则来支配;文化系由自由的意志来左右。文化是从人的心理的要求出发,通过有意识和无意识的模仿及创造而形成的,这个模仿和创造的过程,使"自然的人"转变成了文化人。何为创造呢?"创造者,人类以自己的自由意志选定一个自己所想要达到的地位,便用自己的'心能'闯进那地位去"。何为模仿呢?"模仿是复性的创造,有模仿才有共业"。梁启超指出:"人类有创造模仿两种'心能',都是本着他的自由意志,不断的自动互发。因以'开拓'其所欲得之价值,而'积厚'其所已得之价值。随开随积,随积随开,于是文化系统以成。"①

究竟什么是文化,有各种各样的界定,很难有一个大家所公认的说法。这是由文化本身的广泛性、模糊性、多变性等决定的。梁启超所做的关于文化的阐释,从其本身讲是自成一体和有较大说服力的。如果从本质上去理解,梁所谓的文化就是人类自由心灵的积极而能动的客观反映。由此出发,梁启超又论述了文化的主要内容,这就是:"文化是包含人类物质精神两面的业种业果而言。"所谓物质的文化,包括人类生存和发展的基本的客观条件,如衣食住行及各类工具、机械等;精神文化指言语、伦理、政治、学术、美感、宗教等。二者合在一起,"便是文化的总量"。梁所说的"业种业果"又是指什么呢?"这也是用的佛家术语,'种'即种子,'果'即果实。一棵树是由很微细的一粒种子发生出来,这粒种子,含有无限创造力,不断的长,长,长,开枝,发叶,放花,结果;到结成满树果实时,便是创造力成了结晶体,便算'一期的创造',暂作结束。但只要这棵树不死,他的创造力并不消灭,还跟着有第二第三乃至无数期的创造。一面那果实里头,又含有种子,碰着机会,又从新发出创造力来,也是一期二期……的不断。如是一个种生无数个果,果又生种,种又生果,一层一层的开积出去。人类活动所组成的文化之网,正是如此。"②人类活动所构成的物质文化网主要包括:衣食住行等成品,开辟的土地,修治的道路,制造的工具和机械等;精神文化网则包括:社交的要求心及活动力——言语习惯伦理等,组织的要求心及活动力——关于政治、经济、社

---

① 梁启超:《什么是文化》,张品兴主编:《梁启超全集》,北京:北京出版社,1999年,第4060—4063页。
② 梁启超:《什么是文化》,张品兴主编:《梁启超全集》,北京:北京出版社,1999年,第4062页。

会的法律等，知识的要求心及活动力——学术上的著作发明等，爱的要求心及活动力——文艺、美术等，超越的要求心及活动力——宗教等。这些众多的文化网络，交织发展，构成了美妙而极其复杂的人类文化。显然，梁启超所归纳的文化定义和文化内容是极其广泛而全面的，涉及了人类主观能动性所创造的一切，是人类文明的综合反映。这种文化理念，不仅在当时影响甚广，而且一直沿用到了今天。

梁启超的文化理论，从学理上去讲头头是道，但在实际操作上则困难多多。别的且不论，就是按他的理论指导去写一部中国文化史，都是可望而不可即的。他在清华大学讲中国历史研究法时，谈到如何写中国文化史，则只能触及精神文化的层面，所列举出的文化史包括：语言史、文字史、神话史、宗教史、学术思想史等。梁启超试图按自己的理论去写就的《中国文化史·社会组织篇》，从婚姻、姓氏、宗族、家庭、社团、阶级、阶层、等级、乡村、都市、学校、伦理、信仰、特权、皇权、家教等许多方面去着手，大而大，全而全，可以想象会写成多么大的一部书。实际上，这是无法办到的，即使办到了，也不像一部文化史。所以，梁启超的大文化概念，理论上是发人深省的，具体操作和研究起来是较难行通的。不过，用这样的文化理论去作为观察和研究问题的指导，却益处无穷，新意迭出。我们在下面去考察梁启超的家庭、婚姻、子女及其命运的时候，他的这种大文化理论，就颇有裨益。

妻爱无限　儿女情长

"天赐"李蕙仙

家和万事兴。在尽情领略梁启超渊博学识和颇具传奇色彩的丰富人生阅历之后,我们不禁为他背后那个和睦、祥和、其乐融融的大家庭以及发生在那里的故事所感动。那里,有他生死不渝、相濡以沫的爱人,有他终生牵挂、魂牵梦萦的儿女;那里,是他尽现才华、实现救国抱负的大本营;那里,更是他潜心作学问、著书立说、名扬四海的温馨"小屋"。

> 我德有阙,君实匡之;我生多难,君扶将之;我有疑事,君榷君商;我有赏心,君写君藏;我有幽忧,君噢使康;我劳于外,君煦使忘;我唱君和,我揄君扬。今我失君,只影徬徨!……月兮,月兮,为谁圆?中秋之月兮,照人弃捐!呜呼!中秋月兮,今生今世与汝长弃捐,年年此夜,碧海青天。①

---

① 丁文江、赵丰田编:《梁启超年谱长编》,上海:上海人民出版社,2009年,第657页。

这是梁启超1925年所写的《祭梁夫人》中的片段。话虽不多，但夫唱妇随、生死不渝的夫妻深情和言辞中抑制不住的悲伤、怀念之情凝成一曲令人久久难以平静的千古绝唱，不由得为之感动。

李蕙仙是梁启超的第一位夫人，也是传统意义上的正房夫人，她陪伴梁启超共同走过了从平常百姓到政治明星，从维新栋梁到流亡逃犯，从高官显贵到书斋名士等人生经历，共计三十三年。其中的起浮跌宕、悲欢离合、苦辣酸甜绝非一般人能够想象。然而，正是在这生与死的考验中，同舟共济、生死与共从理想变成了现实，成为他们夫妻间情感最准确的写照。和出身普通农家的梁启超相比，李蕙仙的出身颇为显赫，她是清朝礼部尚书李端棻的堂妹，家庭生活比较优裕，深得父母的宠爱，虽未受过系统教育，但自幼熟读诗书，知书达理。按照传统的习惯，她将在适当的年龄嫁给某个门当户对的官宦子弟，继续过着衣食无忧、循规蹈矩的贵族生活，直至生命终结。然而，光绪十五年（1889年）的一次举人考试，不仅改变了她的命运，也再次演绎了一场传统士人梦寐以求的传奇式婚姻，今天我们可以称之灰姑娘式的爱情故事，只不过这位"灰姑娘"是才华横溢的青年梁启超。

光绪十五年（1889年），李端棻以内阁大学士衔典试广东。在参加乡试的众多秀才之中，年仅十六岁的梁启超给他留下了极深的印象：少年英俊，才气过人，其文章更如同滔滔江水，淋漓畅快；又似冲天云峰，立意精深。此次乡试，梁启超脱颖而出，以第八名的成绩得中举人，可谓少年得意。作为主考官，李端棻十分赏识这位才貌双全的小伙子，高兴之余，又想用一种特有的、也是很传统的方式来表达自己的识才与爱才之意，他决定将自己尚在闺中待嫁的堂妹许配给梁启超为妻。这对于家境贫寒的梁启超来说，无疑是天大的喜讯。这种带有传奇色彩的婚姻在中国的传统文学作品里并不少见，但在现实中往往只是士人们一种可望而不可遇的梦想而已，如今竟在梁启超身上变成了现实，这怎能不令他欢喜呢！尤其是当他得知未来的妻子不仅出身高贵，而且品貌端庄，为人娴雅，又知书达理之时，更是暗暗感谢上天赐给自己这么好的一段姻缘。

在李端棻的亲手操办下，1891年，梁启超与李蕙仙在北京完婚。当时，梁启超的老师康有为特意赋诗一首以示祝贺："道人天人际，江门风月存。小心结豪俊，内热救黎元。忧国吾其已，乘云世易尊。贾生正年少，讵荡上天门。"①婚后不久，李蕙仙就和梁启超一起回到梁的老家广东新会县茶坑村，开始了真正意义上的平民生活。梁家不算富裕，靠几亩薄田勉强维持生计，加上茶坑村地处偏僻，气候炎热潮湿，对于久居北方的李蕙仙来说，这既是一个崭新生活的起点，又是一个艰苦考验的开始。困难还远不止这些，初到广东，李蕙仙根本听不懂当地语言，梁启超又长年在外奔波，真难以想象娇小的李蕙仙是怎么适应这一切的。然而出人意料的是，李蕙仙硬是挺下来了。她不仅适应了这里的一切，而且尊长爱幼，相夫教子，操持家务，成为梁家真正意义上的重要一员，赢得了全家老幼的尊重和喜爱，尤其是深得婆母的喜爱，"夫人愉愉色养，大得母欢，笃爱之过所生"。②这使得远在北京等地为前途而奔波的梁启超感到无比欣慰和感激。千山万水和长久分离不仅没有削弱他们之间的感情，反而使夫妻之情日益深厚，其原因恐怕亦在于此。几十年后，梁启超对此仍念念不忘，"先室李夫人，实贵筑京兆公讳朝仪之秀女，累代清门，家学劭茂。……启超故贫，濒海乡居，世代耕且读，数亩薄田，举家躬耘获以为恒。夫人以宦族生长北地，嫔炎乡一农家子，日亲井臼操作，未尝有戚容"。③

如果说初嫁到梁家的生活考验初步展示了李蕙仙善良、贤惠而又坚强、果敢的优良品质的话，那么，之后数十年风风雨雨的人生经历更将

---

① 丁文江、赵丰田编：《梁启超年谱长编》，上海：上海人民出版社，2009年，第19页。
② 丁文江、赵丰田编：《梁启超年谱长编》，上海：上海人民出版社，2009年，第656页。
③ 丁文江、赵丰田编：《梁启超年谱长编》，上海：上海人民出版社，2009年，第656页。

这一美德予以充分展现，以至于学富五车、名扬四海的梁启超发自内心的赞叹，结发之妻不愧为自己的"闺中良友"。戊戌变法失败后，清廷大肆捕杀维新党人，梁启超只身亡命日本，清政府也将魔爪伸向了梁启超的家人。李蕙仙虽系一普通妇人，但镇定自若，"慷慨从容，词色不变，绝无怨言，且有壮语"①。她先带全家老少逃到澳门，等梁启超在日本生活稳定之后，又不远万里，赴日寻夫，终于全家团聚。这对于一个足不出户的封建女子来讲，需要多么大的勇气和智慧啊！梁启超在给妻子的多封家书中表达了自己对妻子的感激之情，他告诉妻子："大人当此失意之时，烦恼定不知几多，近日何如？不至生病乎？吾今远在国外，侍奉之事，全托之于卿矣。卿明大义，必能设法慰解，以赎吾不孝之罪，吾惟有拜谢而已……卿我之患难交，非犹寻常眷属而已。"②在传统忠孝思想教育中成长起来的梁启超对于因自己之故而给家人带来的种种磨难深感内疚，而这种内疚感又转为对妻子更加真挚的爱。虽然他们的婚姻没有自由恋爱的浪漫与激情，他们的日常生活因梁的复杂经历而动荡不定，但他们在患难与共中形成的互相信任和爱恋之情却与日俱增，因此，梁启超称之为"患难之交"。

李蕙仙一共生育了四个子女，除长子夭亡外，还有长女思顺，次子思成和次女思庄。梁家是个大家族，无论是在日本流亡期间，还是回国定居以后，李蕙仙都竭力操持家务，保持家庭的和谐与稳定，使家真正成为梁启超或入仕或读书的坚强后盾和温暖港湾。

梁家素有家教之传统，李蕙仙亦十分重视儿女的成长。她教子严格，同时又勤奋好学，带头做儿女们成才的榜样。吴荔明在《梁启超和他的儿女们》一书中曾这样描述道："她年近半百还要孩子们教她英文，她每天

---

① 梁启超：《致李蕙仙（1898 年 9 月 15 日）》，张品兴主编：《梁启超全集》，北京：北京出版社，1999 年，第 6097 页。
② 梁启超：《致李蕙仙（1898 年 10 月 6 日）》，张品兴主编：《梁启超全集》，北京：北京出版社，1999 年，第 6098 页。

在自己的屋里吃早点……吃完饭后就稍休息一会,然后开始念英文,她非常认真地高声朗读中西女中的英文课本,据妈妈回忆,婆(指李蕙仙)的发音虽带些贵州调,但还是能听得出是英文,也听得懂是什么内容。"①不仅如此,她对于一些新鲜事物还兴趣极浓,在日本生活期间,不顾自己是缠足,学会了骑自行车,并乐此不疲,给全家带来了许多欢声笑语。

养猫是李蕙仙的一大爱好,尤其是从日本归国后,梁家生活日趋稳定,在她的带动下,养猫成了梁家老老少少的一大兴趣。这一嗜好从她身上传给了几乎所有的儿女,又传给了第三代,以至于梁家被誉为"爱猫家庭"。吴荔明教授讲过一件趣事:1981年,梁家子女决定回新会老家探望,当他们在机场候机时,吴荔明的五姨梁思宁给吴荔明买了一盒糖,吴荔明说:"我又不是小孩子,不好意思。"梁思宁却说:"我不是送你糖,是送你这个糖盒子。"原来,糖盒子上面印有三个可爱的小花猫。"爱猫家庭"由此可见一斑。

1915年,李蕙仙患乳腺癌,手术之后,在家休养。1924年春,病复发,癌细胞扩散,难以治疗。此时,正值梁思成与弟弟梁思永赴美留学前夕,他们兄弟俩挂念母亲病情,想等母亲病愈之后再出国。弥留之际的李蕙仙又何尝不希望和儿子们多厮守一些时间啊!她清楚地知道自己的病情,病魔随时都有可能将她和家人永远分开。但她却没有那样做,而是微笑地宽慰孩子们,让他们放心远行,不要因挂念自己而耽误学业。在含泪送别亲爱的儿子们之后不久,李蕙仙病情恶化,于1924年9月13日病逝。一年后,梁启超满怀着无限的眷恋与悲痛之情,将这位与自己生活了三十多年的"闺中良友"的灵柩安葬在北京香山卧佛寺东面一处风景秀丽、幽深宁静的小山上。

---

① 吴荔明:《梁启超和他的儿女们》,北京:北京大学出版社,2009年,第19页。

"爱人"王桂荃

王桂荃虽然是梁启超的第二位夫人，但却是在长期的共同生活中产生爱慕之情而自然结合在一起的，是真正意义上的"爱人"。

王桂荃是四川广元人，又名来喜，出生于1886年。王桂荃的童年非常悲惨，尚未尽情享受童年的幸福与欢乐，悲剧就不断向她袭来。先是母亲早逝，继母借口她命硬，是父母的克星，经常虐待她，动不动就不给饭吃，还拳打脚踢。四岁时，父亲又不幸抱病而亡，继母进城办丧事，账房先生乘机把家产席卷一空，还将她卖给了人贩子。从此以后，年幼的她先后被转卖了四次，其间所受的折磨与痛苦更是令人难以想象。后来，她被卖到了李蕙仙的娘家，转机发生了。1894年，李夫人回家探亲，见她年龄虽小，但聪明伶俐又勤快，便把她带到梁家作贴身丫鬟，并取名桂荃。从此年幼的王桂荃走进了梁家，这一进，就是七十年，直至1968年病逝于北京。

在梁家，王桂荃是一个既特殊又极重要的人物。说她特殊，单从梁启超及孩子们对她的称谓中就可见一二。在李夫人生前，梁启超一般称她为"王姑娘""王姨"，孩子们则称李夫人为"妈"，而称呼她为"娘"，孙辈则称呼她为"婆"。说她重要，不仅在于她悉心照料梁启超，使他能安心工作和做学问，让家始终是他温暖的避风港，直至生命的最后一息；而且在于她以其忍耐、刻苦、上进的性格和无限的爱心精心哺育、培养梁家的每一个子女，成为大家庭中一个难得的协调者，并在李蕙仙、梁启超先后去世后，勇敢地挑起了撑起梁家的责任，在带领梁家渡过一个又一个难关，维系着梁家的声誉与稳定的同时，还想尽一切方法，将儿女们全部培养成学有所长的有用之才。

对于王桂荃在梁家的重要作用，数十年后，梁家的子孙们在"母亲树"前的纪念碑上深情地写道："王夫人豁达开朗，心地善良，聪慧勤奋，品德高尚。在民族忧患和家庭颠沛之际,协助李夫人主持家务,与梁氏共度危难。在家庭中,她毕生不辞辛劳,体恤他人,牺牲自我,默默奉献,挚爱儿女且教导有方。无论梁氏生前身后,均为抚育子女付出心血,其贡献于梁氏善教好学之家良多。"

1891年,梁启超与李蕙仙结婚后,即将妻子安置在新会老家,自己则为了个人的理想和国家的前途而四处奔波。维新变法失败后,梁启超虽和妻子儿女们在日本得以暂时团聚,但心中所思所想,仍是救国济民。为了实现个人抱负,他一有机会就到处游说,宣传改良主张,力求振兴中国。在为国事而奔走各地的过程中,梁启超非常需要有人随行料理生活。而李夫人必须主持家政,照顾子女,难以脱身,已经长大成人的小丫鬟王桂荃无疑成了最佳人选。她既聪明伶俐,勤劳能干,又通晓事理,善解人意,梁启超常年的奔波劳累因为有了她而变得轻松愉悦。渐渐的,他们相爱了,这是在传统模式下迸发出的爱情火花。两人于1903年结婚,王桂荃成为梁启超的第二夫人。

梁家虽不乏近代民主意识,但传统伦理观念仍很深厚,尤其是李夫人,而梁启超又十分尊重与挚爱这位和梁家生死与共的结发夫人,对于李夫人能否接受王桂荃和自己结婚这一事实,他感到忐忑不安,曾一度将王桂荃接至上海,并在那里生下了一个男孩,取名梁思永。然而后来事实却出乎梁启超意料,当李夫人知道这一切时,尽管很震惊,但很快就平静地接受了这一现实。其一,作为结发妻子,她是深爱并了解梁启超的,知道他需要有人悉心照顾,而自己要管家教子,实在是力不从心;其二,梁家将振兴家族的希望完全寄予梁启超,在梁启超已成家立业,并名扬海内外之际,对于一位男性继承人的迫切需要也日益表现出来,而自己在1893年生下长女思顺后,多年未有生育,后于1900年生下一子,但不久就夭折了,1901年4月,梁思成的出生虽给全家带来无限欢乐,但其羸弱的身体又不能不令人为之担忧,"不孝有三,无后为大",传统思想促使李夫人抛弃了个人的情感恩怨;其三,士大夫家有三妻四妾并不为过,尽管现在被人视为不齿之举,但当时却是合情合理的,况且,梁启超娶的只是一个出身卑贱的小丫鬟,自己过去是她的主人,现在依旧可以对她发号施令。在这种复杂的心态中,李夫人平静地接受了王桂荃,同意梁启超将他们母子接到日本。

梁启超是幸运和幸福的,他和王桂荃的结合并未影响全家人的感情,同时,王桂荃又给梁家带来了无限生机与活力。她的聪明能干、豁达善良、真诚爱心,使她赢得了全家上下的尊重与喜爱。梁启超更是对她爱恋有加,以至于一刻也离不开她的照料,几许小事便可见一斑。1915年12月,梁启超前往上海策划反袁称帝、拯救共和的护国运动。王桂荃得到消息后,很快便冒着危险来到上海。有了王的照料,梁启超再无后顾,便足不出户,放手开展工作。1916年3月,梁启超到香港,又立即致信家中,表示"当遣王姨来港","非王姨司我饮食不可"。[①]退出政坛后,时局动荡,加上李夫人过世,对梁启超打击很大,但他很少为家事担忧,依旧潜心学问,而且成就斐然,这一切,在很大程度上仰仗王夫人的辛苦操劳。

王夫人出身贫苦,没有机会读书识字,但她聪明、好学,接受新事物很快,尤其是和梁启超一起流亡日本后,接触到了日本现代文明,大大开拓了眼界,成为全家第一个学会日常日语的人,能讲一口流利的东京话。她不识字,后来干脆等孩子长大一些时,和他们一起学习认字,很快,"她学会了读书,并且读得富有表情。她不仅精通看护和家务管理,而且学会了游泳、滑旱冰、滚铁环、编织、勾花边,会打桥牌、麻将,还学会了针灸"。[②]

梁家是个大家庭,子女多,亲戚朋友多,事务繁杂,年轻的王夫人很

---

① 梁启超:《致梁思顺(1916年3月18日)》,张品兴主编:《梁启超全集》,北京:北京出版社,1999年,第6171页。
② 林洙:《梁思成林徽因与我》,北京:清华大学出版社,2004年,第4页。

快成为李夫人的得力助手,并负责家务方面的对外联系。她为人友善,又聪明能干,赢得了大家的信任,成为全家难得的协调者。梁思成这样回忆:"我妈对佣人很苛刻,动不动就打骂罚跪,娘总是小心翼翼地周旋其间,实在不行了,就偷偷告诉我爹,让他出来说情。而她自己对我妈和我爹的照顾也是无微不至的,对我妈更是处处委曲求全。她是一个头脑清醒、有见地、有才能,既富有感情又十分理智的善良的人。"①

梁启超的子女中,一共有九个长大成人,除思顺、思成、思庄之外,其他均为王夫人所生,他们后来都成为学有所长的有用之才。对于众多子女,无论李夫人所生,还是自己亲生,无论男孩,还是女孩,她都一视同仁。在孩子们的心目中,王夫人是勤劳善良和意志坚定的化身。她的努力也最终有了回报,不仅子女们全部有所成就,延续了梁家的声望,而且也获得了子女们无限爱戴和尊敬。梁思成虽为李夫人所生,但却对"娘"有着难以割舍的深情,他多次谈起幼时的一件往事:"我小的时候很淘气,有一次考试成绩落在弟弟思永后面,我妈气极了,用鸡毛掸捆上铁丝抽我。娘吓坏了,一把把我搂在怀里,用身子护着我。我妈正在火头上,一下子收不住,一鞭一鞭地抽在娘身上。我吓得大哭。事后娘搂着我温和地说:'成龙上天,成蛇钻草,你看哪样好?不怕笨,就怕懒。人家学一遍,我学十遍,马马虎虎不刻苦读书将来一事无成。看你爹很有学问,还不停地读书。'她这些朴素的语言我记了一辈子。从那以后我再也不敢马马虎虎了。"②

王夫人深爱自己的子女,她将子女们的健康成长看得比自己的生命还重要。梁思庄十多岁那年,染上了白喉,住在医院里,生命垂危。王夫人日夜守护在旁,悉心照料,终于使思庄转危为安,病情好转。而此时的王夫人已经面目憔悴,几不能行。然而,更大的打击随即发生了,在思庄患

---

① 林洙:《梁思成林徽因与我》,北京:清华大学出版社,2004年,第18—19页。
② 林洙:《梁思成林徽因与我》,北京:清华大学出版社,2004年,第18页。

病的同时,王夫人的亲生女儿也染上了白喉,由于忙于护理思庄而对她护理不周,年仅九岁的女儿不幸夭折了。失去爱女的王夫人几乎痛不欲生,但为了不影响丈夫的事业,也为了照顾儿女们,她强忍悲痛,依旧辛勤地劳作着,对子女们也愈加疼爱。这样伟大的母亲,孩子们能不尊重和爱戴她吗?

1929年,梁启超不幸去世,支撑全家的重担一下压在王夫人身上。尽管时局动荡,全家经济拮据,思宁、思礼等几个孩子尚年幼,但她丝毫没有畏缩,竭尽所能,维持着这个大家庭。

1937年7月7日,卢沟桥事变爆发,日本发动全面侵华战争,北平、天津旋即沦陷,梁家全家被拆散。梁思成、梁思永全家和梁思达都去了大后方,梁思顺、梁思庄仍住在北平,梁思懿在燕京大学读书,王夫人则带着思宁和思礼住在天津,只靠过去的一点积蓄和房租度日,还要缴纳孩子们的学费。1941年,思礼和姐姐思懿一起赴美国留学,思宁则去了解放区,而不久梁思庄也要带着女儿去大后方。昔日笑声盈堂、儿女满院的梁家,只剩下年近六旬的老人和空荡荡的饮冰室。当在火车站含泪送走身边的最后一个孩子时,一种前所未有的孤独感笼罩着这位瘦小的老人。我们很难想象二十世纪四十年代初日本统治下的天津时局是何等动荡,生活是何等艰难,但这一切都没有吓倒这位坚强的老人。在无数个孤寂的日子里,她总在默默地为远在四方的孩子们祝福,祝愿他们平安幸福,祝愿早日全家团聚。有一张照片很有代表性:瘦小的王夫人手抚着伏在窗台上的小猫,眼睛出神地凝视着前方,凄苦之情溢于言表。而透过这份孤独与凄凉,我们又分明清晰地体会到其中的坚韧毅力和无限憧憬。有梁启超,有那么多可爱的孩子在她的生命中,她永远都不会孤独。

抗战胜利后,梁家也重获团聚,之后的很长一段日子是王桂荃生命中最惬意的时光。她把天津老房卖掉,在北京西单手帕胡同买了一座小四合院,每逢节假日在京的儿孙们欢聚在此,尽享天伦之乐。她依旧过着勤俭的生活,终日劳碌,将自己的爱全部倾注在孙辈身上。吴荔明讲了这么一件有趣的事:王夫人"也很幽默,这是和公公(指梁启超)长期相处形成的性格,常讲笑话和各种故事给孙子们听。当年二舅思成学建筑,三舅思永学考古,四舅思忠学军事。她曾经非常风趣又得意地对别人说:'我这几个儿子真有趣,思成盖房子,思忠炸房子,房子垮了埋在地里,思永又去挖房子。'"①

这是多么豁达、乐观、坚韧不拔而勤劳善良的老人啊!她一生都在为儿女操劳,本应在天伦之乐中安度晚年,然而命运再次无情地打碎了这一切。1966年文化大革命爆发,梁家子女无一例外受到冲击,已经八十高龄的王桂荃也未能逃脱此劫。她被戴上了"保皇党梁启超的老婆"这顶"高帽",家产被抄,房屋被占,被赶到一间阴冷潮湿的小屋居住,每天还要作为劳改队队员上街劳动,而此时,她已患晚期肠癌。在战火连天、朝不保夕的战争年代都挺过来的王夫人,这回却垮了,精神和肉体的折磨使她再也无法站起来。此时此刻,她是多么想念自己的儿孙们。然而,命运已使他们再也无法相见。怀着对亲人无限的爱,怀着对昔日家庭幸福生活的无限眷恋,也怀着莫名的困惑与痛苦,王夫人于1968年离开了人世。社会造成了她悲惨的童年,又导致了凄凉的晚年。她又是幸福的,因为,作为一个平凡的女性,她的大半生都是在爱与被爱之中度过的。

"心中的小鹿"何蕙珍

梁启超和李蕙仙的婚姻是典型的父母之命,媒妁之言,他们的爱情大树是在结婚之后逐步培植的,可谓"先结婚后恋爱",带有封闭、保守、夫唱妇随等特色。1900年梁启超和檀香山华侨何蕙珍小姐的恋情则开放、自由和有近代意识了。

---

① 吴荔明:《梁启超和他的儿女们》,北京:北京大学出版社,2009年,第28页。

1898年百日维新失败后,梁启超流亡日本,形势虽然依然依旧严峻,但梁启超一刻也没忘记实现自己的政治抱负。他开始在日本、南洋及美洲等地频繁活动,宣传改良思想,抨击清朝专制,募集革命所需经费。1900年的美洲之行,不仅使梁启超扩大了在海外华侨中的影响,而且无意中结识了一位令他心动不已的年轻女子,一段未果的恋情也由此而始。

何蕙珍是旅居檀香山的一位华侨商人之女,其父为梁启超所掌控的保皇会会友。"蕙珍年二十,通西文,尤善操西语,全檀埠男子无能及之者,学问见识皆甚好,喜谈国事,有丈夫气,年十六即为学校教师。"梁启超到达檀香山之初,由于忙于各种社会活动,并不认识何蕙珍。但梁的大名及才学早已为年轻的何蕙珍所知晓,何对梁极为钦佩和仰慕。当时檀香山有不少人受清政府派驻此地的领事所指使,故意和梁启超作对,常常在一家英文报纸上发表文章抨击梁,梁心中不满,但苦于无法用英文辩驳,心中颇为愤慨。然而没过多长时间,有人便开始在英文报纸上匿名发表文章,驳斥那些批梁的文章。梁启超得知后大喜,但始终不清楚是何人所为。其实,这个在幕后仗义著文,为梁启超抱打不平的"神秘作者"就是何蕙珍。后来,梁启超认识了何蕙珍,才终于知道了事情的真相。

梁启超与何蕙珍的初次相见也颇有意思。有一天晚上,梁启超应何蕙珍父亲邀请赴其家参加宴会,第一次见到了年轻的何蕙珍,由于"见其粗头乱服之如村姑",梁对何的第一印象并不是很好,亦未给予何太多的关注。但宴会开始不久,梁启超就对何蕙珍刮目相看了。原来,出席宴会的来宾除了梁启超之外,还有当地十余位社会名流,大家一致欢迎梁发表演说,何蕙珍则临时充当了梁的英文翻译。毫无疑问,何蕙珍的表现非常出色,不仅赢得了来宾们的喝彩,更让梁启超一改初见,对其赞誉有加。梁这样记述了自己的感受:"大惊,其目光炯炯,绝一好女子也。"晚宴结束临别之际,何蕙珍紧握梁手,含情言道:"我万分敬爱梁先生,虽然,可惜仅爱而已,今生或不能相遇,愿期诸来生,但得先生赐一小像,即遂心愿。"数日后,梁将照片赐何蕙珍,何亦回赠亲手织绣的两把精美的小扇。梁启超不仅感慨:"见其事、闻其言,觉得心中时时刻刻有此人,不知何故也。"①

结识何蕙珍半月之后,一好友劝梁启超娶一懂英文的女子作夫人,这样往各地活动方便,梁一听即知是指何蕙珍。他当即表示对何小姐只是万分敬爱,定当面表谢意,但一则已有妻子,并曾和谭嗣同等人组织过一夫一妻世界会,绝不能再娶;二是目前正流亡海外,一举一动,为世界关注,不能因小失大,败坏名声;三是清廷到处捉拿自己,随时可能会失去性命,和自己的妻子都会少离多,不能厮守,不能再连累何蕙珍。随后,梁启超请好友转告何蕙珍,将为她择一佳婿。不料,这位好友告诉梁启超,何蕙珍自从见到梁启超后,已决定终身不嫁。这使梁十分为难。数日后,何蕙珍的美国老师宴请梁启超,何蕙珍作陪,席间何兴高采烈,高谈阔论,从兴办女学谈到中国妇女解放和人种素质,又推及儿童教育和社会改革,还谈到中国的文字和她准备造切音新字的初步设想。梁启超面对如此有才学、有抱负的年轻姑娘,更难抑心中的爱慕之情,他不住点头称是,却不知如何对答。宴毕,何蕙珍又深情地表示:"先生他日维新成功后,莫忘我,但有创办女学堂之事,以一电召我,我必来。我之心惟有先生!"两人握手珍重而别。回公寓后,梁启超激动的心情再也无法平静下来,自称"归寓后,愈益思念蕙珍,由敬重之心,生出爱恋之念来,几乎不能自持。明知待大家闺秀,不应起如是念头,然不能制也。酒阑人散,终夕不能成寐,心头小鹿,忽上忽落,自顾生平二十八年,未有如此可笑之事者。"②

梁启超一向认为情感是超理智的,但这一次他用理智战胜了情感,拒

---

① 丁文江、赵丰田编:《梁启超年谱长编》,上海:上海人民出版社,2009年,第163页。
② 丁文江、赵丰田编:《梁启超年谱长编》,上海:上海人民出版社,2009年,第163—164页。

绝了何蕙珍真诚而炽热的爱。为了纪念和回忆这次甜蜜、痛苦而浪漫的未果恋爱，梁启超用情和爱交织的笔写了二十四首诗，其中的两首这样写道：

> 颇愧年来负盛名，天涯到处有逢迎；
> 识荆说项寻常事，第一相知总让卿。

> 眼中既已无男子，独有青睐到小生；
> 如此深恩安可负，当筵我几欲卿卿。

儿女成群"双涛园"

梁家是一个大家庭，先后有十四个孩子出生，最终长大成人的有九个，他们分别是思顺（女）、思成（子）、思永（子）、思忠（子）、思庄（女）、思达（子）、思懿（女）、思宁（女）、思礼（子）。这是一个典型的中国传统式的大家庭：父亲梁启超学识渊博，具有很高的社会地位，受人尊重，收入颇丰，妻子儿女，衣食无忧；母亲李夫人善良贤惠，教子有方，家庭和睦，长幼有序，尊重老者，爱护幼童，天伦之乐，处处洋溢。传统大家庭的一团和气与其乐融融，在此得以尽情展现。但同时，我们也深深地感受到：梁任公融汇古今、兼容中西的独特风格不仅在其治学和处事中得以贯彻，更极大地影响了自己的家风，民主、平等、爱国、上进，这些看似空洞的准则不仅充分体现在梁家的家庭生活中，更体现在梁家儿女的人生实践中，他们在用毕生不懈的追求承继和展示着梁任公的人格与风格。

梁启超子女众多，年龄相差也悬殊。梁思顺是梁启超的长女，她出生于1893年，也就是梁启超新婚之后的第三年。梁思礼是梁启超最小的孩子，出生于1924年，五年之后，梁启超就去世了。就年龄而言，梁的孩子们大概可分为三个群体,长女思顺与弟妹们年龄差距较大;梁启超流亡日本期间所生的几个孩子年龄接近,分别是思成、思永、思忠和思庄,他们的童年是在日本度过的;1911年梁启超回国,生活趋于稳定,几个孩子陆续出生,他们是思达、思懿、思宁和思礼,除思礼年龄稍小一些,可算同一个年龄段,他们的童年基本上是在天津的饮冰室中度过的。梁启超自1915年退出政界、潜心学术研究之后,基本上在这座位于天津市意租界西马路25号(现在天津市河北区民族路44—46号)的私人住宅中生活,并写下了大量极具学术价值的著作,后来,梁启超的作品整理结集出版的时候,就以这座房子的名字来命名,这就是著名的《饮冰室合集》。

梁启超极富生活情趣。他不仅是一位学识渊博、思想敏锐、见解独特的知名学者和启蒙思想家,也是一位热血激昂、叱咤风云、命运多舛的维新志士和共和勇士,更是一位极有人情味的性情中人,家庭,子女,天伦之乐,永远是他生命中的重要组成部分。他为之奔波操劳,乐而不疲;为之喜怒哀乐,竭尽所能。梁启超将中国传统士大夫孜孜以求的"修身、齐家、治国、平天下"的人生目标给予淋漓尽致的诠释和实践。也正是因为有了梁启超,无论是在"双涛园",还是在"饮冰室",我们都能够清晰地听到梁家的欢声笑语,我们都能够深切地感受到那抑制不住的幸福与温馨。家,不仅成为梁任公最大的安慰和精神寄托,而且成为梁家子女生命中最美好的记忆。

"双涛园"是梁启超流亡日本时的住所,也是思顺、思成、思永、思忠、思庄等子女记忆中难以割舍的儿童乐园。随着"百日维新"的失败,康、梁先后逃往日本,得以保全性命,并图谋东山再起。梁启超流亡日本后,先是住在东京,生活比较便利。此时,他的全家及部分族人也因为"百日维新"的失败而被清政府追捕,不得不背井离乡,开始逃亡生涯。他们先是逃到离家乡不远的澳门,当得知梁启超已在日本的消息后,纷纷到日本投奔梁。无论出于道义,还是出于传统的家族观念,梁启超都必须承担起这一重任。随着人口的增多，梁启超在东京的住房日益显得拥挤，而经济条件的拮据又使得梁很难改变这一现状。1906年，一位倾心于维新事业、又非常敬重梁启超的日本华侨帮他解决了这一难题，他慷慨地将自己在神户郊外须磨海滨的一幢名为"怡和山庄"的别墅借给了梁启超及其家人以做安居之所。于是，梁启超带领全家搬到了那里。"怡和山庄"的优雅环境立即吸引了远道而来的梁家人。尽管略显偏僻，但这里依山傍海，背后是苍绿的山林，清风徐来，松涛声声，是那么遒劲、悠远；面前则是浩瀚的大海，海风阵阵，波涛拍岸，是那么清脆、悦耳。对于从小生活在海边的梁启超来说，大海并不陌生，但这里的优雅别致、清新爽快深深地感染了他和他的家人。高兴之余，梁启超取松涛、海涛之双涛声，将自己的新住所形象地改称为"双涛园"。这里，他们将开始一种新的生活。"双涛园"的故事也由此开始，平淡而趣味无穷，以至于许多年后，梁思成还常常在梦中重新回到童年的生活。晚年的梁思成这样回忆当时的生活：

> 我从横滨时开始记事。我父亲那时在编一本知识分子刊物《新民丛报》，我们就住在印刷所的二楼。我每天到华侨办的大同学校附属幼儿园去，教师全是日本女人，她们都十分慈祥和温柔，就像妈妈和姐姐一样。
>
> 日本地震很多。每次发生地震的时候，那日本阿姨就抱我下楼，因为我妈妈是缠过脚的，下楼不太方便。
>
> 我大约六岁的时候，我们搬到了须磨。我们在那里住在一座华侨所有的别墅里，它有一座大花园，连着一片直通海滨的松林。我父亲把这地方叫作"双涛园"，因为我们在这里既能听到波涛声，又能听到松林中的风声。
>
> 我同我的堂兄弟姐妹们从家里徒步走到通往神户的铁路车站，去神户同文学校上学。铁路售票员对我们很好，即使我们只有一天没去

上学,他们也会担心,第二天一定要问问发生了什么事。①

"双涛园"的无穷乐趣不仅在于其优美景致,更在于一大帮天真烂漫的孩子。这其中,既有梁启超的子女,也有几个寄居于此的亲戚家的孩子,他们大则十几岁,小则刚刚蹒跚学步,但年龄的差别并不妨碍玩闹。梁启超在紧张工作之余,最大的乐趣莫过于陶醉于孩子们的欢乐和嬉笑中,流亡生活的困苦,对祖国命运的忧患,壮志未酬的失落……一切的不如意都在孩子们的笑语声中烟消云散。他给这些可爱的孩子们起了一个足以体现他心情的称号——"双涛园群童"。

在平常日子里,"双涛园"中大一点的孩子会在思顺的带领下去神户上学。此时的思顺尽管只是一个十余岁的孩子,但在弟弟妹妹的心中,她已经是一位代表父母行使长女职责、并具有足够权威的长者。学校离家很远,孩子们要早早地出发,步行很长一段路程,然后再乘小火车前往。但毫无疑问,上学,对于这群贪玩的孩子们来说,不仅不是一种负担,反而有了无限的乐趣。在梁思庄的记忆中,印象最深的恐怕要数二哥梁思成上学途中的滑稽习惯:年少的梁思成每天早上赶火车时,一定要在途中拉一泡屎,然后才如释重负,继续前行,每天如此,少有或缺。有时眼看小火车就要开走,孩子们急得直跳脚,然而可爱的小思成必须完成此项"功课"方能同大伙一同前进。

上学之余,"双涛园"后面的山林就成了孩子们真正的"天堂"。樱花烂漫的时节,大人们登山赏花,孩子们则前后奔跑,嬉戏不息,都要玩"疯"了。有时,孩子们会跟着父母,带着小炉子和酱油等佐料,在松林中,踩着厚厚的松叶,四处寻找鲜鲜的松蘑,边烤边吃。风景之美,松蘑之香,气氛之和谐,以至于已长大成人的"双涛园群童"每每

---

① [美]费慰梅著,曲莹璞、关超等译:《梁思成与林徽因:一对探索中国建筑史的伴侣》,北京:中国文联出版公司,1997年,第4—5页。

想起，都会留恋不已。

暑假的时候，梁家全家老少经常去海滨游泳，清澈的海水，雪白的浪花，柔软的沙滩，立即成为孩子们新的乐土。有一个夏天，梁启超的老师、也同是维新战友的康有为来看望他们。显然，迂腐的言行，裹足不前的思想和日趋强烈的保皇观念使康有为很难再重温昔日与梁启超师徒之间的默契与共鸣，甚至在不知不觉中成为"双涛园群童"们的共同敌人。因为康的出现不仅影响了正在进行着的孩子们和父母的水中"狂欢"，而且他们也不断看到父亲和"康老头"正在为日益扩大的政治分歧而争论不休。孩子们决定采取他们认为最有效的方法对"康老头"进行报复。他们刚刚学会的潜泳技术派上了大用场。在梁启超和康有为一同下海游泳时，孩子们便潜入水中，然后悄悄地游到康的身旁，使劲揪他的颔下胡须，疼得"康老头"唏嘘不已，却又无可奈何。

"双涛园"的娴雅生活并未影响梁启超的事业，他依旧终日忙碌，如饥似渴地汲取西方近代文明营养，竭尽所能地四处宣传改良思想。工作之余，和孩子们的相处无疑成了梁启超放松自我的最佳方式。"双涛园群童"的记忆中，一个很难忘，也是很常见的镜头便是晚餐餐桌边全家的团聚，梁启超则是这聚会中的当然主角。通常梁启超会倒上一壶酒，边吃边饮，边喝边谈，海阔天空，天南地北，但讲得最多的还是一些民族英雄的故事。渐渐地，这些原本陌生的英雄们和他们的事迹深深地印刻在孩子们的脑海中，他们为之动容，为之感动，并暗暗立志：要努力成为民族的英雄，让敬爱的父亲为自己而骄傲。

在欢声笑语中，孩子们在风景如画的"双涛园"度过了七年时光。1911年的辛亥革命一举推翻了梁启超爱之又恨之的清王朝。为了祖国的前途，为了个人的理想，梁启超告别了生活多年的"双涛园"，踏上了归国的轮船，开始了一段更加辉煌、也更加波澜壮阔的人生征途。一年后，怀着依依难舍的心情，"双涛园群童"们在妈妈李蕙仙的带领下回到了中国。对于他们中的很多孩子来说,这还是第一次感受到中国的气息,但祖国的观念早已在他们的心目中牢牢树立。

欢声笑语"饮冰室"

1912年梁启超回国伊始,便将家安顿在天津。之后,梁启超四处奔波,且有很长时间都在北平,或为官,或教学,他也一度将全家接到北平居住,但梁家绝大部分时间仍然居住在天津的租界里。梁于1929年去世后,王夫人带着年幼的孩子们常住于此,直至1950年。新中国成立之后的第二年,孑然一身的王夫人才带着对故居的无限眷恋,迁至北京,和已在此工作的子孙们阖家团圆。

梁启超在天津的故居位于海河边的意大利租界内(即现在的天津市河北区民族路44—46号),包括新旧两幢西式建筑风格的楼房,在新楼的后面还有一座二层小楼,很不起眼,这是二十世纪四十年代初,王夫人为维持生计而新建的,之后的近十年时间,她基本上住在那里。今天,我们将这两座漂亮的洋楼统称为"饮冰室"。

像众多的中国传统读书人一样,梁启超给自己的书斋起了一个颇讲究的名字——"饮冰室"。据说,这一名号出于《庄子·人世间》中的一句极具哲理意味的话——"今吾朝受命而夕饮冰"。在这里,最终脱离政界的梁启超实现了由"政治明星"到"学术大家"的转变与飞跃,标志则莫过于晚年梁启超所撰写的大量震撼学术界的学术著作,这其中的大部分作品是梁在"饮冰室"——这所安静而又温馨的书斋里完成的。后来,梁启超的作品结集出版,书名即以"饮冰室"来命名。"饮冰室"也因此而名扬海内外,成为众多有志青年向往的学术"圣地"。

我们今天所见到的梁启超故居的两座洋楼分东西而立,而且各具特色。靠西边的是一座漂亮的意大利风格建筑,建于1925年,是梁启超特意请意大利建筑师罗尼欧设计的。整座楼房呈浅灰色,分上下两层,造型典雅,即便是在以建筑别致而著称的意大利租界,也有超众脱俗之感。梁启超自日本回国后,亦为官,亦做学问,收入颇丰,因此室内摆设很讲究。当然,作为学者之家,最重要,也是最具特色的首推梁启超的"饮冰室"书房和图书资料室。在这里,梁启超经常才思喷涌,行笔如飞,著书立说,通宵达旦。靠东边的那座洋楼建于1915年初,外观稍显呆板、陈旧。屋顶用红色洋瓦,外墙体也呈浅灰色。梁启超晚年主要在此居住生活,直至1925年新楼建成。而梁家的众多子女及亲戚在1930年之前,则主要生活在这座旧楼里。

作为有着浓厚爱国情结的一代学术宗师,梁启超为什么将自己的家安置在京城之外、海河之津的天津意租界?这种做法似乎与梁启超高昂的政治热情和政治参与意识不相符合;同样,这种做法似乎也与梁启超终身倡导并不懈实践的爱国思想大相径庭。对于这一点,很多人难以理解,包括梁启超年轻的儿子。有一件事就很有代表性,在一次家庭晚餐过程中,面对父亲的侃侃而谈,正在上中学且有着强烈民族主义意识的四儿子梁思忠鼓足勇气向梁启超问及缘由,尽管这个问题很容易让他们十分敬重的父亲感到尴尬。梁思忠问道:"为什么一个爱国的政治家要在一个通商口岸的外国租界里安家并造起书房和图书室?"显然,梁启超没有想到儿子会提出这么敏感的问题。但梁很认真地对待儿子的疑问,他非常平和地对儿子解释道:"别把私人的事情同国际事务搅在一起。除了我的家庭以外。我眼前主要关心的是我的图书室。我需要我的书,我必须使它们保持能用的状态。比起放在可能被某些愤怒的学生不明智地放火烧掉的易燃的宫殿来,放在附近港口城市的外国租界里可能更安全些。而要使用这些书,我必须时时住在它们的旁边。"[1]年轻的思忠是否理解父亲这番话,我们不得

---

[1] [美]费慰梅著,曲莹璞、关超等译:《梁思成与林徽因:一对探索中国建筑史的伴侣》,北京:中国文联出版公司,1997年,第6—7页。

而知，但有一点可以肯定：对于学术研究的浓厚兴趣及由此而产生的安全需要是导致梁启超长期住在天津的意大利租界的一个重要因素。但这显然不是唯一的原因，我们只有认真研究那个时代的中国国情以及梁启超本人的复杂人生经历，才能找出比较全面的答案。辛亥革命后的中国政坛漆黑一片，混乱不堪，政府更迭频率之高、速度之快，令人瞠目结舌。梁启超自日本回国后，曾对共和政治抱有空前的兴趣，志在一搏。然而，身陷其中，方知仕途险恶。坦率地讲，尽管梁启超学富五车，在政治斗争中却始终比较幼稚，激情有余，智谋不足，何况又是在那么一个黑暗的时代背景下，虽然风光一时，但几经沉浮，依旧两手空空，直至生命终结，梁启超也没有弄清楚从政之路的"真谛"。但严峻的现实，加上绝顶的聪明却使他看清了当时的处事之道。一方面，梁对政治仍有着浓厚的热情和参与意识，北京政局变幻莫测，一旦卷入，很难抽身，弄不好，还会搭上身家性命。而在天津则大有好处，这里虽不是京城，但相距不远，且交通便利，如果形势有利，则可乘火车在最短的时间内到达北京；如果形势不利，则可迅速脱身，离开是非之地。翻开天津近代历史，我们不难发现，这座距离北京不远的租界城市成为众多军阀、政客的首选居住地，而且他们的住所基本上都选择了老龙头火车站附近的外国租界中，其中原因自然是不言而喻的。另一方面，则具有更深层次的原因。在梁启超看来，爱国绝不是单纯的空喊口号和自我标榜，爱国的行动可以而且应该包括各个方面，既有政治救国，军事救国，也应该有科学救国，学术救国等。不能为了标榜爱国而与一切"洋"事物都划清界限；也不能为了表明爱国，都去当兵或参与政治斗争，毕竟尺有所短，寸有所长。基于此种认识，尽管在政治上屡遭挫折，但梁启超的爱国热情始终未减，而且愈发坚定了自己学术救国的信念，直至生命最后一息。

在世人的心目中，"饮冰室"无疑成为梁启超渊博学识的代名词，以至于很多人会怀着无比崇敬的心情去瞻仰它。而对于生于斯、长于斯的梁家儿女来讲，这里不仅是个学术"圣地"，更是一个处处洋溢着浓浓亲情，又其乐融融的幸福大家庭。即使是在最困难的日子里，这里也总能听到孩子们天真欢快的笑声。这里，是梁家子女离开"双涛园"之后又一个快乐天地，许多年以后，他们总还常常记起在这里度过的难忘岁月。

住在"饮冰室"的梁家人丁兴旺，流亡日本期间出生的孩子，除了思成、思永一直在北京求学外，年幼的思庄、思忠和思达（1912年12月出生于日本神户的"双涛园"，他是梁启超在日本出生的最后一个孩子）长期住在这里。随着思懿、思宁和最小的思礼相继出生，梁家越来越热闹了。孩子们的欢声笑语和纵情嬉戏成了梁启超紧张工作之余放松自我的最佳途径，而小孩子们在玩闹时随时可能爆发的"战争"及"失败者"的大哭声不但没有令他感到烦躁，反而在他的耳中变成奇妙无比的交响乐，听起来是如此的让人心旷神怡，继而灵感源源而来，对生活的万千兴趣转化为生花妙笔和创造性工作的无穷动力。

孩子们尽情享受童年的乐趣。思成、思永平时在北京上学，难得和弟弟、妹妹们相聚，假期一到，家里便成为他们大展"调皮捣蛋"才能的天地。思庄是他们最疼爱的小妹妹，也是他们恶作剧的"最大受害者"。通常他们两人先商量好作弄妹妹的方法，然后分头实施，一般思成主演，有时全身披挂各种怪装饰，有时倒立着怪声怪调唱歌，然后，由思永出面骗思庄来。小哥俩深知妹妹特别喜欢和他们玩，因此，不用什么花言巧语，小思庄就会上当。既爱玩又胆小的思庄妹妹每次都被吓得尖声大叫，甚至放声大哭。有一次，两个哥哥一本正经地拿着一个包装精美的小纸盒，口口声声要送给小妹一个重要礼物，思庄高兴坏了，不假思索地接过纸盒，迫不及待地打开，随即而来的不是欢笑，而是刺耳的尖叫和哭声。原来，那漂亮的盒子里装满了小哥俩从槐树上捉来的毛茸茸的绿色肉虫。恶作剧的目的达到了，但接下来，小哥俩就不得不想尽一切办法哄妹妹，直至她破涕为笑，否则，娘是不答应的。日子在不知不觉中流走，而欢乐则长久地驻留于此。三十年代,思庄的女儿也曾在"饮冰室"生活了很长时间。调皮的小八舅思礼不仅是她最好的朋友,更常常惹得她放声大哭,之后,又像当年的俩哥哥一样,千方百计逗这个比自己小不了几岁的外甥女开心,而身旁的娘则仍然是一位严格的主持公道者。对于"饮冰室"来说,快乐的一幕即使重复一千遍、一万遍,也不为多啊!

思成、思永等渐渐长大成人,连最爱哭鼻子的小妹妹思庄也于1925年去国外读书。对子女满怀深情的梁启超一度感到寂寞和失落。1925年4月17日,他在写给远在加拿大的女儿们的信中将自己的情绪毫无遮拦地表达出来,他这样写道:"宝贝思顺、小宝贝庄庄:你们走后,我很寂寞。当晚带着忠忠听一次歌剧,第二日整整睡了十三个钟头起来,还是无聊无赖……庄庄这几个月来天天挨着我,一旦远行,我心里着实有点难过。但为你成就学业起见,不能不忍耐这几年。庄庄跟着你姊姊,我是十二分放心了;但我十五日早晨吩咐你那几段话,你要常常记在心里,等到再见我时,把实行这话的成绩交还我,我便欢喜无量了。"①之后不久,梁启超亲自裱好一个小型的手卷寄给思庄,并写道:"小宝贝庄庄:我想你的狠,所以我把这得意之作裱成这玲珑小巧的精美手卷寄你,你姊姊呢,他老成了,不会抢你的,你却要提防你那两位淘气的哥哥,他们会气不忿呢,万一用起杜工部那'剪取吴淞半江水'的手段来却糟了,小乖乖你赶紧收好吧。"②

梁思礼的出生令梁启超高兴万分,他将这个小儿子称作"老白鼻",思礼也成为他晚年生活中最大的安慰和乐趣。梁启超将"老白鼻"一点一滴的成长过程都给记录下来,并经常写信告诉远在海外的儿女们,和他们一同分享家的温暖。在1925年的一封信中,梁启超这样写道:"老Baby好顽极了,从没有听见哭过一声,但整天的喊和笑,也很够他的肺开张

---

① 张品兴编:《梁启超家书》,北京:中国文联出版社,2000年,第348页。
② 吴荔明:《梁启超和他的儿女们》,北京:北京大学出版社,2009年,第223页。

了。自从给亲家收拾之后,每天总睡十三、四个钟头,一到八点钟,什么人抱他,他都不要,一抱他,他便横过来表示他要睡,放在床上爬几爬,滚几滚,就睡着了。这几天有点可怕——好咬人,借来磨他的新牙,老郭(思礼的保姆)每天总要着他几口。他虽然还不会叫亲家,却是会填词送给亲家,我问他'是不是要亲家和你一首?'他说'得、得、得,对、对、对。'"①梁启超还曾经写过一首描述思礼儿时神态的词作,内容滑稽生动。

好事近

其一

昨日好稀奇,迸出门牙四个。

刚把来函撕吃,(事实)却正襟危坐。

一双小眼碧澄澄,望着阿图和。

肚里打何主意,问亲家知么。

其二

谢你好衣裳,穿着合身真巧。

那肯赤条条地,教瞻儿取笑。

爹爹替我掉斯文,我莫名其妙。

我的话儿多着,两亲家心照。②

等"老白鼻"长大一些,乐趣就更多了。1927年1月2日,梁启超

---

① 张品兴编:《梁启超家书》,北京:中国文联出版社,2000年,第358页。
② 梁启超:《好事近》,张品兴主编:《梁启超全集》,北京:北京出版社,1999年,第5490页。

写给孩子们的一封信中这样写道："老白鼻一天一天越得人爱，非常聪明，又非常听话，每天总逗我笑几场。他读了十几首唐诗，天天教他的老郭念，刚才他来告诉我说：'老郭真笨，我教他念少小离家，他不会念，念成乡音无改把猫摔（他一面说一面抱着小猫就把那猫摔下地，惹得哄堂大笑）'，他念："两人对酌山花开，一杯一杯又一杯。我醉欲眠君且去，明朝有意抱琴来。"总要我一个人和他对酌，念到第三句便躺下，念到第四句便去抱一部书当琴弹，诸如此类每天趣话多着哩。"①

这些信里通常都会提到的"亲家"竟是梁启超的长女梁思顺，这是梁启超乐观天性的又一真实再现。对于思礼这个"老来子"，梁启超疼爱有加，并经常开玩笑说，思礼和大姐思顺是"亲家"，将来他们的孩子要结亲。而实际上，思顺比这个最小的弟弟要大三十一岁。

梁启超当然是这个大家庭的核心，在竭尽所能教育学生、改造社会的同时，他从来也没忘记作为父亲对子女的关爱和教育职责。从某种意义上，梁对子女成长与成才的关注程度和期望值要远远超过寻常人。梁的子女们真应该感到由衷的庆幸，因为他们不仅得到无微不至的父爱，而且受到充分的尊重和理解，他们有完全的自由选择自己的生活方式和专业方向，并可以就一些难以解决的问题与父亲无拘无束地交流意见，直至妥善解决。在当时的中国社会，这样民主家庭是多么令人羡慕啊！传统思维下的父母们往往在给予子女无限关爱的同时，会自觉或不自觉地对孩子们的前途做出明确限定，在他们看来，这既是长者的责任，又是一种爱的方式。在这种带有专制色彩的关爱中，孩子们就像一群失去自由的小鸟，对专制的愤怒和对自由的渴望，促使他们中的很多人再也不愿留恋家的温情，痛苦而勇敢地冲向自由的天空。

梁启超在家的时候往往也是孩子们最快乐的时光。每天吃晚饭的时

---

① 张品兴编：《梁启超家书》，北京：中国文联出版社，2000年，第429—430页。

候,全家老小会围坐在大餐桌旁。梁启超爱饮酒的习惯依旧保持,"当孩子们在大约二十分钟内匆匆吃完晚饭时,父母亲则啜饮着老酒。饮酒是慢吞吞的,大约总有一个小时,父亲会谈论他正在写作的题目:诗人或其他人的传记、历史、政治哲学、古典文学、儒家学者以及其他学派的学者。这时候他重又集中注意国学的研究。他早年颇为关注的外国问题,现在很少谈论了。"①

思成、思永稍大一些就进了清华学校,在这里,兄弟俩接受了系统的近代西方文明教育。梁启超在鼓励孩子们努力学习西方优秀文明成果的同时,又不免有些担忧,他担心孩子们只接受了西方文化,而丢了国学。于是在1920年、1921年和1922年的暑假,梁启超在"饮冰室"家中办起了旨在讲授国学经典的补习班,听课的有思成、思永、部分亲戚家的孩子和梁的一些年轻门生。梁启超每天上午九点到十二点讲课,下午孩子们温习所学内容。梁启超先后讲了《国学源流》《孟子》《墨子》和《前清一代学术》等。这种家庭学校的教育显然是卓有成效的,孩子们不仅深受父亲思想的熏陶,就连他的激情洋溢的讲课风格都极力加以模仿。梁思成后来指出,父亲的治学方法对自己和思永影响深远。他说:"父亲的观点很明确,而且信心极强,似乎觉得全世界都应当同意他的观点。"②而自美国留学归来的梁思成、梁思永兄弟在中国建筑史和考古学方面取得的震惊世界的开拓性成就,无疑是对梁启超的最好回报,虽然,这已经是梁启超去世多年以后的事情。

1924年以后,思达、思懿、思宁等几个较晚出生的孩子也渐渐长大。为了更好地充实孩子们的国学、史学知识,梁启超决定让几个孩子从1927年下半年起休学一年,在家办起了补课班,并聘请了他在清华大学

---

① [美]费慰梅著,曲莹璞、关超等译:《梁思成与林徽因:一对探索中国建筑史的伴侣》,北京:中国文联出版公司,1997年,第6页。
② 林洙著:《困惑的大匠·梁思成》,济南:山东画报出版社,2001年,第18页。

国学研究院的弟子谢国桢担任家庭教师。许多年以后,谢国桢对这一段往事仍记忆犹新:"1927年夏,桢在清华大学研究院结业之后,即馆于天津梁任公师家中,教思达、思懿诸弟读书。先生著述之暇,尚有余兴,即引桢等而进之,授以古今名著,先生立而讲,有时吸烟徐徐而行,桢与思达等坐而听。先生朗诵董仲舒《天人三策》,逐句讲解,一字不遗。余叹先生记忆力之强,起而问之,先生笑曰:'余不能背诵《天人三策》又安能上万言书乎!'先生健于谈喜于教诲,有时朗诵苏长公、陆放翁之诗词,有时伏案习魏晋六朝人书,以寄托其郁悒不平之气。每饭余茶后,茗碗之间,为桢讲研究历史之方法,及明末清初甲乙之际史迹,桢则引笔记之。桢之所以略知史部薄录之学,纂辑《晚明史籍考》研治明季'奴变',清初东南沿海迁界,江南园林建筑,以及南明史迹,粗有辑著,皆由先生启迪之也。翌年夏,先生荐余于天津南开学校高中部,思达等亦同肄业于其校。"[①]

看到孩子们大有长进,梁启超非常高兴,他写信告诉思顺:"司马懿(梁在家信中将思懿称作司马懿)非常聪明,逼着和达达同一样功课(英文不同),居然跟得上。"[②]他认为,照这样下去,过一两年,两个人都可以进大学了,思宁也可以进中学了。

付出终会有回报。"饮冰室"不仅是梁启超及其全家的快乐天堂,而且成为孩子们接受"家训"、学有所长的崭新起跑线,欢声笑语,书声琅琅,始终回荡在它的上空。

---

① 吴荔明:《梁启超和他的儿女们》,北京:北京大学出版社,2009年,第288页。
② 张品兴编:《梁启超家书》,北京:中国文联出版社,2000年,第518页。

"思成梁启超"

思成初长成

梁思成于 1901 年生于日本。在梁启超的众多子女中,他是长子。在梁启超的心目中,思成是自己乃至整个梁家的当然继承人——名誉与人格的继承者。1927 年底,在梁思成即将完成学业并准备新婚之际,梁启超很严肃地告诉儿子:"有一件事要告诉你们,你们若在教堂行礼,思成的名字便用我的全名,用外国人的习惯叫作'思成梁启超',表示你以长子资格继承我全部的人格和名誉。"[①]随着梁思成逐渐长大成人,梁启超愈发坚定了自己的这一抉择。在不遗余力地精心培养心爱的长子、殚精竭虑地为其发展做出种种设计与安排的同时,他为儿子不断取得的进步而感到由衷的骄傲和自豪。后来,梁思成成为名扬海内外的建筑学家。

今天,我们慨叹梁思成在那么艰苦的年代里,能够在建筑史研究、古建筑研究与保护、现代建筑教育等领域取得辉煌成就,更为其对祖国无比

---

① 张品兴编:《梁启超家书》,北京:中国文联出版社,2000 年,第 508 页。

的热爱和忠诚、对事业孜孜以求的执着精神和对生活乐观向上的豁达态度所深深感动。在他身上，我们分明能够清晰地感受到那个时代优秀的中国知识分子的品格和精神。就总的社会影响而言，梁思成很难超越他的父亲，但梁思成从未停留在父亲巨大声望的荫护下，他的一生都在为自己挚爱的建筑事业而不懈努力，甚至不惜以健康和生命作为代价；而且，在终生奋斗的过程中，他始终在执着、顽强地传承着梁家的精神遗产——爱国、向上、豁达、永不畏缩，这也是梁启超留给子女们的最大的财富。

在社会上，人们都称梁思成是梁启超的长子，但在梁家，他的弟妹们却称之为二哥，说起来还有一段颇为离奇的故事。原来，在梁思成出生前，他的母亲李蕙仙曾经生过一个儿子，但出生不久就夭折了。1901年，在梁家对男性继承人的热切盼望中，思成出生了。他的出生令梁家上下欢喜不已，梁启超更是高兴异常，但很快，大家又开始为刚刚出生的思成的健康状况而深深忧虑。他不仅非常瘦小，而且两条腿向外撇开，两个脚尖相对，看起来像是一个畸形儿。后来，在一位外科医生的精心医治下，小思成的腿总算矫正过来了，但脚板依然是斜的。年幼的思成体弱多病，全家想尽了种种办法，都不能使他的身体强壮起来。直到有一天夜晚，李蕙仙梦见一个婴儿，不住地向她啼哭，把她从梦中吓醒。和大多数传统中国人的做法一样，梁家认为这个梦不寻常，其中必然隐含着某种启示，于是请人来圆梦。圆梦先生告诉他们，梦中啼哭不休的婴儿即是那个死去的长子，他在要求梁家承认他的地位。于是，梁家便将长子的位置空下来，而改称梁思成为二子，弟妹们则改称他为二哥。奇怪的是，从此之后，梁思成的身体就逐渐好起来，在清华上学的时候，还成为颇有名气的运动健将。或许是出于对这种奇异现象的敬畏，梁家后来延续了这种做法，对于早亡的孩子，都给他（她）们留下位子。所以，梁家最小的儿子梁思礼虽被称作八弟，而实际上他是梁家长大成人的五个男孩中最小的一个。

梁思成在日本东京和神户度过了略显清贫但趣味无穷的童年时光。他的启蒙教育是在神户市区的梁启超为华侨子弟开办的同文学校开始的。1913年，思成和弟妹们在母亲李蕙仙的带领下回国。梁启超已先期回国，并受到英雄凯旋般的隆重欢迎，尽管这隆重背后充满政治的险恶和阴谋，但梁启超还是为之激动不已，决心在民国政坛大干一场。梁家先在天津安顿下来，之后，梁思成便和年龄相近的三弟梁思永一同到北京上学，他先后在汇文学校和崇德高小读书。这一时期，随着梁启超经济收入显著提高，梁家的生活日趋稳定，但梁家好学、上进的家风，尤其是梁启超对子女们的殷切期望和言传身教，使得梁家众多子女没有一人成为无所事事的纨绔子弟，而是在紧张充实的求学生活、乐趣融融的家庭氛围之中渐渐长大成人。

1915年，年仅十四岁的梁思成进入著名的清华学校读书，正式成为一名清华人。清华学校是利用美国退还给中国的庚子赔款而开办的一所留美预备学校，典型的美式教育使它颇具近代色彩。在这里，梁思成度过了丰富多彩、乐趣无穷的八年时光。尽管学制稍显冗长，但毫无疑问，清华的教育使他在英语语言、西方自然科学和人文知识方面打下了厚实的基础，同时，在艺术、音乐、体育等方面也得到不断拓展和提高。在清华的八年时光，不仅成为他一生前途与命运的新起点，而且成为他与清华之间半个多世纪爱恨交加的人生因缘的开端，对于后者，年轻的梁思成显然没有意识到。

梁思成在清华学习期间，学业之优秀几乎是无可挑剔的。但显然，年少的梁思成远远不满足于做个"书呆子"，他在音乐、美术、体育等众多方面均找到了自己的兴趣所在，而一旦学起来，便立即以满腔的热情和坚韧的毅力投入其中，乐而不倦，这一点，和他那位"兴趣"甚多的父亲是多么的相似啊！梁思成在清华的同窗好友、著名建筑师陈植于多年以后还对梁思成在清华的优异表现记忆犹新，他这样回忆道："（梁思成）性格爽直，精力充沛，风趣幽默，与我意气相投，成为知己。""在清华的八年中,思成兄显示出多方面的才能,善于钢笔画,构思简洁,用笔或精练或潇洒,曾在1922—1923年《清华年报》任美术编辑;酷爱音乐,与其弟思永及黄自等四五人向张蔼贞女士(何林一夫人)学钢琴,他还向菲律宾人范鲁索(Veloso)学小提琴。在课余孜孜不倦地学奏两种乐器是相当艰苦的,他则引以为乐。约在1918年,清华成立管乐队,由荷兰人海门斯(Hymens)任指挥,1919年思成兄任队长。他吹第一小号,亦擅长短笛。当时北京学校中设乐队的,清华是首屈一指。"①当时的乐队成员还有梁思成的两个弟弟——梁思永和梁思忠。每逢假期,兄弟们就把乐器带回家里练习吹奏,于是,梁家除了欢声笑语以外,又传来阵阵优雅、悦耳的乐曲声和热烈的掌声,间或还能听到高低不一、断断续续的"杂音",这是好奇的弟妹们在哥哥们演奏的间隙,争相抢过乐器一"吹"为快,而这往往又引起全家的哄堂大笑。在哥哥们潜移默化的影响下,梁家的子女们都对音乐产生了浓厚的兴趣,并终生乐此不疲。即使是最晚出生的老Baby梁思礼,也在音乐方面表现出了出众的才华和浓厚的兴趣。梁思礼酷爱音乐,尤其是贝多芬的交响乐。他有一个绝活,就是能把贝多芬的交响乐从头到尾哼出调子来,而且基本无错误,即使到了晚年,这一"功夫"也丝毫未减。在清华期间,梁思成还曾和同学黄自等人组织合唱团,自己亲自演唱男低音和男中音两个声部。在同学们看来,他是一位有高度音乐修养的人。

凡是熟悉梁思成的人,无不为他准确和漂亮的绘图功夫所折服。对美术的浓厚兴趣,在很大程度上促使他日后选择了建筑学专业作为自己的终身职业。也是在清华,梁思成曾受老师委托,和杨廷宝、闻一多等一起组织了一个旨在研究"艺术和人生关系"的团体——"缪斯"。在担任《清华年报》及其他一些校内刊物的美术编辑期间,梁思成更是创作了大量美

---

① 陈植:《缅怀思成兄》,编辑委员会编:《梁思成先生诞辰八十五周年纪念文集》,北京:清华大学出版社,1986年,第2页。

术作品,包括封面图、栏头画、插图、写生画、速写等,甚至还有一些漫画。这些作品不仅绘制精美,而且不乏立意新颖之作。由于梁思成在美术方面的卓越才能,他被列为清华最有才华的小美术家之一。

在运动场上,年轻的梁思成同样十分活跃。他是如此的瘦小,以至于后来的人们很难将全校跳高冠军等荣誉和他联系起来。生活中的梁思成精力旺盛,朝气蓬勃,洋溢着令人艳羡的健康精神,这股精神对他的一生都产生了深远而重要的影响,包括他的爱情和他在以后漫长的艰苦岁月中的生活与事业。当年梁思成的体育老师、著名体育教育家马约翰教授在其晚年还记得自己的这位得意弟子,他说:"中国学生在国外念书都是好样儿的……体育方面也不能落后。像施嘉炀、梁思成等,体育都是很好的。梁思成能爬高,爬绳爬得很好,后来到了美国,因为运动伤了腰,以后又得了病,身体才坏下来的。"①对于清华时期自己在体育场上的矫健身姿,梁思成即使在晚年回忆起来,也颇有几分得意,他告诉学生们:"别看我现在又驼又瘸,可是当年还是马约翰先生的好学生,有名的足球健将,在全校运动会上得过跳高第一名,单双杠和爬绳的技巧也是呱呱叫的。好了,好了,好汉不提当年勇。不过说真的,我非常感谢马约翰。想当年如果没有一个好身体,怎么搞野外调查。在学校中单双杠和爬绳的训练,使我后来在测绘古建筑时,爬梁上柱攀登自如。"②

和那个时代许许多多的热血青年一样,梁思成对时局极为关注,风声、雨声、读书声,声声入耳;家事、国事、天下事,事事关心。他和他的同学们已经在自觉地以未来中国主人翁的姿态关注着祖国的命运,并以年轻人所共有的激进方式实践着自己的爱国热情和理想,甚至为之付出了很大的代价。"学生时代的梁思成的另一与众不同处,就是他具有冷静

---

① 黄延复:《有政治头脑的青年艺术家》,编辑委员会编:《梁思成先生诞辰八十五周年纪念文集》,北京:清华大学出版社,1986年,第208页。
② 林洙:《困惑的大匠·梁思成》,济南:山东画报出版社,2001年,第17页。

而敏捷的政治头脑,同学们称他为'一个有政治头脑的艺术家'。1919年五四运动中,他是清华学生中的小领袖之一,是'爱国十人团'和'义勇军'中的中坚分子。进城宣传时,曾同一百三十余人一起被反动军警拘禁于北大法科大院内。拘禁期间,他们坚持斗争,并声明'政府不派人谢罪,誓不出法科一步'。终于迫使军阀政府派参议曾彝进前来当众道了歉,然后在义勇军和军乐队的护送下凯旋回校,沿途特意从总统府门前过,'大呼中华万岁,声动天地,观者如堵',军警再也不敢干涉。到校时,'校中教职员及同学百余人,排立大门两旁迎接,掌声雷鸣……'。"[①]在五四运动中,清华的学生自发组成了"学生代表团"临时指挥行动。运动之后,同学们深感有必要将这一组织变成一个代表学生的常设机构,于是酝酿成立"学生自治会"。1919年12月23日,"学生自治会"召开成立大会,迫于北洋政府压力,清华校方竟然公开进行阻挠,并联合军警粗暴干涉,甚至采取停电等拙劣手段妄图阻止同学们的爱国之举。面对激情似燃烧烈火一般的进步学生,当局的卑鄙之举必将导致更猛烈的反抗。正在群情激愤之时,梁思成的政治领袖能力又一次得以体现,只见他站起身来,大喊一声:"我们罢课。"杂乱的秩序和四处涌动的愤怒情绪立即被一场坚定有序的驱赶校长运动所取代,全校学生罢课。之后,学生们的愤怒显然收到了成效,偌大的清华竟然在一年之内被迫三次更换校长,这种状况持续到了1922年春,清华甚至于到了没有一名称职的校长来接任的地步。

  青年时代的梁思成是如此关注爱国的政治运动,并乐此不疲,以至于几乎改变他一生命运、实际上也给他的大半生造成无限痛苦的那场交通事故,也是在他急于参加学生游行的时候发生的。

  坦率地讲,清华时代的梁思成不仅有着政治家的敏锐头脑,更在实际斗争中表现出了高度的自信、敢于牺牲自我的精神和一定的领袖才能。在

[①] 黄延复:《有政治头脑的青年艺术家》,编辑委员会编:《梁思成先生诞辰八十五周年纪念文集》,北京:清华大学出版社,1986年,第209页。

某种意义上,我们似乎可以说他完全继承了父亲梁启超的政治热情和积极参与意识。但自清华毕业之后,梁思成就逐渐远离了政治,而专心中国建筑史的研究,他的声名显赫也仅仅因为他举世公认的学术成就。为什么梁思成后来没有专心从政,或者退一步讲,为什么没有像他的父亲那样一边做学问,一边从政?这个问题似乎很能引起后人们的兴趣。如今,梁思成已去世多年,他本人生前没有告诉我们答案,因此我们的解释和其他众多关注梁思成的人做出的解释一样,都只是主观的猜测而已。

其一,显然受到了父亲梁启超的影响。

梁启超早年因为从政而出名,成为世人瞩目的政治明星,后来流亡日本期间,虽处境艰难,仍钟情于改良运动。辛亥革命后,他立即回国,义无反顾地投身到民主共和政治活动中。民国初年,梁启超曾多次参与组织内阁,先是于1913年9月11日出任号称"第一流人才内阁"的熊希龄内阁司法总长,勉强支撑五个月,内阁垮台。之后,梁启超又担任币制局总裁,仅十个月零八天,便自觉上当,愤而辞职。虽然1915年春梁启超已经提笔发表了脱离政界的宣言,但颇有社会责任心和远大政治理想的他,实在不可能坐下来一门心思地去作文论道。于是,后来中国政坛发生的一系列重大事件中都出现了梁启超的身影。

对于从政,梁启超可谓满腔热情而来,却两手空空而归。说到底,梁启超虽曾位居高官,但他不是政客,而是思想家、学者,才华洋溢却权谋不足。胡适后来有一个评价很中肯,"任公为人最和蔼可爱,全无城府,一团孩子气"。[1]政坛的黑暗与混乱,使得天真的梁启超屡遭挫折,空有报国之志,只能对天长叹。失望苦闷之余,绝顶聪明的梁启超逐渐悟到一些"真谛"——尽管这样的感悟或多或少带有一些消极悲观和无可奈何的成分——在军阀专制、黑暗混乱的中国,从政是没有任何前途的,尤其是

---

[1] 胡适著,曹伯言整理:《胡适日记全编·5》,合肥:安徽教育出版社,2001年,第352页。

青年，绝不可涉足于此。"而求阅历于官吏社会，则与个性发育主义最相妨者也。今试问国中大多数之青年，其性质实宜于为官吏者果有几许？其所学与官吏事业绝无关系者亦且泰半，今乃悉投诸官吏之大制造厂中，而作其机器之一轮一齿，其自暴殄毋乃太甚乎？……又以官吏之量供过于求，故其得之也，必须至剧烈之竞争，而此种竞争，非若陈贷于肆，惟良斯售，而其间恒杂以卑屈之钻营，阴险之倾轧。其既得而患失也，则亦若是。故虽以志节之士，一入乎其中，则不得不丧其本来，而人格既日趋卑微，则此后自树立之途乃愈隘。"①也正是有了这么一个认识上的重大转变，晚年梁启超在退出政界之后，虽仍关注时局，时常有参政之冲动，但始终未付诸实践，而仅仅将自己"政论家"的角色限制在"议政"层面，并专心学问，终成一代学问宗师。

出于对子女的关爱和责任，梁启超也在潜移默化中向他的子女们灌输着这种思想。他认为国富民强要人尽其才，发挥个性和特长，对国家、社会的贡献并非从政一途。更何况，当时的政坛是如此的黑暗，从政者除了谋取私利外，不可能有所作为。所以，梁启超不希望儿女们进入政界，而是教导他们要专心学业，不要看着国内的形势着急。正如他一再告诫大女儿思顺夫妇的话，"做官实易损人格，易习于懒惰与巧滑，终非安身立命之所"。②事实上，在二十世纪二十年代这个革命与反革命针锋相对的时期，和大多数同龄人一样，梁思成和他的弟妹们也按捺不住满腔的热情，急于投身"国民革命"的洪流，他们的父亲颇具民主色彩的作风和坚定的个人信念，加上孩子们从小就已形成的对父亲的无比信赖和尊重，最终使他们接受了父亲的观点。

当梁思成兄弟对赴美求学而远离了时代而有所顾虑的时候，梁启超给

---

① 梁启超：《作官与谋生》，张品兴主编：《梁启超全集》，北京：北京出版社，1999 年，第 2803 页。

② 张品兴编：《梁启超家书》，北京：中国文联出版社，2000 年，第 258 页。

予他们这样的解释:"思成来信问有用无用之别,这个问题很容易解答,试问唐开元天宝间李白、杜甫与姚崇、宋璟比较,其贡献于国家者孰多?为中国文化史及全人类文化史起见,姚、宋之有无,算不得什么事。若没有了李、杜,试问历史减色多少呢?我也并不是要人人都做李、杜,不做姚、宋,要之,要各人自审其性之所近何如,人人发挥其个性之特长,以靖献于社会,人才经济莫过于此。思成所当自策厉者,惧不能为我国美术界作李、杜耳。如其能之,则开元、天宝间时局之小小安危,算什么呢?"①

北伐时期,梁思忠受国内时局影响,热血沸腾,想中止在美学业回国参加革命,梁启超得知儿子的想法后十分焦虑,立即回信予以劝阻。在给大女儿思顺的信中,梁依然对思忠表现出的政治冲动不无忧虑,他告诉女儿:"思忠呢,最为活泼,但太年轻,血气未定,以现在情形而论,大概不会学下流,(我们家孩子断不至下流,大概总可以放心。)只怕进锐退速,受不起打击。他选择的术——政治军事——又最含危险性,在中国现在社会做这种职务很容易堕落。即如他这次想回国,虽是一种极有志气的举动,我也很夸奖他,但是发动得太孟浪了。这种过度的热度,遇着冷水浇过来,就会抵不住。从前许多青年的堕落,都是如此。我对于这种志气,不愿高压,所以只把事实上的利害慢慢和他解释,不知他听了如何?这种教育方法,很是困难,一面不可以打断他的勇气,一面又不可以听他走错了路。……所以我对他还有好几年未得放心,你要就近常察看情形,帮着我指导他。"②

做学问需要心平气和、持之以恒,完全不同于政治运动的轰轰烈烈。对于这一点,梁启超明确地鼓励孩子们:"你们现在着急也无益,只有努力把自己学问学够了回来,创造世界才是。"③

---

① 张品兴编:《梁启超家书》,北京:中国文联出版社,2000年,第446页。
② 张品兴编:《梁启超家书》,北京:中国文联出版社,2000年,第481页。
③ 张品兴编:《梁启超家书》,北京:中国文联出版社,2000年,第387页。

其二,梁思成的"远离"政治,不是完全脱离政治的隐士之举,更不是对政局漠不关心的消极避世态度,相反,他一生都在密切关注着祖国的前途和命运,并和她同呼吸,共命运,甚至不惜以自己和妻子的健康与生命作为代价。对于梁思成的爱国情结,仅举抗战时期发生在他们身上的两件事便足以说明问题。

第一件事,1937年"卢沟桥事变"爆发后,中国营造学社暂时解散,梁思成、刘敦桢等主要成员决定内迁。为了不使学社自成立以来取得的重要成果——全部的测绘图纸、测绘图稿、摄影底片和调查报告落到日本人手中,朱启钤、梁思成等人商议,决定将这些物品紧急打包,全部存入位于天津租界的英资麦加利银行的保险库中。正当他们忙于收拾物品之际,梁思成忽然收到署名"东亚共荣协会"的请柬,邀请他参加会议,梁思成意识到,日本人已经注意上他了。要想不当汉奸,必须马上离开北平。梁思成几乎没有任何犹豫,便抛弃家产,和林徽因一起,带着两个年幼的孩子和行动不便的岳母,义无反顾地开始了漫长而艰辛的流亡之旅。事实上,此时的梁思成夫妇除了要扶老携幼颠沛流离外,还要面对自身疾病的严峻考验。林徽因的肺部检查出空洞,病情有恶化趋势,急需静养;梁思成本人年轻时遭遇的那场车祸的后遗症突然加剧,经检查患上了脊椎软组织硬化症,疼痛难忍,行动不便。但所有这些困难都没有吓倒他们。

事实上,1935年年末,梁思成、林徽因便开始了内迁的准备。在写给好友费慰梅的信中,林徽因坦诚地表达了自己的态度,她告诉费慰梅:"思成和我已经为整理旧文件和东西花了好几个钟头了。沿着生活的轨迹,居然积攒了这么多的杂七杂八!看着这堆往事的遗存,它们建立在这么多的人和这么多的爱之中,而当前这些都正在受到威胁,真使我们的哀愁难以言表。特别是因为我们正凄惨地处在一片悲观的气氛之中,前途渺茫……如果我们民族的灾难来得特别迅猛而凶暴,我们也只能以这样或那样迅速而积极的方式去回应。当然会有困难和痛苦,但我们不会坐在这里握着空拳,却随时让人威胁着羞辱我们的'脸面'。"①

日军对北平发动进攻之后,林徽因在给女儿梁再冰的信中再次明确地表达了自己和丈夫的态度,她用大而整齐的字告诉梁再冰:"我们希望不打仗事情就可以完;但是如果日本人要来占北平,我们都愿意打仗,那时候你就跟着大姑姑那边,我们就守在北平,等到打胜了仗再说。我觉得现在我们做中国人应该要顶勇敢,什么都不怕,什么都顶有决心才好。"②

女儿梁再冰的回忆再一次让我们感受到梁思成夫妇的爱国情操,她这样记述:

"一九三七年九月,父亲带领全家(包括外婆在内共五口)经天津、青岛、济南、徐州、郑州、武汉到达长沙,在火车站附近租了两间房子住。这是一所灰砖楼房,房东就住在楼下,后面有一个狭窄阴暗的天井。这同我们在北平住的那个院子中有丁香花的四合院(虽然也是租来的)相比,差别自然很大。父亲和母亲立即开始学习烧饭洗衣等家务劳动。给我印象最深的是,他们对于生活水平的明显下降毫不在意,而是带着兴奋和愉快的心情来迎接这种变化的。

使我更难忘记的是父亲教我们唱《义勇军进行曲》的情景。那时,父亲的许多老朋友们也来到了长沙,他们大多是清华和北大的教授们,准备到昆明去筹办西南联大。我的三叔梁思永一家也来了(三叔是考古学家,曾对河南安阳殷墟的发掘工作作出过重要贡献)。大家常到我们家来讨论战局和国内外形势,晚间就在一起同声高唱许多救亡歌曲。'歌咏队'中男女老少都有,父亲总是'乐队指挥'。我们总是从'起来!不愿做奴隶的人们!……'这首歌唱起,一直唱到'向前走,别退后,生死已到最后关头!'那高昂的歌声和那位指挥的严格要求的精神,至今仍像一簇不会

---

① 梁从诫编:《林徽因文集·文学卷》,天津:百花文艺出版社,1999年,第356页。
② 梁从诫编:《林徽因文集·文学卷》,天津:百花文艺出版社,1999年,第350页。

熄灭的火焰，燃烧在我心中。"①

第二件事，1940年冬天，梁思成带着全家老小随同中央研究院迁往偏僻贫瘠的四川李庄。之后的生活之艰难，几乎令人难以想象。在极端的困境中，妻子林徽因病情急剧恶化，随时都会有生命危险。而李庄的闭塞落后以及梁家的严重经济困难，使他们根本不可能改变现状。在他们最困难的时候，鉴于梁思成在中国古建筑研究领域的卓越成就，美国的一些博物馆和大学写信邀请梁去美国访问讲学，梁思成夫妇的好友费正清夫妇和其他一些美国朋友，得知他们的情况后，也力劝他们到美国去工作并治病。在一般人看来，这是多么好的机会啊！几乎令人难以置信。可是，更令常人难以置信的事情发生了——梁思成复信告诉那些热切关心自己和家人的美国朋友们："我的祖国正在灾难中，我不能离开她；假使我必须死在刺刀或炸弹下，我要死在祖国的土地上。"②梁思成在用生命捍卫民族的尊严，虽然他清楚地知道这一抉择的沉重代价。正如梁思成本人所言："我当然知道这个决定所付出的代价，我不能不感谢徽因，她以伟大的自我牺牲来支持我。不！她并不是支持我，我认为这也是她的选择。如果说，我从李白、杜甫、岳飞、文天祥这些伟大的民族英雄那里继承了爱国主义思想，而徽因除此之外，比我更多地从拜伦、卢梭等伟大的诗人、哲学家那里学习了反侵略、反压迫的精神。她对祖国的爱，是怀着诗人般的浪漫主义色彩的。后来有朋友责备我，说我的选择使得徽因过早去世了。我无言以答。但我们都没有后悔，那个时候我们急急忙忙地向前走，很少回顾。今天我仍然没有后悔，只是有时想起徽因所受的折磨，心痛得难受。"③事实上，抗战胜利后不久，一位著名的美国医生就告诉梁思成，他

---

① 梁再冰：《回忆我的父亲梁思成》，编辑委员会编：《梁思成先生诞辰八十五周年纪念文集》，北京：清华大学出版社，1986年，第235—236页。
② 林洙：《梁思成林徽因与我》，北京：清华大学出版社，2004年，第152页。
③ 同上。

心爱的妻子林徽因因疾病长期得不到有效治疗，将会不久于人世。爱国、关心政治这些时髦的话语，在梁思成的身上显得如此的朴实无华，又是如此的坚韧不拔，这无疑是对梁思成政治观的最深刻的阐述。从这一点上看，梁思成真正实现了父亲对他的希望。而这恐怕也是梁思成没有从政的深层次原因。

第三件事，对从政的理解和对建筑学专业的无比热爱。这一点，既和梁启超有一定联系，又有着鲜明的思成特色。

梁启超认为从政也应当算是一种职业，政治救国和军事救国、学术救国、教育救国、实业救国等，都是在自己的领域从事旨在拯救民族命运的活动，不必也不应该人人都将从政作为最高的或唯一的人生理想选择。从梁思成的个人经历看，似乎在自觉或不自觉地贯彻着这一思想。他一生钟情古建筑研究与保护，热情之高是其他兴趣难以比拟的，这门融合了工程、艺术、人文等各科知识的学科使他如痴如醉，沉浸其中，终生不悔。梁思成在给他的学生讲课时的一段话很具代表性，他说："建筑是什么？它是人类文化的历史，是人类文化的记录者，它反映时代的步伐和精神。"[1]难能可贵的是，梁思成不仅有着出类拔萃的艺术天赋、扎实厚重的国学基础，而且性格沉稳、作风严谨，做人、做学问均一丝不苟，所有这些特长集合在一起，加上其永不懈怠的进取精神，才铸就了一代建筑宗师。

二十世纪三十年代，是梁思成从事古建筑调查和研究的黄金时期，通过他和中国营造学社同仁们的不懈努力，蓟县独乐寺观音阁、宝坻县广济寺三大士殿、山西应县佛宫寺木塔等一个个璀璨无比的中国古建筑被世人所知晓，并通过他们的研究成果展示给全世界，彰显出中国古老建筑艺术的独特魅力和中国建筑史学家的学识水平。而此时的中国，已处在日本帝国主义的鲸吞蚕食之下，从"九·一八事变"东三省沦陷，到 1935 年华

---

[1] 林洙：《困惑的大匠·梁思成》，济南：山东画报出版社，2001 年，第 154 页。

北事变平津危急，中华民族面临着日寇全面入侵、甚至于亡国灭种的空前危机，不甘做亡国奴的中国人民锲而不舍地掀起了一次又一次的抗日救亡高潮。这一时期的梁思成则全力以赴展开了与时间的竞赛，争分夺秒地开展古建筑调查，进行系统研究，提出保护方案，力争赶在战争爆发之前，找到尚存的唐代木结构建筑；力争赶在日本学者之前，写出中国的建筑史。从某种意义上讲，这何尝不是另一种方式的抗战呢！

1937年6月，梁思成多年来的梦想和努力终于成真。他和妻子林徽因及中国营造学社的莫宗江、纪玉堂发现了国内第一座保存完好的唐代木结构建筑——位于山西五台山南台豆村镇东北约5公里的佛光寺，也将自己的事业推向辉煌的巅峰。虽然这来之不易的辉煌就如同夜空突然绽放的礼花，绚烂而短暂，但在属于他们的抗战战场，毫无疑问，这是一个漂亮的胜仗，足以让那些只有豪言壮语而无抗日勇气的国民政府的将军们汗颜。

天上掉下个林妹妹

在清华读书时的梁思成就像一只快乐而自由的小鸟，在不断汲取知识的同时，尽情地展现着出众的才华。毫无疑问，和同时代的众多年轻学子相比，他当然属于最出众的那一部分。对于这一点，他那位慈祥的父亲看在眼里，喜在心头。随着日子一天一天过去，梁启超渐渐发现，昔日那个满脸稚气、调皮捣蛋、常惹妹妹大哭的小个子思成已成为一个举止得体、颇有学识的大人了，尽管幽默乐观的天性丝毫未减。传统的思维方式立即使梁启超夫妇意识到：儿子到了谈婚论嫁的年龄了。事实上，自从梁思成出生之后，梁家就在盼望着这一天的早日到来，毕竟，梁思成是梁家的长子，是梁启超的希望之所在。按照当时中国的习惯，男孩子到了十七八岁，由父母做主，选一位门当户对人家的贤惠女子，经媒妁之言，定下终身，然后择良辰吉日，迎娶过来，人生中的婚姻大事也就顺理成章地解决了。从小就生活在传统伦理观念氛围之中的梁启超很自然地因循了前人的做法,开始处心积虑地为思成寻找合适的女孩子作为梁家未来的儿媳妇。很快,他发现了一位再理想不过的人选,她就是梁启超在政界的好友林长民的千金——林徽因。

林长民和梁启超是同一时代人,也同为这个时代的知名人物和佼佼者。林长民于1876年出生在杭州,二十一岁通过生员考试,进入杭州一所近代学堂学习英文和日文。在晚清的留学大潮中,年轻的林长民虽在父母的包办下早早成亲,并已有了孩子,但他不甘心继续父辈平淡禁锢、几乎令人窒息的生活,毅然于1906年走出国门,东渡扶桑,进入著名的早稻田大学学习。这所私立大学近代以来培养了大量中国留学生,其中很多人成为中国政治、经济、文化等各个领域的知名人士,还有一些知名的革命家,林长民无疑也应属于这么多著名人物中的一员。在获得政治经济学的学位后,林长民于1910年回国。他不是一个安心书斋的学问家,对政治的热情远远超出了别的兴趣,辛亥革命爆发后,积极投身民国初年的政治活动,并一度担任段祺瑞政府的司法总长等要职,可谓显赫一时。林长民和梁启超的结识及个人友谊始于民国初年两人共同筹划成立"宪法研究会"。梁启超曾于1913年9月起在熊希龄内阁担任了半年的司法总长,对民主法制问题颇有研究。在合作中,林长民和梁启超很快找到了共同点,这其中,不仅有政治观点的相同和相似,而且在做人的风格与兴趣方面也多有共鸣和默契。于是,两个在学术和从政等诸多方面都颇有建树的名人成为好朋友。传统思维模式又一次在这两位近代化意识很浓的名士身上显示出巨大的力量,彼此的意气相投使他们自然而然地想到传统中国人惯用的做法——进行儿女联姻,结为秦晋之好,亲上加亲,而这联姻的对象便是林长民心爱的长女林徽因和梁启超的大儿子梁思成。梁启超和林长民显然对他们的这一安排非常满意,不仅仅由于他们二人的深厚友谊和门第相当的家庭,更主要的是两个孩子都那么的出众。在这么一种传统的观念下,梁思成和林徽因相识了。而最初恐怕他们谁也没有想到,他们的相识、相知、相爱,竟成为民国社会广为流传的一段佳话,一段颇具浪漫色彩的爱情故事。

梁思成和林徽因的相识是在 1919 年的夏天。当时梁思成 18 岁,林徽因 14 岁。在两位家长的刻意安排下,正在清华读书的梁思成在父亲的书房见到了年轻的徽因。当时的情景我们无法再现,但毫无疑问,初次会面,两位正处于感情朦胧期的年轻人心照不宣,彼此都留下了美好的印象。他们的女儿梁再冰曾听到父母谈起过这段幸福的往事,据她回忆:"爹爹后来说,他当时对于这次'相亲'颇为忐忑,有点担心会见到一个梳着一条油光光的大辫子、穿着拖地长绸裙(民国初年女子的打扮)的旧式大小姐。但当亭亭玉立却稚气未脱的林徽因走进来时,爹爹见到的却是一个梳着两条垂肩发辫、上身穿着浅色中式短衫、深色裙仅及膝下的小姑娘。她的灵秀之气和神采立刻吸引了他。特别令他心动的是,这位小姑娘起身告辞时轻快地将裙子一甩,便翩然转身而去的那种飘洒。"[①]的确,林徽因那出众的容貌、良好的教养、大方的举止,以及她身上散发出的难以用语言表达的魅力,深深地吸引着梁思成,这种感觉直至他生命的最后一刻。而年轻的思成尽管看上去略显拘谨,但却如此富有朝气、广博扎实的学识、幽默不俗的言谈,毫无富家子弟的轻浮与做作,这一切,都令年轻的徽因心动不已。爱情的火花就这样悄悄地迸发了。

事情发展到这个时候,如果仍旧按照传统模式进行的话,接下来,便应该是双方订婚,然后选择良辰吉日,为他们举行婚礼,两家皆大欢喜。但梁思成和林徽因应该感谢他们的父亲,尤其是梁启超。梁启超虽然生活在传统中国社会中,并长期接受传统的伦理道德教育,但作为一名启蒙思想家,民主、自由、平等等近代意识同样在他的头脑中深深扎根,并自觉

---

① 梁再冰:《我的妈妈林徽因》,清华大学建筑学院:《建筑师林徽因》,北京:清华大学出版社,2004 年,第 42 页。

地付诸实践。在儿女的婚姻问题上，传统的思维和现代观念得到有机结合，形成独特而颇见成效的梁家模式与特色。他的做法是，先为长大成人的儿女精心选择才学兼优者，让他们相识，并逐渐相互了解，培养感情，最后由儿女自己决定自己的婚姻大事。对于这种古今兼容、土洋结合的做法，梁启超显然颇为得意，而他的长女的美满婚姻就是他依据这一原则而创造出的杰作。梁启超曾经颇为得意地对女儿说："我对于你们的婚姻，得意得了不得，我觉得我的方法好极了，由我留心观察看定一个人，给你们介绍，最后的决定在你们自己，我想这真是理想的婚姻制度。"[①]有了长女幸福婚姻的经验，梁启超当然要在儿子的婚姻问题上继续这一做法。于是，在梁思成和林徽因建立了初步感情基础之后，梁启超郑重地告诉两个孩子：尽管两位父亲都赞成这门婚事，但最后还是得由他们自己做决定。而最终做出这个决定时，时间已过去了四年。这期间发生了很多事，但我们高兴地看到，年轻的徽因和思成都经受住了考验，他们的感情更真挚了，心更近了。

梁思成和林徽因的最初相识，并未影响他们的生活。之后，梁思成重新回到远在京郊的清华园，继续他在那里的学业，而林徽因则因为他的父亲林长民的工作变动而开始了一段令她终生难忘的异国生活。当离开中国时，年轻的她心中对未来只是充满了美好的幻想和憧憬。无论她抑或梁思成恐怕都没有想到，对他们之间刚刚建立的尚无太深根基的爱情而言，一场严峻的考验就要开始了。尽管从始至终，他们都是被动的参与者。这个考验发生在林长民和林徽因父女远行的目的地——英国伦敦，而考验的制造者是一位后来在中国文坛迅速崛起的青年诗人——徐志摩。

"一战"结束后，出于协调国与国之间关系、重新划分世界利益等多种需要，战胜国成立了第一个世界范围内的国际组织——国际联盟。作为

---

① 张品兴编：《梁启超家书》，北京：中国文联出版社，2000年，第333—334页。

"一战"形式上的战胜国,中国的北洋政府亦参与了相关的工作,而林长民,这个活跃的政治家尤其热衷于此。作为发起人之一,他筹备成立了中国的国联协会,并担任协会总干事。因为忙于国联的繁杂事务,林长民需要常驻伦敦,于是在1920年夏天,林动身前往英国,开始了一年之久的驻外生涯。出于带有外交官性质的职业需要,也是出于个人情感的需要,林长民将自己最疼爱的女儿林徽因带去做伴。当时的林徽因虽然年纪不大,但她出众的才华、早熟的性格以及她在学校里学会的英语,足以成为视之为掌上明珠的父亲驻外期间工作和生活上的得力助手。而林长民的几位妻子显然无法做到这一点,她们基本上都是足不出户的家庭主妇。

林徽因的聪明、热情和好学使她很快适应了在伦敦的生活,并进入伦敦的圣玛丽女子学院学习。她的英语水平得到迅速提高,很快就能够用一口流利的英语进行交流。在伦敦的寓所,她经常协助父亲接待各国客人,举办各种社交活动。她的清纯美丽、聪明机智以及优雅得体的言谈举止,使她不仅出色地完成了自己的职责,而且深得人们的喜爱。

愉悦轻松的日子在不知不觉中悄悄地流逝,直到有一天,一个年轻人走进她们父女俩的生活,平静的生活很快就出现阵阵涟漪,甚至差点酝酿出惊涛骇浪——这个年轻人就是徐志摩。

1897年1月,徐志摩出生于浙江一个十分富有的实业家家庭。这位典型的江南才子,热情好动,放荡不羁,性格中充满了叛逆精神。徐志摩于1915年10月29日与张幼仪结婚。婚后几经周折,于1917年9月成为北京大学法科学生。在北大的一年时间里,徐志摩过得悠闲轻松。他并未正式上课读书,而是随意选修了几门自己感兴趣的课程,对他而言,赴美留学才是真正的目标。1918年8月14日,徐志摩踏上了赴美留学的旅途,先进入克拉克大学历史系学习,1919年冬季毕业取得一等荣誉学位。之后,徐志摩来到纽约,进入哥伦比亚大学政治学系,并于当年的八九月间取得硕士学位。这位日后中国新诗和"新月派"的文学健将来美之后,尽管学位上收获不少,但于学问,却无更多精深研究。也就是在这一时期,徐志摩有些近乎疯狂地崇拜英国哲学家罗素,并自作主张,立即结束在美国的学业,于1920年9月,横跨大西洋奔赴英伦,万里寻师。后来,徐志摩曾提起这段往事,他说:"我到英国是为要从罗素。罗素来中国时,我已经在美国。他那不确的死耗传到的时候,我真的出眼泪不够,还做悼诗来了。他没有死,我自然高兴。我摆脱了哥伦比亚大学博士衔的引诱,买船票过大西洋,想跟这位二十世纪的福禄泰尔认真念一点书去。"①

乘兴而来的徐志摩却未能在剑桥大学拜师罗素,甚至都未能谋面。原因很简单,早在1916年"一战"期间,罗素因为主张和平,惹怒了英国当局,被剑桥大学三一学院除名。徐志摩到达伦敦时,罗素已经离开英国,踏上了去中国的讲学旅程。在华期间,罗素发表演说十多次,汉语言大师赵元任亲自担任翻译。罗素的每个讲题自成一个系列,依次是"哲学问题""心之分析""物的分析""数学逻辑"和"社会结构学"。恐怕连罗素老先生自己都没想到,在万里之遥的古老中国,他不仅受到隆重欢迎,所到之处,人头攒动,场面不亚于当红明星,而且观众反响强烈,造就了诸多的中国信徒和崇拜者。罗素此次来华讲学一直持续到1921年7月。

寻师不遇,徐志摩颇感无奈,不久进入伦敦大学政治经济学院,师从拉斯基教授,学习政治学。英伦之行,虽然投师未果,但徐志摩在伦敦生活期间,结识了很多英国文化界名人,例如著名小说家、史学家威尔斯、著名汉学家魏雷,和他们的交往对徐志摩后来改习文学产生了一定影响。徐志摩本人也颇为自得,1920年11月26日在给父母的信中这样

---

① 徐志摩:《我所知道的康桥》,韩石山编:《徐志摩全集第二卷·散文(2)》,天津:天津人民出版社,2005年,第334页。

说道:"更有一事为大人所乐闻者,即儿自到伦敦以来,顿觉性灵益发开展,求学兴味益浓,庶几有成,其在此乎?儿尤喜与英国名士交接,得益倍蓰,真所谓学不完的聪明。儿过一年始觉一年之过法不妥,以前初到美国,回首从前教育如腐朽,到纽约后,回首第一年如虚度,今复悔去年之未算用,大概下半年又是一种进步之表现,要可喜也。"①也正是在伦敦期间,徐志摩见到了林长民和林徽因。

还是在北京读书期间,徐志摩就结识了梁启超。对于他的才华,梁启超十分赏识,加上徐志摩妻兄张君劢的竭力推荐,遂将其认作挂名弟子,着力栽培。后来,徐志摩留学归来,他们依然保持着师生加朋友般的情谊。在梁启超的引荐下,到达伦敦之后不久,徐志摩便去拜访了林长民。在这次礼节性的拜访中,二人惊喜地发现,他们之间竟有着如此惊人的共鸣:奔放的热情,风流倜傥的性格,以及对文学的执着与偏爱,等等,一句话,两人属于同一类人。很快,他们便成为意气相投的知心朋友,尽管在年龄上有不小的差距,但显然这已不足以成为障碍了。在之后的日子里,徐志摩成为林家的常客,他们就共同感兴趣的话题无拘无束地交谈,甚至包括一些不为外人所知的情感秘密。通过林长民的介绍,徐志摩结识了一位对他以后的文学事业产生巨大影响的人,一位对中国文化抱有浓厚兴趣的英国文学家——狄更生。狄更生不仅给徐志摩详细地介绍了英国文坛的历史和现状,而且,于1921年推荐徐志摩进入了著名的剑桥大学皇家学院,成为一名专攻英国文学的特别学生,也正是从这个时候起,徐志摩的非凡才华终于找到了用武之地。

1920年10月的一天,在林长民的家里,徐志摩认识了林徽因。对于英美文学,尤其是诗歌和戏剧的挚爱,使他们很容易找到彼此都非常感兴趣的话题,通过徐志摩那极具感染力和个人魅力的讲述,一扇通往欧美

---

① 徐志摩:《致双亲(1926年11月26日)》,韩石山编:《徐志摩全集第二卷·散文(2)》,天津:天津人民出版社,2005年,第6—7页。

文学大师殿堂的大门向年轻的徽因缓缓地打开了，雪莱、基兹、拜伦、凯塞琳·曼斯菲尔德、弗吉尼亚·沃尔夫，等等。大师们的作品以及他们的精神世界让徽因激动不已，以至于多年之后，每当林徽因谈起徐志摩，总是情不自禁地谈起这些文学大师们和他们的不朽之作。如果说，最初的相处过程中，徐志摩对于比自己年少十来岁的林徽因最深刻的印象只是容颜的美丽和开朗的个性的话，随着接触的增多和交谈的日益投机，徐志摩渐渐被徽因那带有浓郁艺术天分的迷人气质所倾倒。等他有所发觉的时候，他已经深深地爱上了林徽因，难以自拔。事实上，他也根本不想掩藏自己的情感。于是，一段曾经在中国近代文坛产生过不小影响的感情纠葛发生了。直到今天，很多人还在津津乐道，以至于让无辜的读者和观众看到了大量不遗余力地夸大渲染、甚至是歪曲这段情感事实的文艺作品。而可爱的徽因，在当时就已经是这段"绯闻"中的被动参与者，时隔多年以后，仍难得片刻清静，这是何等的不公平啊！

　　无须否认，林徽因的美丽与才华曾经使很多人倾倒，但生活中的林徽因是一个极其严谨的女孩子，对人生，对事业，对爱情，她都有着自己的理解和追求。尽管徐志摩才华同样出众，而且，林徽因也清楚地意识到，徐志摩确实是真心真意地爱着她，以至于年轻的徽因一度为此困惑和苦恼。但理智很快驱赶跑了迷惘，林徽因坚定地拒绝了徐志摩，尽管善良的她丝毫不愿意伤害这位在文学方面给予自己很大帮助的老师和朋友。究其原因，林徽因的儿子梁从诫在多年之后的一篇回忆录中的解释应该说是很有说服力的，他这样写道："当徐志摩以西方式诗人的热情突然对母亲表示倾心的时候，母亲无论在精神上、思想上、还是生活体验上都处在与他完全不能对等的地位上，因此也就不可能产生相应的感情。母亲后来说过，那时，像她这么一个在旧伦理教育熏陶下长大的姑娘，竟会像有传说的那样去同一个比自己大八、九岁的已婚男子谈恋爱，简直是不可思议的事。母亲当然知道徐在追求自己，而且也很喜欢和敬佩这位诗人，尊重他所表露的爱情,但是正像她自己后来分析的:'徐志摩当时爱的并不是真正的我,而是他用诗人的浪漫情绪想象出来的林徽音,可我其实并不是他心目中所想的那样一个人。'"①

如果需要对梁从诫的说法略作补充的话,以下两点有必要明确。

第一,林长民虽然是一个接受了新式教育的学者和政客,但在私人生活上,却具有浓重的封建守旧色彩。最典型的莫过于他先后娶了几个女子为妻,而这种一夫多妻制是被现代社会所彻底否定并被认为是不道德的行为。事实上,林长民的大家庭从来也没有过一天的祥和气氛,女人们在互相的忌妒和仇恨中消磨着青春,流逝着时光。这种压抑的氛围给年幼的徽因造成了很大的心灵伤害,尽管将她视为掌上明珠的父亲不希望她受到一丝一毫的伤害。正是因为亲眼目睹了父亲在感情上的不专一给母亲乃至给整个家庭造成的巨大影响,林徽因才更加渴望真诚、负责任的爱情,而多情多才的徐志摩恰恰是这方面的反面典型。说徐是反面典型一点也不为过,因为多情的他不仅对自己的已婚妻子没有丝毫的责任感,而且对自己的孩子也缺乏最基本的关爱。当1921年春天妻子不远万里从中国来到英国之际,他没有表现出起码的热情,而是将妻子匆匆安排住下之后,又开始冥思苦想如何获得林徽因的芳心,他那可怜的妻子还沉浸在与丈夫异国他乡团聚的幸福中呢。在近乎疯狂地追求林徽因的过程中,他越发感到身边的妻子是一个极大的累赘。于是,他决定离婚,并把这一想法首先告诉了他朝思暮想的徽因。出乎意料的是,文静的徽因以无法掩饰的愤怒作为对他的答复。也正是在这个时候,他的妻子无意中发觉了自己一向很信赖的丈夫已经变心了。我们可以想象这个远离亲人的孤单的女子是如何的伤心和失望,在泪水中,她告诉丈夫一件本想令他惊喜的事情:她又怀孕了。徐志摩的不负责任在这时表现到了极点,他只是淡淡地要求妻子流

---

① 梁从诫:《倏忽人间四月天》,梁从诫编:《林徽因文集·文学卷》,天津:百花文艺出版社,1999年,第420页。

产，然后就撇下她，独自去了伦敦。之后，徐又捎话给妻子，他要离婚。夫妻感情到了这个程度，已无任何维持的必要了，倔强的妻子答应了徐志摩的要求，并去了德国，希望开始一种属于自己的新的生活。不幸的是，她和徐志摩的第二个孩子在3岁时夭折，坦率地讲，徐志摩对这一悲剧应负完全责任，他也因此受到了全家的谴责。

第二，林徽因已经结识了梁思成。抛开颇为一致的家庭背景不说，单就梁思成本人而言，这个身材瘦小的小伙子，虽然略显拘谨，但他优秀的学业、敏锐的思维、男子汉的风度以及如此的多才多艺，都足以证明他是同龄人中的佼佼者。而且，梁家的幸福温馨这一现实似乎也在告诉徽因，思成应该是个家庭观念极强的男人，而这正是年轻的徽因多年以来一直渴望的。

事实证明，林徽因的选择无疑是正确的。她不仅得到了生死不渝的真挚爱情，而且拥有了她足以信赖的幸福无限的家。尽管在婚后的大部分岁月里，她和她的丈夫、子女是在无法想象的困境中顽强地生活，并同样顽强地继续着自己心爱的事业，但又有什么比这更可贵呢？

关于这段感情纠葛，后来由于徐志摩意外身亡之后出现的"百宝箱"（徐志摩的文字因缘箱，内有徐的一些私人物品，包括徐在英国留学期间的日记等）而增加了几分悬念，以至于几十年来，人们对"百宝箱"的兴趣甚浓，希望能窥得全貌，既而了解徐志摩在英国追求林徽因的真实过程。对于有些事情来说，秘密永远比真相更有吸引力。斯人已远去，就让"百宝箱"随着徐志摩优美的诗歌而淡淡地远去吧！挥一挥手，作别昔日，留下对故人的真挚记忆。

对于自己的好友和女儿之间的感情纠葛，林长民感到十分苦恼，他完全没有想到会有这种事情发生。该怎么办？他几乎没了主意。一个是自己意气相投的知己，他不想失去这份友谊；另一个是自己心爱的女儿，他对徽因的爱超越了一切，不允许有丝毫对她的伤害，更希望她能得到终生的幸福。虽然徐志摩才华横溢，但却难以给女儿带来令人满意的幸福。对于这一点，林长民很清楚。唉，一切都乱套了，平静的生活再也难以寻觅，风景如画的伦敦成了林长民父女俩的头疼之地。在认真的思考之后，林长民决定结束这段生活，让距离和时间成为解决问题的有效手段，于是他和林徽因乘上回国的邮船，在1921年10月回到了中国。

随着林长民父女的回国，徐志摩这位多情的才子也只能面对浩瀚的大海空发感叹了，一段难以理清的感情纠葛也就无声无息地平息了下去。一年后，徐志摩返回国内，尽管还对美丽的徽因念念不忘，尽管他已同自己的妻子离婚，但眼前的现实使他清醒地意识到，徽因不可能接受他的爱了，因为她已经找到了自己满意的感情归宿。

大约在1922年年底，林徽因和梁思成约定结婚。两家自然非常欢喜，尤其是他们的父亲更是异常高兴。同时，两位长者总算能够放心了。因为，他们确信，那个曾经试图将他们精心设计的美满姻缘给搅碎的多情才子——徐志摩恐怕很难有机会改变这一切了。作为师长，梁启超和林长民都很欣赏徐志摩的才华，不想伤害他，但对于他的放荡不羁，梁启超也很难容忍。为了彻底消除徐志摩今后对自己长子家庭生活可能造成的一些不必要的麻烦，梁启超以老师的身份，就徐志摩与妻子张幼仪离婚一事写了一封批评信，而其实际用意则是再明白不过了。梁启超在信中写道："其一，万不容以他人之苦痛，易自己之快乐。弟之此举，其于弟将来之快乐能得与否，殆茫如捕风，然先已予多数人以无量之苦痛。其二，恋爱神圣为今之少年所乐道。……兹事盖可遇而不可求。……况多情多感之人，其幻想起落鹘突，而得满足得宁帖也极难。所梦想之神圣境界恐终不可得，徒以烦恼终其身已耳。"梁启超进而又告诫徐志摩："呜呼志摩！天下岂有圆满之宇宙？……当知吾侪以不求圆满为生活态度，斯可以领略生活之妙味矣。……若沉迷于不可必得之梦境，挫折数次，生意尽矣，郁悒侘傺以死，死为无名。死犹可也，最可畏者，不死不生而堕落至不复能自拔。呜呼志摩，可无惧耶！可无惧耶！"①

我们不能不为梁启超的良苦用心所感动，但显然，在思成已经成为爱情战场上的胜利者、徐志摩两手空空之际写这封信是难以为徐所接受的。一无所有的徐志摩尽管已经清楚地认识到自己的失败，但在精神上，他不想同样一败涂地，这充分体现在他给梁启超的回信中，他宣称："我将于茫茫人海中访我唯一灵魂之伴侣；得之，我幸；不得，我命，如此而已。"②

对于梁思成和林徽因的结婚时间，梁林两家存在一些分歧。林家主张立即订婚，然后就举行婚礼；梁启超则出于对两个孩子的学业和前途考虑，认为思成和徽因应继续求学，待学业完成之后，再订婚、结婚，建立自己的小家庭。显然，梁启超的主张是颇有远见的。于是大家接受了他的意见，决定思成和徽因先到美国留学，等毕业后，再正式结婚。

生活又恢复了昔日的平静，梁思成和林徽因的爱情故事似乎就等着欢欢喜喜大团圆的最后结局了。然而，或许是乐极生悲，或许是爱情之神还要再一次考验这对恋人，一场意外事件发生了。

1923年初夏，梁思成即将从清华毕业，并准备去美国留学。至于所学专业，他也有了明确的目标，那就是建筑学——一门在当时的中国还没有的学科。通过林徽因的描述，梁思成才知道有这么一门融艺术创造和应用工程于一体的现代学科，而这正是既有过人的艺术天分、又有着严谨踏实作风的梁思成所渴望为之的工作。何况，他深爱着的徽因也对这门学科十分着迷。于是，两个年轻人相约一同去美国学习建筑学。后来梁思成这样回忆当时的选择，"我当时连建筑是什么还不知道，徽因告诉我，那是

---

① 胡适：《追悼志摩》，欧阳哲生编：《胡适文集（7）》，北京：北京大学出版社，1998年，第567页。
② 胡适：《追悼志摩》，欧阳哲生编：《胡适文集（7）》，北京：北京大学出版社，1998年，第568页。

包括艺术和工程技术为一体的一门学科。因为我喜爱绘画,所以我也选择了建筑这个专业。"①一切看起来都那么美好,他们就等着登上远航的邮船了。同年5月7日,北京各大专院校学生在天安门广场举行纪念"国耻日"大游行。八年前的5月9日,袁世凯政府接受了日本提出的旨在灭亡中国的《二十一条》中一至四号,这一事件激起了全中国的愤怒,这一天后来被全国教育联合会定为国耻日,即"五·九国耻"。"小政治家"梁思成也希望加入爱国学生的大游行活动之中,他骑着新买的摩托车,带着弟弟梁思永前去追赶游行的队伍。当行至南长街口时,一辆快速行驶的小汽车突然横撞过来,梁思成来不及躲闪,摩托车被重重地撞倒在地,兄弟俩几乎都被撞飞了。在这场严重的车祸中,思成伤势较重,他的左腿骨折,脊椎受伤,而梁思永面部受伤,满脸是血。肇事者居然不以为然,高傲地向前来处理的警察丢了一张名片,便钻进小车,扬长而去。原来,此人是金永炎,北洋政府的一位次长。由于肇事者和受害者均为当时的知名人士,这场交通事故轰动了整个北京城。鉴于梁家的威望和政府高官的逃逸行为,在梁思成母亲的一再责问和社会舆论的巨大压力下,最后,北洋政府的总统不得不亲自出面道歉,方才使事件平息。这场事故给梁家兄弟,尤其是梁思成造成了巨大的伤害,不仅差点耽误了他的前途,而且给他的身体造成了无法弥补的伤害,并影响了他一生的健康。

当听到车祸的消息时,梁家全家老少都吓坏了,以至于转天梁启超给他的长女梁思顺写信讲述事件经过时,还心有余悸。梁启超这样描述当时的情景:"宝贝思顺:你看见今日《晨报》,定要吓坏了。我现在极高兴地告诉你,我们借祖宗功德庇荫,你所最爱的两位弟弟,昨日从阎王手里把性命争回。……出事后约莫二十多分钟,思成渐渐回转过来了,血色也有了,我去拉他的手,他使劲握着我不放,抱着亲我的脸,说道:爹爹

---

① 林洙:《困惑的大匠·梁思成》,济南:山东画报出版社,2001年,第22页。

啊,你的不孝顺儿子,爹爹妈妈还没有完全把这身体交给我,我便把他毁坏了,你别要想我罢。又说千万不可告诉妈妈。又说姐姐在哪里,我怎样能见她?我那时候心真碎了,只得勉强说,不要紧,不许着急。但我看见他脸上回转过来,实在亦已经放心许多。我心里想,只要拾回性命,便残废也甘心。"①思成的伤势比当时预料的要严重得多,一个月内做了三次手术,整个夏天都在病房中躺着。但腿骨还是未能接好,左腿比右腿短了一厘米,受了伤的脊柱也留下了严重的后遗症。按照先前的计划,此时,梁思成应该和林徽因开始前往美国留学的旅程。如今,一切都要推迟了,年轻好动的梁思成曾一度为此十分苦恼。

林徽因的出现使笼罩在思成心中的阴影很快就一扫而光。得知梁思成受伤的消息后,她也吓坏了,并很快赶到医院,和梁家人一同守候在思成的床前,不吃不喝,直到确认思成已无生命之忧。在以后的日子里,林徽因成了陪伴梁思成度过难熬的病房生活的最佳伴侣。几乎每天下午她都会坐在梁思成的床前,陪他聊天,甚至为思成拧手巾擦汗,一切都是那么大方自然。然而,两位年轻人没有想到,徽因的举动引起了思成的母亲——李夫人的极度反感。有着浓厚封建意识的李夫人认为林徽因的举动大大违背了传统的伦理要求,因为她还没有嫁给思成。对于这位即将成为儿媳的"现代女性",她明确表示不能接受。刚刚摆脱了来自外部的感情磨难,内部又再起波澜,实在令这对年轻的恋人和他们的父亲梁启超哭笑不得。好在梁启超坚定地站在他们一边,使这场危机未能产生相应的破坏作用。一年之后,梁思成和林徽因动身前往美国,在那里,他们开始了一段崭新的留学生活。

梁思成、林徽因到达美国后,双双进入著名的宾夕法尼亚大学。一心学习建筑的思成和徽因又一次遇到了一件令他们哭笑不得的事情:宾夕法

---

① 张品兴编:《梁启超家书》,北京:中国文联出版社,2000 年,第 312 页。

尼亚大学建筑系只招收男生,不招收女生。无奈之中,林徽因只得去美术系注册上课,而到建筑系选修课程,梁思成则如愿以偿地进入建筑系。

林徽因很快适应了美国校园的生活,并成为校园中的明星。追求她的人自然不在少数,但思成的优势是毋庸置疑的,因为出国之前的种种考验,已难以将他和徽因分开。即便如此,梁思成也丝毫不敢大意。由于忙于学业,他和徽因并不常见面。每次约会,思成都要在女生宿舍楼下耐心地等上二三十分钟,林徽因才梳妆完毕,像一位骄傲的公主一样走下楼来。当年,同在美国留学的梁思永为此专门做对联一副:"林小姐千妆万扮始出来;梁公子一等再等终成配。"

1927年,梁思成和林徽因均以优异的成绩完成了在宾夕法尼亚大学的学习,获得学士学位。之后,林徽因进入耶鲁大学戏剧学院学习舞台美术设计,而梁思成则于7月获得建筑系的硕士学位。随着学业的完成,两人的婚姻也就自然而然地提到了议事日程。在父亲梁启超的精心设计和安排下,这对相爱多年的恋人在中国驻加拿大总领事馆,由思成的大姐梁思顺和姐夫周希哲主持,举行了简单而热烈的婚礼,时间是1928年3月21日。3月21日是思成和徽因精心挑选的一个日子,为了纪念他们心目中的一个英雄人物——中国宋代工部侍郎李诫,这是在朝廷为他立的墓碑上唯一出现的日期。这位杰出的古代建筑工程专家于公元1103年出版了卓越的建筑标准著作——《营造法式》,正是这部中国建筑史上的不朽作品使后人得以重温中国古代建筑的辉煌。而这一切,又归功于梁思成夫妇以及他们的亲密助手们半个世纪的不懈努力。

欢喜冤家

"林小姐千妆万扮始出来,梁公子一等再等终成配"。随着婚礼进行曲的优美旋律,梁思成终于和林徽因走到了一起,成为一对让所有参加婚礼的来宾都羡慕不已的幸福伴侣。尤其是徽因,她是那么的美丽,又那么有才学。对于思成和徽因的婚姻,万里之外的梁启超虽然已病痛缠身,但仍像一个快乐的孩子一样兴奋不已。他将长子的美满婚姻理所当然地视为自己精心设计的成功之作,是自己所独创的融汇古今婚姻观的现代家庭婚姻理论的又一成功案例。

虽然梁思成和林徽因在异国他乡举行婚礼并度蜜月,但这丝毫不影响梁启超对他们的无微不至的关爱。大事小情,他都一一想到,并反复叮嘱思成和帮思成操持婚礼的大女儿和大女婿,书信成了他表达满腔爱意的最佳方式。对于大女儿,他这样叮嘱到:"在美婚礼,我远隔不能遥断,但主张用外国最庄严之仪式,可由希哲、思顺帮同斟酌,拟定告我。唯日期最盼早定,预先来信告知,是日仍当在家里行谒祖礼,又当用电报往贺也。"[1]

对于思成,他也同样叮嘱到:"这几天为你们聘礼,我精神上非常愉快,你想从抱在怀里'小不点点'(是经过千灾百难的),一个孩子盘到成人,品性学问都还算有出息,眼看着就要缔结美满的婚姻,而且不久就要返国,回到我的怀里,如何不高兴呢?今天北京家里典礼极庄严热闹,天津也相当的小小点缀,我和弟弟妹妹们极快乐地玩了半天……

我主张你们在坎京(旧译,指加拿大)行礼,你们意思如何?我想没有比这样再好的了。你们在美国两个小孩子自己实张罗不来,且总觉太草率,有姊姊代你们请些客,还在中国官署内行谒祖礼(婚礼还是在教堂内好),才庄严像个体统。

婚礼只要庄严不要侈靡,衣服首饰之类,只要相当过得去便够,一切都等回家再行补办,宁可从中节省点钱作旅行费。"[2]

甚至对于梁思成和林徽因的蜜月旅行,梁启超都提前做出了周密的

---

[1] 张品兴编:《梁启超家书》,北京:中国文联出版社,2000年,第512页。
[2] 张品兴编:《梁启超家书》,北京:中国文联出版社,2000年,第516页。

计划。梁启超在 1927 年 12 月 18 日给梁思成的信中这样写道:"我替你们打算,到英国后折往瑞典、挪威一行,因北欧极有特色,市政亦极严整有新意,(新造之市,建筑上最有意思者为南美诸国,可惜力量不能供此游,次则北欧特可观。)必须一往。由是入德国,除几个古都市外,莱茵河畔著名堡垒最好能参观一二,回头折入瑞士看些天然之美再入意大利,多耽搁些日子,把文艺复兴时代的美彻底研究了解。最后便回到法国,在玛赛上船,(到西班牙也好,刘子楷在那里当公使,招待极方便,中世纪及近世初期的欧洲文化实以西班牙为中心。)中间最好能腾出点时间和金钱到土耳其一行,看看回教的建筑和美术,附带着替我看看土耳其革命后政治。(关于这一点,最好能调查得一两部极简明的书(英文的)回来讲给我听听。)"①我们很难用语言完全描述出梁启超对子女的关爱,至少有一件小事可以将这种真情诠释得淋漓尽致:为了思成和徽因在欧洲旅行时方便,梁启超特意随信寄给思成十数张自己的名片,并告诉他们,如果需要帮助,可持名片到中国派驻在欧洲各国的领事馆,因为当时很多领事都和梁启超有着私人交往。

毫无疑问,梁思成和林徽因都属于同龄人中的佼佼者,无论他们的才学还是品性。但熟悉他们的人又都知道,他们在性格上差异颇大。林徽因聪明漂亮,性格外向,活泼开朗,为人热情,很容易同人交流,但个性太强,脾气稍显急躁;梁思成比较刻板沉稳,做事一丝不苟,认真有余,而活泼不足,虽然生活中不乏幽默感,但总的来讲,感情比较含蓄。在性格上有这么大的反差,以至于人们在为他们的结合感到由衷的高兴的同时,不禁为他们的将来略有担心。知子莫若父,对于这一点,梁启超早就看在眼里。当思成和徽因举行完婚礼后,他在信中表示祝贺的同时,很坦率地提醒两个孩子:"你们结婚后,我有两件新希望:头一件你们俩体子都

---

① 张品兴编:《梁启超家书》,北京:中国文联出版社,2000 年,第 516—517 页。

不甚好，希望因生理变化作用，在将来健康上开一新纪元。第二件你们俩从前都有小孩子脾气，爱吵嘴，现在完全成人了，希望全变成大人样子，处处互相体贴，造成终身和睦安乐的基础。这两种希望，我想总能达到的。"①

在美国读书期间，梁思成和林徽因在性格上的差异就已经充分地表现出来，并因此导致二人之间不断出现摩擦，甚至是激烈的冲突。不可否认，冲突的发生使他们彼此都感到十分痛苦，毕竟他们都深爱着对方，不愿意伤害对方。而这种冲突也往往因爱而起，准确地讲，是因为性格的差异而导致对爱的表达方式的理解不同。刻板的思成显然头脑中中国传统意识更浓重一些，和许许多多典型的富有责任心的中国男士一样，他认为自己既然和徽因相爱，何况又是在这远离父母、大洋彼岸的异国他乡，那么就理所当然地应当关心、帮助徽因，对她的行为负责任，尤其是对一些他认为不合宜的行为予以纠正和规范。传统中国男士的责任心使年轻的思成在努力履行自己作为男友和事实上的保护人的同时，却忽略了一个重要问题——一个也许他认为不能称之为问题、而林徽因非常在意的问题，即林徽因小姐是否需要他的帮助，何况是这种带有明显的大男子主义倾向的帮助。事实上，深受西方文化影响、并很快就融入到美国大学生活的林徽因头脑中对爱的理解更重要的应是平等自立和相互尊重，Lady First 固然需要，但个性自由似乎更重要。她强烈地反对任何自己不需要的帮助，反对任何试图干涉自己思考和行动自由的言行，而很少顾及这种帮助是否出于深切的关爱，这种"干涉"是否出于善意的"初衷"。于是，冲突不可避免地发生了。我们没必要去推测冲突时的情景，但有一个事实是毋庸置疑的：冲突伊始，他们都感到浑身上下充满了必胜的理由和莫名的委屈，而这种感觉简直就是一副激化矛盾的催化剂。到美国后，有很长一段时

---

① 张品兴编：《梁启超家书》，北京：中国文联出版社，2000年，第530页。

间,这种冲突频繁发生,以至于几乎影响到他们的感情。也许在相互之间非理性的争吵中,二人逐渐意识到对方的真实用意,也许固有的感情基础稍稍冲淡了彼此的误会和不愉快,总之,随着时间的流逝,这种个性的冲突虽然依旧出现,但数量上已颇为有限,二人开始学会了相互的宽容,并试图去理解对方,尽管作用并不显著。我们真应该感谢此时的冲突,它不仅有意或无意中增进了彼此的理解,而且,削弱了两人鲜明个性中特别背离的部分。如果没有这段冲突,很难想象婚后思成和徽因之间的和谐生活能否实现。而事实上梁思成和林徽因爱了一生,也吵了一生。尽管他们在一起生活的日子不足三十年,尽管他们是那么的相爱,并携手经历了那么多的磨难和挫折,甚至有很多生与死的考验,但他们还是经常争吵。即使到了晚年,每当对一些问题产生不同的意见时,争吵会随时随地发生,但又很快雨过天晴,以至于熟悉他们的亲友们形象地将他们称为"欢喜冤家",恩恩爱爱一辈子,吵嘴吵了一辈子。

对于思成和徽因因性格差异而产生的矛盾,梁启超的一段话颇有意思,他说:"其实我们在一生中不知经过多少天堂和地狱。即如思成和徽音,去年便有几个月在刀山剑树上过活!这种地狱比城隍庙十五殿里画出来还可怕,因为一时造错了一点业,便受如此惨报,非受完了不会转头……因为不是故意的,而且忏悔后又造善业,所以地狱的报受毂之后,天堂又到了。"①

"地狱"之后,果然是幸福的"天堂"。梁思成和林徽因不仅终成眷属,而且相亲相爱、生死与共,携手走过了漫漫人生路。这期间,因为战争、疾病、贫困、政治运动等造成的考验,恐怕远远超出了生活中因性格差异而形成的矛盾;但他们始终坦然直面任何困难和考验,并一同勇敢地去接受任何挑战。尤为可贵、可敬的是,这对忠诚的伴侣不仅经受住了各种考

---

① 张品兴编:《梁启超家书》,北京:中国文联出版社,2000年,第356—357页。

验，而且在艰苦的环境中坚持学术研究，甚至不惜以牺牲个人的健康为代价，终成一代建筑大师，成为中国现代建筑教育和中国建筑史研究的卓越开创者。

从"地狱"到"天堂"，单纯的相互宽容是远远不够的，何况他们在固执己见这方面有着惊人的类似。他们多年的好朋友、美国人费慰梅的一段描述道出了其中的奥妙："在大学生时代，他们性格上的差异就在工作作风上表现出来。满脑子创造性的徽因常常先画出一张草图或建筑图样。随着工作的进展，就会提出并采纳各种修正或改进的建议，它们自己又由于更好的意见的提出而被丢弃。当交图的最后限期快到的时候，就是在画图板前加班加点拼命赶工，也交不上所要求的齐齐整整的设计图定稿了。这时候思成就参加进来，以他那准确和漂亮的绘图功夫，把那乱七八糟的草图变成一张清楚整齐能够交卷的作品。他们的这种合作，每个人都向建筑事业贡献出他的（或她的）特殊天赋，在他们今后共同的专业生涯中一直坚持着。"①费慰梅是了解思成和徽因的，关心他们的人们往往只注意他们在性格方面的差异，但却忽视了一个重要的原理和一个不争的事实，即不同性格的互补性所带来的优势互补和梁思成、林徽因对他们所从事的建筑事业的发自内心的喜爱。在婚后的岁月里，共同的追求和事业上的优势互补使他们的感情不断升华。对于他们来讲，爱已不仅仅是口头的表达，更深深地融入到他们的生命中的各个方面，成为一种内在的自然流露。

对于梁思成和林徽因两人合在一起形成的组合的完美性，下面一段描述也许更具说服力。

> 显然我们的朋友在感到自己就像是一对里普·凡·文克尔。他们回到了一个忽然间变得不熟悉而混乱的中国；然而他们还是决心要找

---

① ［美］费慰梅著，曲莹璞、关超等译：《梁思成与林徽因：一对探索中国建筑史的伴侣》，北京：中国文联出版公司，1997年，第31页。

到自己的位置并把他们新的技能和创造力贡献给杂乱无章的环境。他们有充满田园诗般的憧憬的时刻,其余的则让位于怀疑。

菲莉思(指林徽因)是感情充沛、坚强有力、惹人注目和爱开玩笑的。她疯狂地喜欢梅兰芳,因为梅兰芳在场时她从来不敢坐下;她为能把传统戏剧带进二十世纪的节奏的前景而欢喜。思成则是斯文、富于幽默感和愉快的,对于古代公共建筑、桥梁、城墙、商店和民居的任其损坏或被破坏深恶痛绝。他们两人合在一起形成完美的组合……一种气质和技巧的平衡,即使在其早期阶段的产出也要比它的组成部分的总和大得多——一种罕有的产生奇迹的配合。[①]

这段文字是一位名叫查理斯的美国老人于 1980 年所写的回忆梁思成、林徽因夫妇文章的一部分。五十余年前他和妻子在乘火车穿越西伯利亚前往中国的漫长旅途中巧遇新婚不久的梁思成、林徽因,两对素昧平生的年轻人立即成为好旅伴。尽管他们到了中国之后不久,就去了日本,后来再也没有见到梁林二人,但这对年轻的新婚夫妇给他们留下了美好而深刻的印象,以至于半个世纪过去了,已年逾古稀的老人仍能清晰地记起当时的情景以及他们对梁思成、林徽因夫妇的印象。

梁思成和林徽因回国后立即投身到国立东北大学建筑系的组建工作中,由此正式开始了他们将理想付诸实践的艰苦历程。

从 1931 年起,梁思成开展了广泛且有成效的古建筑调查与研究,林徽因的身体状况稍有好转,便成为野外考察队的重要一员。他们对一些中国古建筑调查所带来的巨大社会意义和学术价值,是很难用简短的话语可以形容的,他们的思想及实践,不仅将现代建筑学的理念引入到封闭的中国,而且将中国古代曾经创造的辉煌的建筑成就一点一点地发掘出来,

---

[①] [美] 费慰梅著,曲莹璞、关超等译:《梁思成与林徽因:一对探索中国建筑史的伴侣》,北京:中国文联出版公司,1997 年,第 45—46 页。

并将它们重新展现给世人。

1937年全面抗战爆发之后，北平、天津很快沦陷，梁思成和林徽因开始了南下流亡之旅。他们历尽千辛万苦，辗转来到云南昆明，之后又随同中央研究院历史语言研究所来到位于四川南溪县的李庄，一个偏僻、闭塞、落后的地方。在这里，他们的生活及健康都经受了空前的考验。患难之中，也让我们再次深切感受到这对夫妻的真情挚爱。他们的女儿梁再冰这样回忆李庄的艰苦条件："四川气候潮湿，冬季常阴雨绵绵，夏季酷热，对父亲和母亲的身体都很不利。我们的生活条件比在昆明时更差了。两间陋室低矮、阴暗、潮湿，竹篾抹泥为墙，顶上席棚是蛇鼠经常出没的地方，床上又常出现成群结队的臭虫，没有自来水和电灯，煤油也须节约使用，夜间只能靠一两盏菜油灯照明。""我们入川后不到一个月，母亲肺结核症复发，病势来的极猛，一开始就连续几周高烧至四十度不退。李庄没有任何医疗条件，不可能进行肺部透视检查，当时也没有肺病特效药，病人只能凭体力慢慢煎熬。"面对重病中的妻子，梁思成心如刀绞，但环境的恶劣、条件的简陋，丝毫没有令他畏缩，这位从未接受过医学训练的建筑学家开始学习打针，为了自己的妻子，天大的困难也要克服。爱能战胜一切，梁思成不仅学会了肌肉注射，而且学会了难度很大的静脉注射，成为林徽因最好的"护士"。林徽因后半生的多半时间是在病中度过的，梁思成则始终将照顾好林徽因作为自己最重要的职责之一，并心甘情愿地为之付出一切。在李庄，由于严重的通货膨胀，"食品愈来愈贵，我们的饭食也就愈来愈差，母亲吃得很少，身体日渐消瘦，后来几乎不成人形。为了略为变换伙食花样，父亲在工作之余不得不学习蒸馒头、煮饭、做菜、腌菜和用橘皮做果酱等等"。

即便是在这么艰苦的条件下，梁思成夫妇仍对生活充满了希望。在弥漫着浓重的药品气味的小屋里，不时可以听到大人和孩子们的欢笑声和朗朗的读书声。多少年过去了，梁再冰仍清晰地记得父亲苦中找乐的幽默话语，她回忆说:"家中实在无钱可用时,父亲只得到宜宾委托商行去当卖衣物,把派克钢笔、手表等'贵重物品'都'吃'掉了。父亲还经常开玩笑地说:把这只表'红烧'了吧!这件衣服可以'清炖'吗……尽管贫病交加,挫折一个接一个,但父母亲并不悲观气馁,父亲尤其乐观开朗。他此时常教我读些唐诗。杜甫的'剑外忽传收蓟北,初闻涕泪满衣裳……'是全家最喜爱的诗句之一。生活愈是清苦,父亲愈相信那'即从巴峡穿巫峡,便下襄阳向洛阳'的日子即将到来。他从来不愁眉苦脸,仍然酷爱画图,画图时总爱哼哼唧唧地唱歌,晚间常点个煤油灯到他那简陋的办公室去……他仍在梦想着战争结束后到全国各地再去考察。有一次我听到他对母亲说:如果他今生有机会去敦煌一次,他就是'一步一磕头'也心甘情愿。母亲不发烧时也大量读书做笔记,协助父亲作写中国建筑史的准备。她睡的小小行军帆布床周围堆满了中、外文书籍"。[①]

和梁思成和林徽因一生辉煌的学术成就形成鲜明对比的是他们坎坷多磨的命运。在不断的生与死的考验中,他们这对曾经被称为"欢喜冤家"的夫妻的感情也得以升华,并深深融入到他们的血脉中。林洙的一段记述将这种真挚的情感再一次生动地表现出来:1948年的一天,林洙在梁家聊天,在谈论古建筑这个话题时,不经意间谈到了太庙,立即引起了病中的林徽因的一段美好的回忆,"她(指林徽因)突然想起了什么,笑着问我:'听过我和思成逛太庙的故事吗?'我摇摇头。她说:'那时我才十七八岁,第一次和思成出去玩,我摆出一副少女的矜持。想不到刚进太庙一会儿,他就不见了。忽然听到有人叫我,抬头一看,原来他爬到树上去了,把我一个人丢在下面,真把我气坏了。'我回头看看梁思成,他正挑起眉毛,调皮地一笑说:'可是你还是嫁给了那个傻小子。'他们都笑了,我也早已

---

① 梁再冰:《回忆我的父亲梁思成》,编辑委员会编:《梁思成先生诞辰八十五周年纪念文集》,北京:清华大学出版社,1986年,第240—242页。

笑得前仰后合了。梁思成深情地望着她，握着她的一只手轻轻地抚弄着。他们是多么恩爱的一对！林徽因那苍白得几乎透明的脸，在兴奋中泛起一点红晕"。①

"老婆是自己的好，文章是老婆的好"

"林徽因是个很特别的人，她的才华是多方面的。不管是文学、艺术、建筑乃至哲学她都有很深的修养。她能作为一个严谨的科学工作者，和我一同到村野僻壤去调查古建筑，又能和徐志摩一起，用英语探讨英国古典文学或我国新诗创作。她具有哲学家的思维和高度概括事物的能力"。这是晚年梁思成对爱妻林徽因的评价，此时，林徽因已离开这个世界七年多了。在深深地怀念着徽因的同时，梁思成仍念念不忘她那出众的才华。他说："做她的丈夫很不容易。中国有句俗话，'文章是自己的好，老婆是人家的好'。可是对我来说是：老婆是自己的好，文章是老婆的好。我不否认和林徽因在一起有时很累，因为她的思想太活跃，和她在一起必须和她同样的反应敏捷才行，不然就跟不上她。"②

晚年梁思成的一段肺腑之言，不仅让我们深切地感受到他们生死相依、荣辱与共的夫妻真情，更为我们打开了了解林徽因的一扇窗子，使我们得以走进林徽因——这位足以令近代女性引以为豪的一代才女，去了解、品味她给我们留下的不朽的作品，以及在她身上折射出的那个时代优秀知识分子所特有的高尚的人格和品格。若干年过去了，我们再次打开当年的历史，仍能清晰地感受到林徽因给人们带来的震撼力。

1904年6月10日，林徽因出生于浙江杭州陆官巷。林家祖籍福建闽侯，祖父林孝恂，光绪己丑科（1889年）进士，曾在浙江海宁、石门

---

① 林洙：《困惑的大匠·梁思成》，济南：山东画报出版社，2001年，第106—107页。
② 林洙：《困惑的大匠·梁思成》，济南：山东画报出版社，2001年，第186页。

等地任地方官。林徽因所生活的家庭与近代中国的命运关系非常密切,不仅由于她的父亲在民国初年的政坛曾显赫一时,而且由于这个家庭在中国的民族、民主革命事业中出现了三位烈士——她的堂叔林觉民、林尹民参加了著名的黄花岗起义,英勇牺牲;她的三弟林恒在"一二·九"运动之后,毅然放弃在清华大学的学业,投笔从戎,成为一位优秀的空军飞行员,在抗日战争期间的一场激烈的对日空战中阵亡。尤其是她的堂叔林觉民,一篇与爱妻诀别的《与妻书》,字字饱含深情、句句彰显情操,至今仍为人们所传诵。而虽然她的父亲林长民在民国初年黑暗混乱的政坛很难有所作为,但政治热情始终不减,以至于1925年12月冒着生命危险参加郭松龄的倒戈反奉行动。很快,郭部兵败,林长民被流弹击中,不幸身亡,年仅四十九岁。

由于父亲职位的不断变动,少年时代的林徽因曾先后在上海、北京、天津和英国伦敦等地上学。作为一个生长在带有浓厚封建色彩的大家庭的女孩子,林徽因记忆中的童年似乎并不很愉快。但她又很幸运,能有机会接受完全不同于过去时代的新式教育,而且还在英国学习了一年,这一切,为她以后展现其出色的才华打下了坚实的基础。十九岁那年的冬天,林徽因以"尺棰"为笔名,在《晨报五周年纪念增刊》上第一次正式发表作品——童话译作《夜莺与鹦鹉》和刊物的封面设计。编者在编后语《感谢》里对这位年轻作者的文学才华和独具匠心的设计给予了高度评价——"尺棰女士是闺秀笃学家,美术、文学的造诣很深,封面图案和《夜莺与鹦鹉》一篇译作,虽不能代表女士的全部的学识,也可以看出女士的天才几分。我们对于女士援助的厚意,不能不特别表示感谢。"[1]

真正使林徽因开始声名鹊起是在1924年春天。那年4月,印度大诗人泰戈尔应北京讲学社邀请来华访问,梁启超、林长民及当时已成为中国

---

[1] 陈学勇编:《林徽因年谱》,陈学勇著:《林徽因寻真——林徽因生平创作丛考》,北京:中华书局,2004年,第169页。

新诗领袖人物的新月派诗人徐志摩等是此次活动的发起者。尤其是徐志摩，竭力推动此事得以实现，并亲自担任泰戈尔访华期间的英文翻译，同时，他也邀请林徽因担任副翻译。出于对这位印度诗哲的无比敬仰和对新诗的喜爱，林徽因愉快地接受了邀请，并出色地完成了自己的任务。英文方面的修养也是她多才多艺的一个突出表现。美国著名汉学家费正清、费慰梅夫妇曾不无感慨地对林徽因的儿子说："你妈妈的英文，常常使我们这些以英语为母语的人都感到羡慕。"①

一幕足以让很多人过目难忘的场景出现了：在欢迎泰戈尔的盛大集会上，林徽因和徐志摩左右相伴着老人。泰戈尔身着长袍，精神矍铄，白发银髯，飘洒俊逸，仙风道骨，尽现其中；林徽因清秀袭人，端庄大方，素洁淡雅，卓尔不群；徐志摩依旧传统装束，面目清瘦，激情似火，才华横溢。欢迎集会云集了北京学术界、政界名流，观众更是数以千计，他们三者携手亮相，立即引起全场的轰动。当天，北京的各大报刊均以醒目版面报道了这次欢迎集会的盛况，称赞林小姐人艳如花，和老诗人挟臂而行，加上长袍白面、郊寒岛瘦的徐志摩，犹如苍松竹梅的一幅岁寒三友图。林徽因的清新可人、徐志摩的风度翩翩和泰戈尔老人的睿智慈祥交相辉映，一时成为京城美谈。

5月8日，新月社邀请在京名流，为泰戈尔祝贺六十四岁寿辰举行盛宴。他们精心排演的泰翁诗剧《齐德拉》则将庆祝活动推向了高潮。剧中，林徽因扮演公主齐德拉，徐志摩扮演爱神玛达那，林长民扮演春神伐森塔，张歆海扮演王子阿顺那。梁思成则发挥专长，负责舞台美术。林徽因真挚、动情的表演深深打动了泰戈尔和在场的观众，演出大获成功。演出结束之际，泰戈尔激动地对美丽的徽因说："马尼浦王的女儿，你的美丽和智慧不是借来的，是爱神早已给你的馈赠，不只是让你拥有一天、一

---

① 梁从诫：《倏忽人间四月天》，梁从诫编：《林徽因文集·文学卷》，天津：百花文艺出版社，1999年，第447页。

年,而是伴随你终生,你因此而放射出光辉。"5月10日的《晨报副刊》对此次演出做了详细报道,"林宗孟君头发半白,还有登台演剧的兴趣和勇气,真算难得。父女合演,空前美谈。第五幕爱神与春神谐谈,林徐的滑稽神态,有独到之处。林女士徽音,态度音吐,并极佳妙。"①

年轻的徽因是那么的光彩熠熠,她的活泼,她的聪明,使得泰戈尔短暂的中国之旅大为增色。临别时,泰戈尔特意为她写了一首诗,大意是这样:

> 蔚蓝的天空
> 俯瞰苍翠的森林,
> 他们中间
> 吹过一阵喟叹的清风"哎!"

1924年6月,林徽因和梁思成赴美留学。尽管一个令人啼笑皆非的原因将林徽因阻挡在宾夕法尼亚大学建筑系的门外,但这丝毫阻挡不了林徽因学习建筑学的热情。她一面在美术系注册上学,一面开始选建筑系的课程。大学的档案表明,从1926年9月开始她还被建筑系聘请为"建筑设计事务助理"及"设计指导导师",这种事情在中国的高等教育中几乎是不可能的,即便在美国的大学恐怕也是不多见的。

对于林徽因在宾夕法尼亚大学的生活和学习情况,以下两段文字似乎颇有代表性。费慰梅在为梁思成、林徽因夫妇写的传记中这样描述大学时的林徽因和她周围的朋友们:"据同学们说,中国来的'拳匪学生'都是非常刻板和死硬的,只有'菲莉斯'(这里的人们这么叫徽因)和本杰明·陈是例外。她是异乎寻常的美丽、活泼和聪明,说得一口流利的英语,而且

---

① 陈学勇编:《林徽因年谱》,陈学勇著:《林徽因寻真——林徽因生平创作丛考》,北京:中华书局,2004年,第171页。

天生又善于和周围的人搞好关系……她正在充分欣赏美国的自由，而她在两性当中受到的欢迎真是令人陶醉。她已摆脱了她的家庭和文化的抑制，在新大陆旗开得胜。"①

另一段文字则是被很多传记作品广为转引的一篇访问记，被访问者就是林徽因。这篇文章出自林徽因的一位美国同学之手，在她的眼中，来自古老中国的林徽因是那么的美丽，那么的开朗，那么的富有才华，又那么的平易近人，以至于同学们都希望成为她的好朋友。于是这位同学（想必也是徽因的好朋友）通过细致入微的描述，将活泼、可爱的林徽因活灵活现地刻画了出来，文章这样写道：

她坐在靠近窗户能够俯视校园中一条小径的椅子上，俯身向一张绘图桌，她那瘦削的身影匍匐在那巨大建筑习题上，当它同其他三十到四十张习题一起挂在巨大的判分室的墙上时，将会获得很高的奖赏。这样说并非捕风捉影，因为她的作业总是得到最高的分数，或是偶尔得第二。她不苟言笑，幽默而谦逊，从不把自己的成就挂在嘴边。

"我曾跟着父亲走遍了欧洲。在旅途中我第一次产生了学习建筑的梦想。现代西方的古典建筑启发了我，使我充满了要带一些回国的欲望。我们需要一种能使建筑物数百年不朽的良好建筑理论。"

"然后我就在英国上了中学。英国女孩子并不像美国女孩子那样一上来就这么友好。她们的传统似乎使得她们变得那么不自然地矜持。"

"对于美国女孩子——那些小野鸭子们你怎么看？"

回答是轻轻一笑。她的面颊上显现出一对色彩美妙的、浅浅的酒

---

① ［美］费慰梅著，曲莹璞、关超等译：《梁思成与林徽因：一对探索中国建筑史的伴侣》，北京：中国文联出版公司，1997年，第30页。

窝。细细的眉毛抬向她那严格按照女大学生式样梳成的云鬓。

"开始我的姑姑阿姨们不肯让我到美国来。她们怕那些小野鸭子，也怕我受她们的影响，也变成像她们一样。我得承认刚开始的时候我认为她们很傻，但是后来当你已看透了表面的时候，你就会发现她们是世界上最好的伴侣。在中国一个女孩子的价值完全取决于她的家庭。而在这里，有一种我所喜欢的民主精神。"①

1927年6月，林徽因以优异的成绩获得美术学学士学位。对艺术的一往情深使得林徽因决定前往著名的耶鲁大学继续求学，这次她选择了一个更具有现代气息的专业——舞台美术，她也因此成为中国向西方学习舞台美术专业的第一位留学生。在这里，她的秉性和才华使她很快就找到了自己的位置，一个深得同学们尊重和喜爱的位置。她又一次自由自在地沉浸在艺术的殿堂里。

人们称林徽因是一代才女，丝毫不过分，她的才华是多方面的，不仅在建筑学、美术学领域，在文学，特别是新诗创作等方面，她同样取得了辉煌的成就，甚至有很长一段时间，人们将林徽因当作了一名出色的诗人。1929年8月生下女儿梁再冰之后，林徽因就病倒了，后来诊断是肺结核。出于治疗需要，1930年冬天，林徽因辞离东北大学返回北平，暂时寄居于梁思成大姐梁思顺家，转年的3月初，和母亲、孩子一起移居北平西郊香山静宜园双清别墅疗养。病痛的折磨无疑是痛苦的，但对于富于激情和灵性的林徽因来讲，远离尘嚣的这段日子，却成了她创作灵感喷涌不绝的高峰期。

尽管在英国留学期间徐志摩对林徽因的近乎疯狂的追求无果而终，但这并没有影响到他们的友谊，确切地讲是徐志摩和梁思成全家的友谊。何

---

① [美]费慰梅著，曲莹璞、关超等译：《梁思成与林徽因：一对探索中国建筑史的伴侣》，北京：中国文联出版公司，1997年，第33—34页。

况，当林徽因从美国回来时，情况已有了重大变化：林徽因嫁给了梁思成，多情的徐志摩则在导致了一场曾引起轩然大波的婚变之后，也终于找到了感情的归宿，他于1926年10月3日与陆小曼结婚。对于这段惊世骇俗的婚姻，证婚人梁启超以一段同样惊世骇俗的话表明了人们的态度，梁告诫徐、陆二人说："徐志摩，你这个人性情浮躁，所以学问方面没有成就。你这个人用情不专，以至离婚再娶……以后务必痛改前非，重新做人！你们都是离过婚重又结婚的，都是用情不专，今后要痛自悔悟。祝你们这一次是最后一次结婚！"①如今，事过境迁，深藏起了当年的感情，徐志摩又一次走进了林徽因的生活。和上次不同，这次，他带给林徽因的是朋友的深切关怀，是激发林徽因创作灵感的热情鼓励。对于林徽因的文学才华，徐志摩非常了解，他迫切希望世人能早日看到徽因身上蕴含的无限潜能。当时，徐志摩正参与主编《诗刊》《新月》等杂志，他主动向林徽因约稿，并以他特有的热情鼓励林徽因写新诗。

如果说，当年在英伦，徐志摩在对林徽因的一片深情中，不自觉地扮演了一个导师的角色，将她领进英国诗歌和英国戏剧世界的话，如今的徐志摩，则更似一位知音，一位对林徽因文学天赋有着巨大信心和热情的知音，他迫切希望世人能早日看到徽因身上蕴含的无限潜能。在徐志摩的鼓励下，林徽因的文学才华开始尽情展现。4月，林创作诗作《谁爱这不息的变幻》，并署名林徽音发表于当月出版的《诗刊》第二期，同时，还以"尺棰"为笔名在同一期刊物上发表了《仍然》和《那一晚》。之后，林徽因不断创作新的作品，仅1931年完成的诗作就有《激昂》《一首桃花》《笑》《深夜里听到乐声》《情愿》《山中一个夏夜》等数篇。6月，林徽因创作了她的第一篇小说《窘》。8月2日，北平《晨报》发表了林徽因的舞台评论文章《设计和幕后困难问题》。

---

① 刘海粟：《忆梁启超先生》，夏晓红编：《追忆梁启超（增订本）》，北京：生活·读书·新知三联书店，2009年，第251页。

文如其人，林徽因的作品在尽情展现清新风格的同时，更加细腻、纯净，字里行间无不浸透着浓浓的韵律美、建筑美和音乐美，成为她个人风格的真实体现。在《笑》①中，"美"就这样被毫无痕迹地展现出来：

> 笑的是她的眼睛，口唇，
> 和唇边浑圆的漩涡。
> 艳丽如同露珠，
> 朵朵的笑向
> 贝齿的闪光里躲。
> 那是笑——神的笑，美的笑；
> 水的映影，风的轻歌。
>
> 笑的是她惺忪的鬈发，
> 散乱的挨着她耳朵。
> 轻软如同花影，
> 痒痒的甜蜜
> 涌进了你的心窝。
> 那是笑——诗的笑，画的笑；
> 云的留痕，浪的柔波。

二十世纪三十年代是林徽因文学创作的高峰期。从1931年到1937年抗战爆发的七年间，在倾心于古建筑研究之余，林徽因共发表新诗四十余首，散文、小说十四篇，剧本三幕，主要诗作有：《莲灯》《中夜钟声》《微

---

① 林徽因：《笑》，梁从诫编：《林徽因文集·文学卷》，天津：百花文艺出版社，1999年，第148页。

光》《秋天，这秋天》《你是人间的四月天———一句爱的赞颂》《忆》《年关》《吊玮德》《灵感》《城楼上》《深笑》《风筝》《记忆》《静院》《无题》《题剔空菩提叶》《黄昏过泰山》《昼梦》《八月的忧愁》《过杨柳》《冥思》《空想》《你来了》《"九·一八"闲走》《藤花前——独过静心斋》《旅途中》《静坐》《红叶里的信念》《十月独行》《时间》《古城春景》《前后》《去春》等；其他作品主要有：《悼志摩》《窗子以外》《纪念志摩去世四周年》《蛛丝和梅花》《究竟怎么一回事》《彼此》《钟绿》《吉公》《文珍》《绣绣》《九十九度中》《梅真同他们（四幕剧）》等，其中不乏深受读者喜爱并广为流传的经典之作。今天的我们，没有必要花很大气力去探讨林徽因的作品是否应划入"新月派"的范畴，究竟属于哪一派又有谁能说明白呢？即使说清楚了，又有什么意义呢？我们随意撷取一首小诗《深笑》①，就足以体味到其中蕴含的无限美感。

    是谁笑得那样甜，那样深，
    那样圆转？一串一串明珠
    大小闪着光亮，迸出天真！
    清泉底浮动，泛流到水面上，
    灿烂，
    分散！

    是谁笑得好花儿开了一朵？
    那样轻盈，不惊起谁。
    细香无意中，随着风过，
    拂在短墙，丝丝在斜阳前

---

① 林徽因：《深笑》，梁从诫编：《林徽因文集·文学卷》，天津：百花文艺出版社，1999年，第181—182页。

挂着
留恋。

是谁笑成这百层塔高耸,
让不知名的鸟雀来盘旋?是谁
笑成这万千个风铃的转动,
从每一层琉璃的檐边
摇上
云天?

而送给刚出生的儿子的一首《你是人间的四月天——一句爱的赞颂》[①],则在轻舞飞扬的词句间,将诗人清新淡雅的内心世界和满怀希望的脉脉深情表达得淋漓尽致。

我说你是人间的四月天;
笑响点亮了四面风;
轻灵在春的光艳中交舞着变。

你是四月早天里的云烟,
黄昏吹着风的软,
星子在无意中闪,
细雨点洒在花前。

那轻,那娉婷,你是,

[①] 林徽因:《深笑》,梁从诫编:《林徽因文集·文学卷》,天津:百花文艺出版社,1999年,第171—172页。

鲜妍百花的冠冕你戴着，
你是天真，庄严，
你是夜夜的月圆。

雪化后那片鹅黄，你像；
新鲜初放芽的绿，你是；柔嫩喜悦
水光浮动着你梦期待中白莲。

你是一树一树的花开，
是燕在梁间呢喃，
——你是爱，是暖，是希望，
你是人间的四月天！

  这一时期林徽因作品的一个显著特点是形式的多样和内容日趋丰富，尤其是社会现实题材作品的发表，更大大增加了作品的历史厚重感。《九十九度中》是其中比较有代表性的一部作品，这篇小说1934年5月发表在叶公超主编的《学文》杂志创刊号（1934年创刊），小说巧妙地选取了二十世纪三十年代市民阶层的一个生活横断面作为背景，围绕一个"热"字，将有钱人与穷苦人因贫富悬殊而形成的强烈的命运反差鲜明地展现给读者。在作者的笔下，有钱人为祝寿、过生日、娶媳妇等盛事而热热闹闹地忙碌着；那些社会最下层的挑夫、洋车夫们却在片刻不停地为生计而奔波，即便如此，仍然食不果腹、命比纸贱，直至悄无声息地死去。一切都是那么的混乱无序，仿佛世界就是一只热气腾腾、扑朔迷离的开水锅；一切又都是那么的不公平，难道穷人生来就只能选择凄惨的命运？

  这篇小说因其强烈的现实性及表现手法上充满着寓意和象征，受到评论界的极大关注。李健吾的评价颇具代表性，他指出："一件作品或者因为材料,或者因为技巧,或者兼而有之,必须有以自立。一个基本的起点,便是作者对于人生看法的不同。由于看法的不同,一件作品可以极其富有传统性,也可以极其富有现代性。"在李健吾看来,《九十九度中》恰恰符合了上述标准,他认为"《九十九度中》在我们过去短篇小说的制作中,尽有气质更伟大的,材料更事实的,然而却只有这样一篇,最富有现代性;惟其这里包含着一个个别的特殊的看法,把人生看作一根合抱不来的木料,《九十九度中》正是一个人生的横切面。在这样溽暑的一个北平,作者把一天的形形色色披露在我们的眼前,没有组织,却有组织;没有条理,却有条理;没有故事,却有故事,而且有那么多的故事;没有技巧,却处处透露匠心……一个女性细密而蕴藉的情感,一切在这里轻轻地弹起共鸣,却又和粼粼的水纹一样轻轻地滑开。"①

林徽因的文学才华不仅体现在诗歌、小说的创作上,还深深体现在她那独特的文学观上。1936年,林徽因受萧乾之邀主编《大公报文艺丛刊小说选》,她不负众望,精心选出三十篇作品。这些小说既有名家名作,也不乏后起之秀和名不见经传者的优秀作品。该书出版后,大受读者欢迎,以至于多次再版。在书中的题记中,林徽因坦率地谈及她的文学观,其中有这么一段话很具代表性:

> 作品最主要处是诚实。诚实的重要还在题材的新鲜、结构的完整、文字的流丽之上。即是作品需诚实于作者客观所明了、主观所体验的生活。小说的情景即使整个是虚构的,内容的情感却全得藉力于迫真的、体验过的情感,毫不能用空洞虚假来支持着伤感的"情节"!所谓诚实并不是作者必须实际的经过在作品中所提到的生活,而是凡在作品中所提到的生活,的确都是作者在理智上所极明了、在感情上

---

① 李健吾:《九十九度中——林徽因女士作》,刘小沁编选:《窗子内外忆徽因》,北京:人民文学出版社,2001年,第21页。

极能体验得出的情景或人性。许多人因是自疚生活方式不新鲜,而故意地选择了一些特殊浪漫,而自己并不熟识的生活来做题材,然后敲诈自己有限的幻想力去铺张出自己所没有的情感,来骗取读者的同情。这种创造即浪费文字来夸张虚伪的情景和伤感,那些认真的读者要从文艺里充实生活认识人生的,自然要感到十分的不耐烦和失望的。

所以一个作者,在运用文字的技术学问外,必须是能立在任何生活上面,能在主观与客观之间,感觉和了解之间,理智上进退有余,情感上横溢奔放,记忆与幻想交错相辅,到了真即是假,假即是真的程度,他的笔下才现着活力真诚。他的作品才会充实伟大,不受题材或文字的影响,而能持久普遍的动人。①

林徽因的文学成就是多方面的。除了在诗歌、小说等方面的多篇佳作问世使她获得了一代才女的赞誉,大量融建筑审美及文物保护知识于其中的散文作品或带有散文特色古建筑调查报告的发表,更如同锦上添花,处处浸透着作者独特的艺术天赋。林徽因的散文内容丰富生动,形式多样,情感质朴,语言简洁明快,全无做作之感。"有的是用写诗的笔法来写散文,如《纪念志摩去世四周年》;有的是融入小说的笔法来写散文,如《窗子以外》;有的就像她平素与朋友们谈天那样谈笑风生地写着论辩式的散文,如《蛛丝与梅花》;有的是近乎杂感式的笔法,如《彼此》"。②其散文作代表当数1934年9月5日发表的《窗子以外》。这年夏天,林徽因、梁思成和费正清、费慰梅夫妇一同去了山西太原、介休、汾阳、文

---

① 林徽因:《文艺丛刊小说选题记》,梁从诫编:《林徽因文集·文学卷》,天津:百花文艺出版社,1999年,第39—40页。
② 《建筑学家·诗人林徽因》,陈钟英、陈宇编:《中国现代作家选集·林徽因》,北京:人民文学出版社,1992年,第323页。

水、赵城等地考察古建筑。9月5日，林徽因根据山西之行写成的散文《窗子以外》发表于天津《大公报》"文艺副刊"。这篇散文真实地记录了她到山西调查古建筑的感受。作为一名接受了西方现代科学教育的新女性，尽管和同时代的许许多多大城市成长起来的知识分子一样，对于贫瘠落后的农村及小城镇充满疑虑和恐惧，但出于对古建筑的无限热爱和社会的责任感，使她战胜了自我的软弱，开始勇敢地面对整个社会，不愿困守在貌似繁华的大城市和沉闷的书斋，到"窗子以外"了解社会。但作者没想到，不管你走到哪里，你永远免不了坐在窗子以内的，再不然就是你自己无形中习惯的窗子，把你搁在里面。好强的徽因一度为此而深深苦闷。这是多么可爱的"苦闷"啊！应该说，这是中国近代化历程中的一个必然阶段，它代表了这一时期先进的知识分子试图走进民众、扩大生活视野、运用知识改变中国命运的美好愿望，这本身就是一篇挑战落后中国的行动檄文。而事实上，除去健康原因影响了一部分外出考察工作外，林徽因和她的丈夫及同事们在野外的古建筑调查上取得了一系列重大成就，即使是在条件艰苦到极点的抗战时期，他们的工作仍在顽强地进行。

说到林徽因的文学创作经历，还有一件事颇具文学性。在林徽因早期发表的作品中，除去一部分使用笔名外，大多数作品的署名是"林徽音"，这实际上是她的原名。徽音出自《诗经·大雅·思齐》："思齐大任，文王之母。思媚周姜，京室之妇。大姒嗣徽音，则百斯男。"二十世纪三十年代的文坛，活跃着两个姓名相近的作家，一位是林徽音，另一位则是林微音。虽然两人名字只有一字之差，但地域、性别、文风则相去甚远。前者不必说了，后者主要生活在上海，男性，作品数量多，体裁广泛，且多取材于江南都市，颇具海派文学风格。由于名字太接近了，不仅现在从事文学史研究的人经常把他们两人混淆，即使当时的很多人，把他们的作品张冠李戴也是常有的事，有时印刷厂的排字工人都会弄错。例如，上海的林微音曾经翻译出版了房龙的《上古人》，很多人仰慕林徽音的名气，想也不想便把此书划在林徽音名下。当然,林徽音的很多作品也曾被从事文学史研究的人纳入林微音作品。林徽因对此曾颇感无奈地说:不怕自己的文章变成别人的,就怕人家的文章挂在自己的名下。为有别于上海的林微音,林徽音决定改名字。据她的堂弟林宣后来回忆,是他给堂姐提的建议,将"音"改为"因",林徽音欣然接受,并从1934年5月在《学文》创刊号发表小说《九十九度中》和诗歌《你是人间的四月天》开始,署名林徽因。①

"卢沟桥事变"之后,梁思成、林徽因夫妇扶老携幼开始了南下的流亡生活。林徽因的病情不断加剧,几乎无时无刻不在忍受难以想象的病痛的折磨。即便是在这么困难的情况下,她手中的笔仍未停止,创作的源泉仍未枯竭,她仍在继续着她的文学写作,她的所见所闻,她的欢乐,她的忧愁,都用文字表达出来。这一时期林徽因的主要作品有诗歌《除夕看花》《哭三弟恒》《昆明即景》《一天》《十一月的小村》《忧郁》等,还有一些散文。无论当时,抑或今天,人们都很难相信,在如此恶劣的生活条件和如此严重的病痛中,林徽因居然还能写出优美的诗歌,尽管有些作品饱含悲怆之情,如《哭三弟恒》。

"剑外忽传收蓟北,初闻涕泪满衣裳。"抗战胜利之后,林徽因和全家又回到了阔别多年的北平,她生命的最后不足十年也由此开始。尽管有很大一部分时间是在病榻上度过的,但她的创作欲望和艺术水准丝毫没有降低。她的感情依旧是那么的充沛,字里行间无不浸透着真挚的情感。一方面,她在抗战时期所写的诗歌陆续发表;另一方面,她又写了《对残枝》《给秋天》《人生》《展缓》《恶劣的心绪》《我们的雄鸡》等诗歌,及《一片阳光》等散文。值得一提的是,1952年,林徽因去世前两年,她还应《新观察》杂志之约,撰写了《中山堂》《北海公园》《天坛》《颐和园》《雍

---

① 陈宇:《采访林宣先生》,刘小沁编选:《窗子内外忆徽因》,北京:人民文学出版社,2001年,第159页。

和宫》《故宫》等一组介绍中国古建筑的文章，文笔生动，娓娓道来，大家风范，尽显其中。

说起林徽因的艺术天赋，人们总能首先想起这么两件事：一是林徽因是近代中国第一位在西方学习舞台艺术设计专业的留学生，并取得了优异的成绩；二是林徽因曾和徐志摩一同主演了泰戈尔的著名诗剧《齐德拉》，扮演女主角齐德拉，演出获得成功，泰戈尔对林徽因出色的表演予以高度评价。其实，纵观林短暂而辉煌的一生，这样的例子又何止一二件。这里，我们仅从林徽因的亲人和朋友的回忆中撷取几则故事，便足以展示其出众的艺术才华。

1928年3月21日，林徽因与梁思成在加拿大渥太华举行婚礼。由于不喜欢西式结婚礼服，林徽因索性自己给自己设计了一套具有浓厚东方情调的婚礼礼服，美丽的新娘和她同样美丽并个性洋溢的婚礼礼服，令前来祝贺的来宾和记者们啧啧称赞，轰动一时。几年后，梁思成的妹妹梁思庄在北平举行婚礼，从婚礼礼堂的布置，到新娘的打扮，林徽因都一手操办。她还为梁思庄精心设计了一套白色结婚礼服，使新娘穿上显得美丽端庄。当婚礼举行时，到场的来宾们开玩笑地说，思庄站在那里，就像是英国的维多利亚女王。

林洙在《困惑的大匠·梁思成》一书中讲述了看文工团演出的故事。1948年冬天，清华大学常有解放军的文工团在清华大学礼堂演出。演出表现了解放区热火朝天的生活，内容新颖，富有朝气和革命精神。尽管演出的艺术水平并不高，但仍然吸引了大批师生前去观看，年轻的林洙也是其中一个。当她把观看演出的感受告诉重病中的林徽因时，她惊讶地发现，林徽因对这些演出表现出了浓厚的兴趣，甚至执意要冒着严寒前去观看大型秧歌剧《血泪仇》。虽然最终因为病重而未能如愿，但她对艺术的热爱和民族文艺的孜孜追求由此可见一斑。对于革命文学，林徽因的评价可谓客观公允。她说："一个文艺作品最重要的是真实，要忠实地反映生活。内容是占首位的,艺术形式是表现内容的手段,是第二位的。当然对于一个文艺作品来说,两者都是重要的,缺一不可。""革命文学并非天生就排斥艺术。不能因为它的革命性就用大喊大叫的政治口号来代替,历史上各个革命时期都有优秀杰出的文学作品。"①对解放区的一些优秀作家,如赵树理,她都给予较高评价。

抗战时期,林徽因在病情略有稳定时,曾醉心于汉代文化史研究。梁思成在写给费慰梅的信中这样描述道:"徽因对于你在汉墓结合其拓片方面的研究极感兴趣。或许你到现在还不知道她自己也探索过汉代历史。她曾私下非常勤奋地熟识了汉代的著名人物,帝王和王后、将军和大臣、他们的宠幸和敌人,她谈到他们时简直就和谈论隔壁最好的朋友一样!这还不算,她把他们的习惯、服装、建筑至脾气秉性都联系在一起。如果她照现在的速度搞下去,她将会成为在汉朝研究方面特别有学问的年轻女子。就是现在,她还能有声有色地详细讲述西汉大部分历史人物的故事。"②

战争结束后,在朋友们的帮助下,林徽因曾在昆明居住了一段时间。静逸的环境和优美的风景再次激发了她的创作灵感,她这样表达自己的心情:"所有最美丽的东西都在守护着这个花园,如洗的碧空、近处的岩石和远处的山峦……这是我在这所新房子里的第十天。这房间这么宽敞、窗户很大,使它有一种如戈登·克雷早期舞台设计的效果。甚至午后的阳光也像是听从他的安排,幻觉般地让窗户摇曳的桉树枝桠把它们缓缓移动的影子映洒在天花板上!"她进而表示:"如果我和老金能创作出合适的台词,我敢说这真能成为一出精彩戏剧的布景。"③

很遗憾,林徽因在艺术方面的特长始终没能得以完全展示。但纵观她

---

① 林洙:《困惑的大匠·梁思成》,济南:山东画报出版社,2001年,第109—110页。
② [美]费慰梅著,曲莹璞、关超等译:《梁思成与林徽因:一对探索中国建筑史的伴侣》,北京:中国文联出版公司,1997年,第144—145页。
③ 林徽因:《致费正清费慰梅》,梁从诫编:《林徽因文集·文学卷》,天津:百花文艺出版社,1999年,第385页。

短促的一生,在其古建筑研究与文学创作中,又何尝不处处浸透着对艺术的独特感悟和尽情诠释啊!

自古红颜多薄命。这句话里含有多少唯心主义的成分,我们暂且不去考证,但就林徽因而言,却不幸被言中了。她曾和冰心、庐隐被誉为福建三大才女,生活中的她又是那么的美丽,甚至于被很多人视为圣洁女神的化身;但她却终生与健康的体魄无缘,可以说,林徽因所取得的每一份成就,都是与病痛折磨相抗衡的结果。在她的家人和朋友们的记忆中,林徽因常常是在卧床不起的情况下,还手不释卷,片刻不停地工作着。林徽因没有说过"生命不息,奋斗不止"一类的豪言壮语,但她的一生都在为自己心爱的事业而努力地拼搏,从未停息,她在用生命实现着自己的人生追求。

尽管始终与疾病为伴,但生活中的林徽因却是那么的乐观。她的欢声笑语,她的热情洋溢,她的豁达善良,都深深地感染着每一个和她交往的人。早在美国留学期间,林徽因出众的社交能力就已为美国同学所折服。费正清、费慰梅是林徽因和梁思成留学归来相识并终生保持深厚友谊的一对美国夫妇,在长期的交往中,他们更是深切地感受到林徽因独特而魅力无穷的个性。在费慰梅的著作中,她这样回忆他们最初的交往:"当时他们和我们都不曾想到这个友谊今后会持续多年,但它的头一年就把我们都迷住了。他们很年轻,相互倾慕着,同时又很愿回报我们喜欢和他们做伴的感情。(徽)——她为外国的亲密朋友给自己起的短名——是特别的美丽活泼。思成则比较沉稳些……徽以她滔滔不绝的言语和笑声平衡着她丈夫的拘谨。通过交换美国大学生活的故事,她很快就知道我们夫妇俩都在哈佛念过书,而正清是在牛津大学当研究生时来到北京的。这又引起她讲述了她自己在伦敦一年中学生活中的一些故事。"①

---

① [美]费慰梅著,曲莹璞、关超等译:《梁思成与林徽因:一对探索中国建筑史的伴侣》,北京:中国文联出版公司,1997年,《作者前言》第Ⅱ页。

除抗战期间梁家远离了他们生活中的众多朋友外,梁家几乎经常是高朋满座,从二十世纪三十年代的"太太的客厅"到四十年代末的梁家茶会,朋友聚会成了他们生活中一个不可或缺的重要部分。毫无疑问,林徽因是聚会的核心人物,也是最受欢迎的一员。四十年代的梁家,是一个学者们自由谈论的"学术沙龙",著名逻辑学家金岳霖、政治学家张奚若、经济学家陈岱孙、人类学和考古学家李济、社会学家陶孟和等,都是这里的常客。这是一个名副其实的学术精英聚会之所。后来,费正清、费慰梅夫妇也参加了进来。费慰梅曾这样来形容林徽因——"她的谈话同她的著作一样充满了创造性,话题从诙谐的轶事到敏锐的分析,从明智的忠告到突发的愤怒,从发狂的热情到深刻的蔑视几乎无所不包。"[①]

抗战胜利后,梁思成夫妇回到了久别的北平,任教于清华大学。他们的老朋友们也大多回到北平。大家久别重聚,自然无限欢欣。清华大学教师住宅区新林院八号的梁家,再次成为学者们聚会的"天堂"。聚会以茶会的方式进行,每天下午四点半开始,茶客中既有老朋友,包括张奚若夫妇、周培源夫妇和金岳霖、陈岱孙等学术大家,也增加了许多新朋友,特别是很多清华建筑系的年轻教师。林徽因的热情活泼与博学多才再次得以展现。她不管谈论什么都能引人入胜,思维敏捷,语言风趣。林洙在她的回忆中这么描述茶会中的林徽因:"她(指林徽因)还常常模仿一些朋友们说话,学得惟妙惟肖。她曾学朱畅中先生向学生自我介绍说:'我知唱中(朱畅中)',引得哄堂大笑。有一次她向陈岱孙先生介绍我(林洙)说:'这个姑娘老家福州,来自上海,我一直弄不清她是福州姑娘,还是上海小姐。'接着她学着昆明话说:'严来特使银南人罗(原来她是云南人罗)。'逗得我们都笑了。"

生活中的林徽因就像一束温馨的阳光,感染着周围的每一个人。在梁

[①] 林洙:《困惑的大匠·梁思成》,济南:山东画报出版社,2001年,第106页。

家,你能听到的是各种有趣的见闻和对学术研究的精辟见解,感受到的则是主人的博学与豁达。民主的作风和轻松的氛围是茶会的突出风格,无论做人,还是做学问,这里都是难得的理想场所。

和梁思成一样,林徽因终生远离政界。这一点,和她的父亲似乎有着天壤之别。不从政,绝不意味着对政治漠不关心。实际上,林徽因一生都在关注着祖国的命运和前途,她深深地爱着自己多灾多难的祖国和生活于斯的同胞们。

二十世纪三十年代的天津《大公报》是林徽因非常欣赏的报纸,它的文艺副刊是中国新文学的一个重要阵地。自1931年"九·一八"事变后,日本人加紧了侵略中国的步伐。1935年,华北事变爆发,北平、天津危在旦夕,广大爱国志士高呼"平津危急,华北危急,中华民族危急!"林徽因为民族的命运深深忧虑。1935年11月的一天,林徽因听说天津《大公报》被日本人下令无限期停刊,并按日本人的意图组建了《联合亚洲先驱报》取而代之,惊讶之余,她感到异常愤慨。也正是在这个时候,林徽因接到该报文艺副刊的约稿信,她毫不犹豫地拒绝了,尽管她清醒地知道,这一举动可能会给她带来危险。在给好友沈从文的信中,她再次表达了自己的愤怒,她说:"昨晚我们这里忽收到两份怪报,名叫'亚洲民报',篇幅大极,似乎内中还有文艺副刊,是大规模的组织,且有计划的,看情形似乎要大公报永远关门。气糊涂了我!我只希望是我神经过敏。社论看了叫人毛发能倒竖。这日子如何'打发'?我们这国民连骨头都腐了!"[1]

生命不息,前进不止。尽管一生命运坎坷,但林徽因从未放弃对未来的希望和憧憬,她是那么的渴望新生活,直至生命的最后一息。林徽因晚年写给梁思成的一封信将她宽广、圣洁的内心世界再一次展现给今天的我

---

[1] 林徽因:《致沈从文》,梁从诫编:《林徽因文集·文学卷》,天津:百花文艺出版社,1999年,第331页。

们,她在信中告诉丈夫:

> 我连着看了四本书都是小说式传记。都是英雄的真人真事。一是《建设伏尔加——顿河运河的人们》,短篇的,几篇都好;二是《普通一兵》记马特洛索夫的事迹;三是《斯特汉诺夫工人的笔记》;四是《安格林娜自传》(第一个女拖拉机手)。这些人和事都深深地深深地教育了我,提高了我对共产主义制度的了解和感性认识,不只是一种理论在我脑子里,而是形象化了的事实。这些精神养料太丰富了,现在只是它们如何结合到我生活中来的问题了。这样的熏陶下去,新意识和新意志必会在我血液里产生出来的。我也会蜕变成为新时代里的可靠的人,稳稳当当、踏踏实实地不断做好工作。通过可靠的劳动得到结实的进步,也许就因为我懂得如何去做好每一件平凡的工作,我会成为有价值的人。一反过去那样想做有价值的事,反而是无价值的、无成绩的人。[①]

生死不渝"黄昏恋"

1948年的一个秋日,梁思成像平日一样,神采奕奕地走在清华大学建筑系馆的楼道里。他身材瘦小,略显驼背,穿一身讲究的西服,戴着一副宽边眼镜,显示出儒雅的学者风范,同时,还有一点滑稽幽默的神态于不经意间流露出来。梁思成从南京接受中央研究院院士学衔归来不久,系里有一大堆事情等着他去处理,这时迎面走来一个文静的女孩子,二十岁上下,长得十分秀气,看她的神态,似乎对建筑系的一切都充满好奇和景仰。看到面前的这位女孩子,梁思成立即想起了妻子曾告诉过他的一个新

[①] 林洙:《困惑的大匠·梁思成》,济南:山东画报出版社,2001年,第139页。

认识的小同乡，应该就是她吧？迟疑一闪而去，梁思成几乎不假思索地脱口而出："是林小姐？我猜对了吧？这位漂亮的姑娘一定是林小姐。"言语亲切而不乏幽默。他猜对了，面前的女孩子正是林洙，一位年仅二十岁的高中毕业生，刚刚从上海北上清华求学。来清华后不久，她就拜访了自己仰慕已久的福建同乡林徽因，并得到林的热情帮助。对于梁思成的轻松提问，年轻的林洙不好意思地笑了笑。几乎就在同时，她也马上断定，面前这位幽默而热情的中年学者肯定就是大名鼎鼎的建筑学家、清华大学建筑系主任——梁思成。

梁思成和林洙的相识似乎颇为平常，但又是那么默契，或许正是这种默契预示着今后会发生的不平常的事情。不管当时的情景如何，有一点可以肯定，初次相见的梁思成和林洙恐怕谁都没有想到，十余年后，一段生死不渝的爱情故事就在他们身上发生了。有缘千里来相会，也许今天的我们能这么说：他们的缘分就是从此开始的。

1955年的初春，对于梁思成来说无疑是极度压抑和痛苦的。一方面是来自身体和情感上的，妻子林徽因于1954年秋天病情急剧恶化，很快便失去工作能力，年底，住进同仁医院，自己也是疾病缠身，不得不于1955年1月住进了同仁医院；另一方面则是来自政治和精神上的，1955年2月开始，全国开始集中批判建筑设计中的"资产阶级形式主义和复古主义思想"，作为建筑学术界的权威，又是新中国成立初期探索、研究建筑的民族风格的积极响应者和实践者，梁思成成了被批判的首选，成为"形式主义""复古主义"的"代表人物"。抛却自己的磨难不说，与亲爱的妻子住在同一家医院，近在咫尺，但却眼看着她备受病痛的折磨而无能为力，梁思成不禁泪流满面。3月31日深夜，看望过林徽因之后，梁思成回到自己的病房休息。未久，林徽因忽然意识清醒了，弥留之际，她用微弱的声音告诉护士，她要见一见丈夫。护士却毫不理会她的要求，告诉她：夜深了，有话明天再谈吧。然而，她再也没有力气等待了，在黎明即将到来之际,一代才女林徽因悄然地离开了人世。

对于梁思成来说,共同生活了27年、一生挚爱的妻子的去世是一个几近毁灭性的打击,他一度陷入了深深的抑郁。没有了亲爱的徽因,他怎么活下去呢?事实上,很多好心的朋友也都为他捏一把汗。

好在后来紧张的政治气氛稍稍缓和一些,梁思成也从悲痛中暂时解脱出来,继续着繁重的工作,努力探索着社会主义条件下建筑教育的改革与发展问题。繁忙的工作可以在一定程度上弥补生活的空虚,但心灵的孤寂却愈发暴露出来。毕竟,他是一个情感十分丰富的人,他从不畏惧任何困难,哪怕面对死亡,但他害怕孤独,他需要精神的慰藉,需要一个可以自由自在地谈心、交流的亲人,但他却没有,甚至连两个孩子都不在身边;同时,整日忙碌且年岁不小、病痛缠身的他也确实需要有人照顾。此外,林徽因的母亲已年逾七旬,一直由他一个人照顾,既不太方便,更显得力不从心。

林徽因去世后,也有不少同事、朋友和领导关心梁思成的生活,提出要给他找个老伴,还有一些女士仰慕梁思成的大名,毛遂自荐要与梁思成结为伴侣,但他都没有答应。生性幽默的梁思成曾经戏述自己的择偶标准为"三要"和"三不要",即老的不要、丑的不要、身体不好的不要,反之,则可以考虑。但事实远非这么简单。出于自身的年龄、健康状况等种种世俗的顾虑,尽管梁思成十分渴望重建一个温馨的家,但很长一段时间里,他只是将这一愿望悄悄地藏在心底,正如他自己所说的:

"……我这个'家',特别是在深夜,是多么的清静……多年来我心底深处是暗藏着一个'真空'地带的……对自己年龄和健康状况的'客观事实'我是意识到的,若干年来,我都让它压制着那年轻的'主观心情',从而形成了那么一个'真空',深深地埋藏起来。"[①]

---

① 林洙:《困惑的大匠·梁思成》,济南:山东画报出版社,2001年,第189页。

也许是命中注定，也许是令人欣慰的巧合，一个偶然机会使林洙又一次走进了晚年梁思成的生活。梁思成的感情"真空"再也不能维持，那看似平静的生活，在理解、信任的力量感召下，终于掀开了新的一页。

林洙1928年出生于福州市，1948年刚刚中学毕业的她从上海来北平，希望能进入清华大学继续求学。在这里，她结识了林徽因和梁思成，并很快成为一个受梁家欢迎的年轻朋友。北平解放后不久，林洙和清华大学建筑系教师程应铨结婚，并有了两个孩子。她先在重工业部基本建设局工作，1953年调到清华大学建筑系，在梁思成领导的《中国建筑史》编撰小组绘图，后在系资料室从事资料管理。工作上积极上进的林洙在家庭生活上却很不幸福，她和程应铨的婚姻最终以失败而结束，在努力摆脱失败婚姻给生活造成的阴影的同时，林洙以更大的热情投入到工作中。

由于在建筑学术界的特殊地位，新中国成立后，对从政毫无兴趣的梁思成除继续担任清华大学建筑系主任一职外，还兼任了许多社会职务。繁忙的工作令他应接不暇，他每天都要接到大量资料和信函，而他本人哪有那么多空余时间来处理。到了二十世纪六十年代初期，这一问题更加突出地表现出来。用梁思成自己的话讲，他本人简直是住在一个大字纸篓里，很多东西该扔掉，因为没有清理不敢扔，就这样像滚雪球一样，"字纸篓"也就越来越大，简直要把他埋起来了。清华大学建筑系的吴良镛先生看到梁思成面临的窘境，决定找一个合适的人来帮助梁思成整理资料，而这个人就是林洙，当时她正在清华大学建筑系资料室工作。

梁思成对林洙的到来深表欢迎。林洙主要帮助他整理各种信函和资料，同时，由梁思成口授，代写一部分简单的回信。很快，杂乱无章的梁家变得井井有条。工作之余，他们也谈论一些彼此都感兴趣的话题，从文学作品的欣赏到彼此的生活经历。渐渐地，他们惊讶地发现，两人有那么多的共同语言。梁思成还是他的一贯风格，常常是一个思考敏锐、言语不多的忠实听众；而腼腆的林洙则成为聊天的主角，她感到无比的轻松和愉悦,因为在梁的面前她可以如此无拘无束地将她对文学、对生活的理解和感悟一一倾诉,而这恰恰是她以往的情感生活所缺乏的。梁家的客厅因为有了他们这么热烈、真诚的谈话,而少了几分冷清,多了些许温馨。许多年以后,已经年迈的林洙回忆起这一段日子,仍旧感到无比的幸福和温暖。她这样写道:"我们就这样倾心地交谈着,我回家的时间也从9点推迟到9点半,到10点。可以这样推心置腹地交谈的知音,在我的一生中只遇见过这一次。我感到和他待在一起有无限的温暖与宁静,同时觉得得到了许多的东西。得到了什么?在知识方面?在道德方面?抑或在感情方面?不,我说不清楚。"① 爱情的力量是林洙"说不清楚"的。正是在相互之间逐渐加深的信任与理解中,林洙和梁思成相爱了。一切是那么的不可思议,他们年龄相差悬殊,以往只是普通的同事关系、上下级关系,恐怕在此之前,彼此都从未把对方作为自己在情感方面的选择对象,甚至连想都没有想过吧;一切又是那么的自然真挚,是信任和理解使他们从相识到相知,再到相爱。这其中没有花前月下,也没有卿卿我我,甚至没有海誓山盟,但在真诚的信任和理解中构筑的爱恰似一股涓涓清流,悄悄地滋润着梁思成和林洙的情感空间,并在不知不觉中将两人紧紧地连在一起,任凭风吹雨打,再也无法将他们分开。

既有激情、又不失冷静思考的梁思成,对于他们之间的感情升华起到了关键的作用。他将自己对林洙的爱恋之意勇敢地表达出来,而所用的方式则既传统又不失浪漫——他写了一封自己称为"申请书"的求爱信。浓浓的暖意和诚挚的情感洋溢在质朴的话语中,尽管其中也流露出一丝世俗的胆怯和顾虑。这里我们摘录了信中的几个片段:

不瞒你说,多年来我心底深处是暗藏着一个"真空"地带的;这

---

① 林洙:《困惑的大匠·梁思成》,济南:山东画报出版社,2001年,第187页。

几天来,我意识到这"真空"有一点"漏气",一缕温暖幸福的"新鲜空气"好像在丝丝漏进来。这种"真空"得到填补,一方面是极大的幸福,一方面也带来不少的烦恼。我第一次领会到在这样"万籁无声,孤灯独照"的寂寞中,得到你这样默默无声地同在一起工作的幸福感。

我非常非常珍惜这些天你给我带来的愉快和温暖,这就不可避免地增厚加深了我对你的感情。这种感情并不是什么"一见倾心"的冲动,而是多年来积累下来的"量变"到"质变"。这样的"质变"虽然使我(单纯从我一方面想)殷切地愿望你就这样,永远永远不再离开我,但我也知道这是一种荒唐的不切实际的幻想。

亲爱的朋友,若干年来我已经这样度过了两千多个绝对孤寂的黄昏和深夜,久已习以为常,且自得其乐了。想不到,真是做梦也没有想到,你在这时候会突然光临,打破了这多年的孤寂,给了我莫大的幸福。你可千万千万不要突然又把它"收"回去呀!假使我向你正式送上一纸"申请书",不知你怎么"批"法?①

如果用"情深义重,严谨而不乏幽默"来概括这封信的内容,恐怕再贴切不过了。面对自己所爱的人,梁思成敢于主动冲出世俗的羁绊,去坦诚地表露自己的情感,这需要何等的勇气!我们真应该为梁思成迈出这一步而感到高兴。此时,最幸福的人莫过于林洙了。她的顾虑和压力可能比梁思成还要大,以至于她还没有足够的勇气去表达自己的情感;但一旦这"幸福"突然降临的时候,她就再也无法抑制自己的感情,而幸福地陶醉其中了。这种情感就像是一泓秋水,平静、自然的表面下面蕴含着无限的激情,一种对爱情、对生活、对事业更深层次的理解和感悟。在经历了人

---

① 林洙:《困惑的大匠·梁思成》,济南:山东画报出版社,2001年,第191—192页。

生中的许多沧桑之后,梁思成和林洙真诚相爱并最终成为生活中的伴侣。

当年,梁启超戏称梁思成和林徽因要经过地狱的磨炼才能走到一起来;历史竟会有着惊人的雷同,晚年梁思成和林洙的结合竟然又要经受种种磨难才能如愿以偿。只是,当年的磨难主要出自内因,梁思成和林徽因在性格等诸多方面有很大的差异,需要慢慢磨合;而现今的磨难则完全出于外部,来自传统思维下的社会舆论的种种非议和梁思成的亲属们的坚决反对。梁思成的弟妹们甚至联名给他们尊敬的二哥写了一封措辞颇为严峻的"抗议信"。一时间,风声鹤唳,四面楚歌。坦率地讲,即使在五十余年后的今天,梁思成和林洙的结合也同样会遇到各式各样的阻力。更何况,当年梁思成的弟妹们"干涉"哥哥晚年婚姻的动因,更多的是源自浓厚的手足之情,他们唯恐年纪比哥哥小近二十岁的林洙是贪图金钱和地位才嫁给哥哥,到头来,使得老实、善良的哥哥吃亏上当。我们丝毫不怀疑梁思成的亲人们是因为关心、爱护他才"干涉"他和林洙的结合,但在善意地"干涉"梁思成的同时,他们却在无意中忽略了一个关键问题:对于晚年的梁思成来说,什么样的生活才是他自己希望得到的幸福生活呢?

面对扑面而来的反对声,林洙几乎要顶不住了。她说:"在那些可怕的日子里,我的心仿佛是一只被野兽追逐的小鹿,惶惶不可终日。"[①]在爱情经受考验的时刻,梁思成勇敢地将各种压力都给承担下来,坦然处之。他用坚定平静的微笑慰藉着林洙,小心翼翼地呵护着她,关心着她。只要在一起,他们就有说不完的话,每天都过得很开心。

由于梁思成的特殊地位,他的婚姻风波甚至惊动了中央领导。当时的北京市委第一书记彭真在得知事情的经过后,明确地表示,支持梁思成的婚姻。

风雨之后,彩虹满天。梁思成和林洙终于顶住了种种阻力,于1962年

[①] 林洙:《困惑的大匠·梁思成》,济南:山东画报出版社,2001年,第193页。

6月17日正式结为夫妻,从此开始了他们风雨同舟、生死不渝的人生旅程。

婚后的生活是幸福的,梁家又时时回荡着欢快的笑声。梁思成的博学幽默和林洙的聪明贤惠相得益彰,可谓夫唱妇随,其乐融融。林洙讲了一件难忘的趣事。有一天,梁思成忽然一本正经地问林洙:"眉(林洙的小名),你知道你丈夫的全部官衔吗?"林洙不假思索地回答说:"当然知道。"梁思成依旧笑呵呵地说:"不见得吧!你知道我还是'瘦协'和'废协'的副主席吗?"这一下就把林洙问住了,她从未听说过有这么两个协会,百思不得其解。看到妻子苦思冥想的样子,梁思成像个孩子似的哈哈大笑道:"不知道了吧,'瘦协',是瘦人协会,夏衍是会长,他只有44公斤,我和夏鼐是副会长,一个45公斤,一个47公斤。我们三人各提一根拐杖,见面不握手而是碰杆。'废协',是废话协会。一天我和老舍、华罗庚一起闲聊,老舍抱怨说:整天坐着写稿,屁股都磨出老茧来了。我开玩笑说:'为什么不抹点油?'老舍也回答得快:'只有二两油,不够抹的。'华罗庚接上来说,'我那份不要了,全给你。'"讲到这里,梁思成又忍不住笑起来,边笑边说:"逗贫嘴谁也说不过老舍,所以他当了'废协'的主席,我和华罗庚是副主席。"终于明白了怎么回事的林洙也不禁哈哈大笑起来,并笑称梁思成是个专门骗人的"大坏蛋"。①

时光就这样在不知不觉间流逝着,他们的感情也愈发深厚和牢固。对此林洙曾颇有感触地说:"我的经历告诉我,夫妻之间不能仅凭一时间热烈的爱情,还应有诚挚的友谊……夫妇间要保持持久的友谊与爱情并不是容易的事,它要求双方都付出执着不懈的努力。"②

1963年开展的"反贪污反官僚主义"运动中,林洙被组织上错误地认为有贪污嫌疑,并对其展开了调查。有关部门负责人三番五次地找林洙谈话,要求她坦白交代错误。由于梁思成的特殊身份,整个建筑学术界都

---

① 林洙:《困惑的大匠·梁思成》,济南:山东画报出版社,2001年,第201—202页。
② 林洙:《困惑的大匠·梁思成》,济南:山东画报出版社,2001年,第202页。

在议论这件事，林洙所受的压力之大可想而知。其实，此时的梁思成所受的压力同样大，一面是国家法律、组织纪律，一面是亲爱的妻子，他既绝对相信组织，又很了解和信任妻子，他们谁对谁错呢？梁思成陷入了苦苦的思索。理智又一次使他找到了正确的处理办法，在林洙几乎要绝望的时候，梁思成的一段话"解放"了她。梁思成很严肃地告诉林洙他的明确态度，他说："组织对你的审查不是轻率的，不是无根据的怀疑，而是掌握了一定的材料……不管你的问题多大，贪污了多少钱，只要你彻底坦白，我愿意也有能力帮你退赔，并且不会影响今后我们之间的感情。如果你真的没有问题，那就振作起来，帮助领导把问题弄清楚。但是我告诉你，如果最终你的话和组织的结论不一致，那我是相信组织的，那我们之间的关系就算完了。"①正是这段冷静而不乏温情的话，给了林洙很大鼓励，撇开个人委屈，积极协助组织调查，最终证明自己没有问题。我们可以想象当时林洙的心情是多么的激动和欢畅，不仅是因为自己终于摆脱了"莫须有"的罪名，更重要的是，林洙亲眼看到，在全系、全校、甚至整个建筑界都在耻笑她是个贪污分子的时候，梁思成却能够泰然处之，丝毫没有冷落她，而是向她伸出了温暖的手，帮她渡过难关。对于一个家庭而言，有什么比这一点更重要的呢？

命运似乎总是在作弄善良的人们。正当梁思成和林洙沉浸在生活的和谐与幸福之时，史无前例的"文化大革命"开始了。和许许多多学术大师一样，梁思成从一个受人尊重的著名建筑学家一下子被打成了罪不可赦的"反动学术权威"，无休止的批斗与迫害也随即而来。梁思成成了造反派们重点批斗的对象，梁家也成了造反派们屡屡抄家的重点户。造反派们甚至勒令林洙必须和梁思成划清界限，限期离婚。他们这样训斥林洙："你要考虑一下，怎样和他彻底划清界限，是跟毛主席走，还是跟'反动权

---

① 林洙：《困惑的大匠·梁思成》，济南：山东画报出版社，2001年，第195—196页。

威'走,限你三天内做出选择。"在邪恶面前林洙毫不畏惧,她以自身的行动给了造反派们最响亮的回答:决不离婚,要永远和梁思成在一起。这里,我们引用林洙的一段个人独白,其内心世界清晰可见:

> 如果说1962年我同思成结婚后,由于我们在年龄、学识和生活经历上的差异,许多人不理解也不赞成我们的婚姻,如果说在巨大的社会舆论压力下我多少感到过惶惑的话,那么,几年的共同生活已使我更了解他,更认识他的价值。我庆幸自己当年的决定,并感谢上苍为我安排了这样一个角色。我在那惊慌恐怖的日子里,感受到幸福与骄傲,安慰与宁静。
>
> 我深信历史会说明一切,可能我等不到这一天,也许我会和他一起被红卫兵打死,也许我会被兄妹疏远,也许会被子女抛弃,也许会被朋友们拒绝。但是,我不能虚伪,不能回避,既然今天我更加了解了他,更加认识了他的价值,我唯一能做的,只能是诚实地把绞索套在自己的脖子上。[①]

残酷的迫害使梁思成原本已十分羸弱的身体彻底垮了。此时的他,工资被停发,存款被没收,各种待遇也被一并取消,造反派们唯一"赐予"他的就是精神和肉体上的折磨。然而,这一切,都没有吓倒林洙。对于年老病重的丈夫,林洙倾注了自己全部的关爱,去呵护他,照顾他,安慰他。她既是一位忠诚的妻子,又是一位细心的保姆和护士。无论遇到多么大的压力,无论生活有多么艰辛,林洙始终没有向命运低头。在相依为命的日子里,梁思成和林洙依旧在交流思想。一次,梁思成很坦率地谈及自己对于文化的民族性问题的认识,尽管不乏真知灼见,但显然大大违背了

[①] 林洙:《困惑的大匠·梁思成》,济南:山东画报出版社,2001年,第246页。

当权者的观点。耿直的梁思成甚至表示不愿意口是心非地写假检查，而希望像以往那样把自己的观点摆出来和大家讨论。他的这一想法把林洙吓坏了，如果梁思成真要把这些观点和盘托出和学生们讨论，那岂不马上就要被扣上向无产阶级专政反攻倒算的罪名？于是，林洙万般叮嘱梁思成，这些话只能在家里说说，绝不可说给外人。看到妻子紧张的样子，梁思成似乎忽然明白了其中缘由，他温和地笑着说："你真是'反动权威'忠实的老婆。"这句带着几分酸楚的玩笑之语是这么的朴实真挚，其中的酸甜苦辣，各种滋味，恐怕只有林洙才能完全体味出来。

梁思成病危住进医院后，林洙每天则要参加学习班，从早上一直到深夜，然后再匆匆忙忙赶到医院照顾梁思成。而病得几乎连说话都困难的梁思成每天晚上都会像个孩子似的，等见到林洙，这才肯入睡。每天早晨林洙一起床，他马上就会惊醒，一直目送林洙离开病房。

1972年1月9日，梁思成因病永远离开了这个世界。尽管他带着很多遗憾而去，但有一点，他是十分欣慰的，那就是，事实证明：他和林洙的结合是正确的，他们之间用信任和生命构筑的爱是牢不可摧的。

思成，有成；也难成

执教东北大学

1928年9月，满怀着对即将开始的事业的无限期望与憧憬，风华正茂的梁思成和新婚妻子林徽因在穿越了漫长的西伯利亚大铁路之后，回到了久别的祖国。

对于梁思成、林徽因夫妇来讲，从美国学成归来，找一份薪水不菲的工作应该是不成问题的。一方面，国内建筑市场方兴未艾，但建筑专业人才奇缺，几家主要的建筑公司都在以非常优厚的待遇招揽人才；另一方面，以梁思成的专业背景和家庭人脉资源，开设一家建筑设计公司，应该是不成问题的。事实上，梁启超的诸多朋友也都希望梁思成在充分考虑收入待遇的情况下，要么选择入职一家实力雄厚的大公司，要么自立门户开办公司。但梁思成的选择出乎大多数人的意料，在父亲梁启超的支持下，他和林徽因选择离京赴沈阳，执教东北大学建筑系。而此时的东北大学建筑系刚刚完成形式上的成立，除了几十位对现代建筑学一无所知的新入学学生外，一无专业师资，二无专业教学设备，三无基本的培养方案，一切都要等待即将赴任的梁思成、林徽因夫妇前去开创。

　　选择到大学教书这一具有浓厚知识分子倾向的举动，在很大程度上显示出了梁思成的学术兴趣和父亲梁启超的教育子女理念。梁启超对于自己爱子的前途可谓深思熟虑，尽管健康状况不断恶化，但他还是亲自为即将归来的长子的工作再三筹划。梁启超最早的想法是在清华大学为梁思成谋取教职，并一度为此积极奔走。后来，梁思成的校友杨廷宝找到了梁启超，告知东北大学成立建筑系，急需一位系主任。原来，少帅张学良兼任东北大学校长之后，着力推动大学的建设和发展，办学规模迅速扩大。考虑到社会发展对现代建筑学人才的需求，1928年，东北大学决定设立建筑系，并招收了第一届15名学生。当时的中国，仅有国立中央大学刚刚成立了建筑系，而真正接受过现代建筑教育的人极少，能有资格和水平创办大学建筑系的专业人才更是凤毛麟角。时任东北大学工学院院长的高惜冰，最初推荐的建筑系系主任人选是其清华校友、刚在美国宾夕法尼亚大学获得建筑学硕士学位的杨廷宝，但杨廷宝自1927年回国后即应邀入职天津基泰工程公司。面对东北大学的盛情邀请，杨廷宝想起了一个合适的人选，这个人就是即将从美国留学归来的梁思成。鉴于东北大学开学在即，杨廷宝未及与梁思成本人沟通，便直接来到梁家，向梁启超谈及此事。梁启超对于杨廷宝带来的就业信息颇感兴趣，在他看来，虽然梁思成"学了工程回来当教书匠是一件极不经济的事"，但东北大学发展空间大，且可磨砺意志，"将来或可辟一新路"。[①]对于之前一直在努力争取的清华大学任教机会，梁启超将其和东北大学作了比较之后，亦明确表示"清华太舒服，会使人懒于进取"。[②]梁启超写信告诉梁思成这一消息，并明确表达了自己的态度，他说："奉天建筑事业极发达，而工程师无一人，汝在

---

① 梁启超：《致梁思成（1928年5月4日）》，张品兴编：《梁启超家书》，北京：中国文联出版社，2000年，第535—536页。
② 梁启超：《致梁思顺（1928年5月13日）》，张品兴编：《梁启超家书》，北京：中国文联出版社，2000年，第542页。

彼任教授，同时可以组织一营业公事房，立此基础前途发展不可限量。"①一个月后，梁启超再次致信梁思成，表示"为你前途立身计，东北确比清华好（所差者只是参考书不如北京之多），况且东北相需甚殷，而清华实带勉强。"②他希望梁思成八月前赶回，以免耽误东北大学开学。

懂得怎样的爱才会对子女终身有益，梁启超给我们做出了表率。这一点，对于今日中国数以亿计的年轻父母们恐怕有着巨大的借鉴价值。

梁思成的专业兴趣和理想，以及求学期间表现出的古建筑研究能力，则是促使他选择到东北大学执教的内在动力。留学期间，梁思成对建筑历史的学习和研究产生了浓厚的兴趣，而他在艺术领域的天分又使得这一兴趣充分展现出来。在梁思成的同窗好友陈植的一篇文章中，详细描述了留学美国时期梁的刻苦求学与学术兴趣，陈植这样回忆说："思成兄就学期间全神以赴，好学不倦给我以深刻的印象。我们常在交图前夕彻宵绘图或渲染，他是精益求精，我则在弥补因经常欣赏歌剧和交响乐而失去的时间。在当时'现代古典'之风盛行的影响下，思成兄在建筑设计方面鲜落窠臼，成绩斐然，几次评为一级。他的设计构图简洁，朴实无华，但亦曾尝试将建筑与雕塑相结合，以巨型浮雕使大幅墙面增添风韵。他的渲染，水墨清澈，偶用水彩，则色泽雅淡，明净脱俗。"也正是在这一时期，梁思成对建筑史研究表现出越来越浓厚的兴趣，"除建筑设计外，思成兄对建筑史及古典装饰饶有兴趣，课余常在图书馆翻资料、做笔记、临插图，在掩卷之余，发思古之情……考古已开始从喜爱逐渐成为他致志的方向。"③留美期间的一件趣事令梁思成记忆犹深，以至于多年后每每提及，

---

① 梁启超：《致梁思成（1928年5月8日）》，张品兴编：《梁启超家书》，北京：中国文联出版社，2000年，第539页。

② 梁启超：《致梁思成（1928年6月10日）》，张品兴编：《梁启超家书》，北京：中国文联出版社，2000年，第546页。

③ 陈植：《缅怀思成兄》，赵炳时、陈衍庆编：《清华大学建筑学院（系）成立50周年纪念文集》，北京：中国建筑工业出版社，1996年，第6页。

他还颇为得意。当时，老师要求设计并制作一件艺术作品，梁思成精心为林徽因制作了一面仿古铜镜，铜镜正中刻着两个"飞天"图雕。铜镜设计构思巧妙，制作精良，几乎到了以假乱真的地步。调皮的梁思成竟先将作品拿给一位专门研究东方美术的教授鉴定，结果那位教授居然将其当作了中国北魏时期的文物。

留学期间，梁思成接受的是典型的西式学院教育，建筑学理论来自西方，也受西方审美观念的熏染。在宾夕法尼亚大学就读的最后一年，他对意大利文艺复兴时代的建筑进行了广泛的研究，从比较草图、正面图以及其他建筑特色入手，追溯了整个文艺复兴时期建筑的发展道路。后来的实践证明，这一时期的严格训练对他回国后从事的建筑史研究及建筑教育工作大有裨益。更难能可贵的是，虽然身在美国，但梁思成始终没有全盘照搬西方的建筑学，而是尝试将中西建筑文化熔为一炉。前文我们已经谈到梁思成在父亲的悉心指导下，从小就受到了严格的国学教育，国学造诣深厚，就这一点而言，梁思成继承了梁家的家学；同时，在清华读书的八年和在美国的四年留学生涯里，梁思成接受了系统的西式教育，学习了大量的现代科学和人文知识，真正做到了中西并重，中西贯通。对于父亲在国学学习方面给予自己的帮助和指导，梁思成感触颇深："我非常感谢父亲对我在国学研习方面的督促和培养，这为我后来研究建筑史打下了基础。"①

对于为什么选择建筑史、特别是宋代李诫的《营造法式》作为自己的学术研究方向，晚年梁思成曾经向家人系统谈过自己的初衷。他说：

在宾大学习时，看到欧洲各国对本国的古建筑已有系统的整理和研究，并写出本国的建筑史，唯独中国，我们这个东方古国，却没有自己的建筑史。当时西方学者尚未注意中国建筑的发展和技术。但我

---

① 林洙：《梁思成、林徽因和我》，北京：清华大学出版社，2004年，第30页。

感到日本学术界已开始注意中国，如著名学者大村西崖、常盘大定、关野贞等都对中国建筑艺术有一定的研究。我相信如果我们不整理自己的建筑史，那末早晚这块领地会被日本学术界所占领。作为一个中国建筑师，我不能容忍这样的事情发生。

同时，我在学习西方建筑史的过程中，逐步认识到建筑是民族文化的结晶，也是民族文化的象征。我国有着灿烂的民族文化，怎么能没有建筑史？！

1925年父亲寄给我一部重新出版的古籍，"陶本"《营造法式》，我从书的序及目录上，知道这是一本北宋官订的建筑设计与施工的专书，是我国古籍中少有的一部建筑技术专书。但是在一阵惊喜之后，又带来了莫大的失望和苦恼，原来这部精美的巨著竟如天书一般，无法看懂。我想既然在北宋（公元960—1127年）就有这样系统完整的建筑技术方面的巨著，可见我国建筑发展到宋代已经很成熟了，因此也就更加强了研究中国建筑史、研究这本巨著的决心。①

1928年9月，梁思成赴沈阳就任东北大学建筑系主任，时年27岁，妻子林徽因亦随同赴东北大学任教，两人均被聘为专任教授。到任伊始，他们两人就承担起了建筑系全部的专业教学工作，因为最初的一个学年，整个建筑系只有他们两位专业教师。尽管如此，建筑系的教学及管理工作仍得以顺利进行，有了一个相当不错的开端。当然这必须归功于梁思成、林徽因夫妇全身心的投入和他们渊博的学识。为改变建筑系师资严重缺乏的状况，梁思成想方设法从尚未归国的国外高校中国留学生中招揽人才，以构建高水平的专业教师团队。首先受聘前来执教的是其同窗好友陈植，他到东北大学的时间是1929年8月。之后，童寯、蔡方荫等几位留美毕

---

① 林洙：《梁思成、林徽因和我》，北京：清华大学出版社，2004年，第36页。

业生陆续到任。这些和梁思成年龄相当的年轻人给同样年轻的东北大学建筑系带来了无限生机与活力，使其成为中国真正意义上的现代建筑师摇篮。后来，他们和梁思成、林徽因夫妇一样，都成为中国知名的专家和学者。而且，由于他们的出色工作，因为"九·一八"事变而被迫停办的东北大学建筑系，在并不长的办学时间内，培养了一批卓有成就的建筑师，如刘致平、刘鸿典、张镈、赵正之等人。

执教东北大学的三年时间里，梁思成在承担了大量教学工作任务的同时，积极推动建筑系的基础性建设，以课程设置和学生培养为重点，初步形成了"学院派"特色突出的教学体系，努力充实教师队伍，成功地构建了以清华同学和宾夕法尼亚大学校友为核心的高水平的师资队伍。可以说，这一时期，是梁思成建筑教育思想的初步形成期。

在东北大学工作期间，梁思成亦积极尝试开展古建筑调查和建筑设计。到达沈阳之初，他一度为建筑系的工作忙得不可开交，根本拿不出时间和精力从事设计工作。陈植、童寯、蔡方荫等人陆续加盟后，教学工作任务一下子减轻了很多，成立营造事务所事宜旋即提上日程。营造事务所最终以梁思成、陈植、童寯、蔡方荫等4人姓氏命名，名曰"梁陈童蔡营造事务所"，林徽因虽然未名列其中，但亦为重要成员之一。就目前可考证的资料看，"梁陈童蔡营造事务所"承揽完成的较大规模的建筑设计项目主要有两项：一是原省立吉林大学教学楼群；二是原东北交通大学部分校舍。此外，在"梁陈童蔡营造事务所"成立之前，梁思成也承接了一些大学校舍、小型的公共建筑和私人住宅的设计任务。据梁思成的好友费慰梅记述，梁思成、林徽因一起设计了沈阳郊区的一座公园——肖何园，以及一些有钱的军阀的私宅。由于东北局势的迅速恶化，"梁陈童蔡营造事务所"存在的时间并不长，承接并完成的设计项目数量也不多，但对于梁思成、陈植等人而言，这段经历却是很好的历练，对于他们日后组建营造事务所或是从事建筑设计应该大有裨益。

沈阳曾经作为清朝入主关内之前的首都，有着大量的皇家建筑物，这无疑为梁思成、林徽因夫妇的实践提供了理想的对象。他们从丈量沈阳郊区清"北陵"的建筑开始，尝试用现代建筑学手段调查古建筑，这期间积累的经验和教训为他们后来专业开展古建筑调查与研究打下了很有价值的实践基础。作为一名成就斐然的古建筑保护专家，梁思成力图保护中国古建筑的实践也始于这一时期。当时，沈阳市市长以阻碍交通为由，决定拆除漂亮的钟鼓楼。梁思成焦急万分，他试图将这一文化瑰宝保存下来。他告诉那些当权者：毁坏容易保护难，古建筑一旦消失就不能再恢复了，为什么要选择毁灭它们呢？结果令他非常失望，当权者拒绝了他的建议。这一结果似乎是一个悲剧的预示：作为一名建筑学家，他的一生中多次遇到这样无奈而痛心的事情，直至生命最后一刻，他很少能凭借一名学者的力量实现他本应实现的愿望，精美的中国古建筑在他的视野中一个一个消失了。

执教东北大学期间，为授课需要，梁思成对中国雕塑史进行了系统的研究，并精心编写了讲课提纲，在此基础上，进一步充实内容，撰写了《中国雕塑史》一书。 这部著作既是梁思成早期学术研究的一项重要成果，也是近代中国第一部雕塑史。全书未排出章节目次，而是按历史朝代编排，共有"上古""三代——夏""三代——商""三代——周""秦""两汉""三国、两晋""南北朝——南朝""南北朝——北朝""北齐、北周""隋""唐""宋"和"元、明、清"等14个部分，三万余字，并配有近二百幅插图。篇幅虽然不长，但图文并茂，文笔生动，如新风扑面，趣味盎然。

这一时期，梁思成在学术研究方面还有一项重要成果，那就是他和好友张锐合作编写了《天津特别市物质建设方案》。张锐是梁思成的清华校友，又同在哈佛留学，和梁是多年的好朋友，他所学专业为市政管理，留学归国后曾在东北大学短暂执教，后进入天津市政府从事市政管理与建设工作。1929年12月，由南京国民政府国都设计技术专员办事处制定的

《首都计划》正式公布，引起广泛关注，国内其他一些大中城市也纷纷仿效，按照现代城市建设规划的基本原理和方法，组织制定本地的城市建设规划方案。《天津特别市物资建设方案》即是在这一背景下提出编制意愿，并面向全社会公开征集的，梁思成和张锐合作编写的方案最终入选，并获评最佳方案。

1930年冬天，林徽因患病且日益严重，后来在北平协和医院确诊为肺结核。这种病在当时的中国被认为几乎是无法治愈的，东北的冬天又是那么的寒冷，羸弱的徽因显然无法适应。在家人和朋友们的执意坚持下，林徽因回到北平养病，梁思成仍留在沈阳，继续领导着建筑系的工作。命运似乎总在给人们开玩笑。雄心勃勃的少帅张学良全力扶持东北大学快速发展，希望将其办成东北的人才培养基地。但他没有料到，创办不久的东北大学却将中国官场上的朋党之争全面继承过来，朝气蓬勃逐渐被拉帮结派所替代，民主风气则被专制霸道取而代之。这一局面令梁思成大为失望，而东北局势的急剧恶化又使得梁思成的"失望"变成了"无望"。日本人早就对富饶的东三省垂涎三尺，二十世纪三十年代初更是加紧了侵略步伐，东北危在旦夕。梁思成等人在为东北大学的前途深深忧虑之际，不得不开始寻求新的出路。1931年，东北的局势已成剑拔弩张之势。迫于时局压力，这年2月，陈植离开东北大学到了上海，和赵琛一起成立了赵琛、陈植事务所，其他一些同事也相继离职。梁思成先是于1931年2月将建筑系的工作交给了同事童寯，6月，辞别东北大学回北平，在北总布胡同三号安家。9月，正式加入朱启钤创办的中国营造学社，担任专职研究人员。之后不久，"九·一八"事变爆发，东北三省随即沦陷，东北大学被迫流亡关内。

醉心古建筑

东北大学的工作虽然短暂，但对梁思成后来的人生与事业均产生了深远的影响。他研究中国古建筑的愿望更迫切了，决心也更坚定了。

中国营造学社成立于1930年3月，其创始人是朱启钤。选择到中国营造学社工作，是梁思成一生的重大抉择。如果用世俗的观点衡量，加入这个名不见经传的民间学术团体，似乎和梁思成的地位和学识极不相称，但梁思成却最终选择了它。原因很简单，因为梁思成下决心从事建筑历史的研究工作，这也是他终生的志趣所在，而中国营造学社恰恰是以研究中国古建筑为宗旨的。费慰梅将中国营造学社称为"有钱人业余爱好的副产品"。

朱启钤是清末民初一个非常著名的人物，曾先后出任北洋政府交通总长、内务总长、代理国务总理等要职。和许许多多旧式官僚不同，朱启钤的业余爱好是当时难登大雅之堂的古建筑，热心古建筑研究、文物收集和整理。他曾参与领导过一些古建筑的修缮与保护工作，和许多一辈子都在维修那些皇家建筑的工匠建立了密切而愉快的关系，从他们那里，他了解了很多中国古建筑方面的知识，并对此产生了浓厚的兴趣。

后来，朱启钤出差途经南京时偶然在江南图书馆发现了34卷本的《营造法式》手抄本，"其书乃宋李诫奉敕编进，分别部居，举凡木、石、土作，以及彩绘各制至织至悉，无不详具，并附图样，颜色、尺寸尤极明晰"。[①]多年积累的古建筑知识，使朱启钤敏锐地认识到这部书的重要价值。《营造法式》是宋徽宗在位时官订的建筑设计、施工的专书，也是现存的中国古籍中最完善的一部建筑技术专书。公元1097年（宋绍圣四年），时任将作监主簿的李诫奉旨在原有《营造法式》的基础上，重新编修《营造法式》，公元1100年（宋元符三年）成书，全书共34卷。在时任江苏省省长严震的协调帮助下，朱启钤得以将《营造法式》一书借出，后筹措资金，委托商务印书馆影印出版，这就是"丁本"《营造法式》。由于"丁本"

---

① 朱启钤：《石印〈营造法式〉序》，崔勇、杨永生选编：《营造论——暨朱启钤纪念文选》，天津：天津大学出版社，2009年，第53页。

《营造法式》"惜系钞本，影绘原图不甚精审"，①朱启钤经多方搜求，得到四库文渊阁、文津阁、文溯阁三阁《营造法式》藏本和蒋氏密韵楼本，他再次筹措资金，并邀请陶湘、傅增湘、罗振玉、祝书元、郭葆昌、吴昌绶等专家学者将上述藏本与"丁本"《营造法式》互相勘校，于1925年刊印发行了"陶本"《营造法式》。"陶本"《营造法式》行款字体均仿宋刊本，校勘精良，印制精美，除正文外，还集录了诸家记载及题跋，并对《营造法式》的版本流传予以详细考证。该书的出版发行在学术界产生了较大的影响，中国古代营造之学亦逐渐为海内外学人所关注。

朱启钤大概没有想到，《营造法式》对远在万里之外的梁思成和林徽因产生了那么大的影响，以至于决定了他们一生的兴趣和努力方向。也正是这部书，在几年之后，又戏剧般地将朱启钤和梁思成联系起来。为了深入研究《营造法式》，朱启钤自筹资金，成立了私人研究机构——营造学会。学会的经费由朱启钤个人承担，会址即设在北京东城宝珠子胡同朱的家里。到了1928年之后，由于研究工作的需要和个人财力所限，朱启钤决心改造营造学会，争取中华教育文化基金会资金支持，成立专门的研究机构。经过近两年的筹备，在资金、办公地点、人员基本就绪的情况下，1930年3月16日，近代中国第一个研究古建筑的学术团体——中国营造学社在北平成立，朱启钤亲自担任社长。中国营造学社早期的成员大多是一些国学家，对建筑几乎一无所知，这显然体现了传统思维中人们对于建筑史研究的理解和认识，他们试图从浩瀚的古籍中去发掘中国建筑历史的脉络。我们不难想象，按照这一模式发展下去，即便朱启钤的热情再高，中国营造学社也不会有所作为，但梁思成的到来彻底打破了这一局面。

对于中国营造学社来讲，梁的加盟不仅增加了一位真正意义上的建筑学家，更为重要的是，梁思成带来了现代建筑学研究的科学方法与理念，

---

① 朱启钤：《石印〈营造法式〉序》，崔勇、杨永生选编：《营造论——暨朱启钤纪念文选》，天津：天津大学出版社，2009年，第53页。

中国营造学社的古建筑研究很快便大步向前；对于梁思成而言，他朝思暮想的中国建筑史研究终于找到了一个适宜的学术平台，尽管一切都要从零开始，尽管条件很简陋，但有什么能比集中精力调查、研究中国的古建筑和他视为圣书的《营造法式》更吸引他呢？！

梁思成加入中国营造学社之后，学社随即在组织结构上进行了第一次大的调整，设立了文献部和法式部，由梁思成出任法式部主任，文献部主任暂由阚铎担任，其他职员，则酌量予以改组。至于朱启钤本人，得以放手学社的一些具体事务，着重协调各方关系，争取更多支持。一个月后，由于阚铎的离职，朱启钤兼任文献部主任。此时，朱启钤已经开始积极物色新的文献部主任了，他选定的对象是时任中央大学建筑系教授的刘敦桢。1932年6月，刘敦桢即名列中国营造学社正式职员名单，任文献部主任。至此，中国营造学社文献部、法式部二部分设的格局基本形成，前者侧重于对古籍文献上关于古建筑及建筑技术的记载进行研究，后者侧重从实物调查入手，对古建筑进行测绘、制图和分析鉴定。共同的志趣使梁思成和刘敦桢成为事业上的亲密伙伴，他们密切协作，相得益彰，在古建筑调查与研究中取得了一系列丰硕的成果。社长朱启钤则充分发挥自己所长，四处筹款，亲自出面与各地的地方官员们协调学社成员的外出调查事宜，而这一切对于学社的发展，尤其是大量古建筑调查成果的取得是必不可少的。

从加入中国营造学社之时起，梁思成就下决心要寻找和发现中国建筑的"文法"。而要做到这一点，谈何容易！建筑学在中国古代称为匠学，由匠人师徒相传，传授的方法多为口述和实际操作。由于长期的战乱，完整保存的古建筑并不多，建筑技术著作更是匮乏至极。当时为人们所知的只有宋代的《营造法式》和清代工部《工程做法则例》两部书，均为当年负责宫廷建筑的官员编撰的建筑规范。这两部书久已无人研习，内容偏专，语言晦涩，加上很多技术早已失传，令人如观天书，根本无法解读。尽管内容一时难以弄清楚，但梁思成对其中蕴含的巨大价值没有丝毫的怀疑，他似乎已经看到这两部书背后呈现出的绚烂多彩的中国古代建筑历程。

在征服"天书"的历程中，梁思成没有沿袭纯粹理论研究的老路子，而是采用了与实践相结合的方法。《工程做法则例》是雍正十二年（公元1734年）修订颁行的一部建筑术书，共分70章，涉及建筑材料的计算和"大木作"的规则，并对27种大小房子的每一个建筑结构都提供了丈量方法。该书成书时间较晚，距二十世纪三十年代只有二百年左右，而且国内保存的建筑实例较多，尤其是故宫，便于和实物印证。按照由近及远、逐渐深入的思路，梁思成在进入中国营造学社之后，首先从《工程做法则例》入手，开始系统地整理研究古建筑文献。故宫里那些世代以修缮这些皇家建筑为生的老工匠们成了他最好的老师。谦虚、平易的作风，扎实、深厚的国学功底，个人孜孜不倦的努力，使他不仅攻克了一个又一个难题，而且获得了那些朴实的工匠们的信任和热情帮助，古籍中晦涩的术语——得以化解，古建筑圣殿的大门在不知不觉中向他开启。梁思成仅用了一年时间就基本上把《工程做法则例》弄懂了，他将自己研究这部著作的学习心得整理成书，名曰《清式营造则例》，1934年由中国营造学社刊行。

在研究《工程做法则例》的过程中，梁思成对朱启钤多年来收集的数十本工程做法密本，以及师徒相传的口诀，进行系统研读和整理，并将其统一定名为《营造算例》。和《工程做法则例》相比，《营造算例》虽然内容驳杂，但更接近工程实践，易于理解，对它的研究实际上为进一步研究《工程做法则例》打下了必要的基础。从1931年4月开始，《中国营造学社汇刊》第二卷第一、二、三册陆续发表了经梁思成整理过的《营造算例》的部分内容，包括"庑殿歇山斗科大木大式做法""大木小式做法""大木杂式做法""土木做法""发券做法""瓦作做法""大木瓦作做法""石作做法""石作分法""琉璃瓦科做法"。1932年，梁思成重新校读《营造算例》，以单行本出版。1934年，在对其内容进一步修订之后，《营造算例》作为《清式营造则例》的姐妹篇得以再版。

《清式营造则例》是近代中国最早出版的以现代科学的观点和方法总结中国古代建筑构造做法的学术著作,在近代中国建筑史的研究中具有开拓性的意义。对于该书,学术界评价甚高,认为:"无论中国和外国,凡是想升堂入室、深入弄懂中国古代建筑的人,都离不开《清式营造则例》这个必经的门径。"[①]梁思成则谦称:"这部书不是一部建筑史,也不是建筑的理论,只是一部老老实实、呆呆板板的营造则例——纯粹限于清代营造的则例。"[②]林徽因在为该书所写的"绪论"中则较为客观地评述了梁思成的研究思路及该书的学术价值,她认为:"不研究中国建筑则已,如果认真研究,则非对清代则例相当熟识不可。在年代上既不太远,术书遗物又最完全,先着手研究清代,是势所必然。有一近代建筑知识作根底,研究古代建筑时,在比较上便不至茫然无所依傍,所以研究清式则例,也是研究中国建筑史者所必须经过的第一步。"[③]

梁思成并未陶醉在成功的喜悦之中,相反,首战告捷给了他无穷的动力。他时刻在告诉自己:真正的目标是攻克李诫的《营造法式》,撰写出一部出色的《中国建筑史》。为此,他必须加快研究的步伐。单纯的理论研究是无法实现这一目标的,他认为实地考察现存的古建筑,发现其技术演变的特点与规律,对于建筑史研究是必要和必需的过程。"近代学者治学之道,首重证据,以实物为理论之后盾,俗谚所谓'百闻不如一见',适合科学方法。艺术之鉴赏,就造形美术言,尤须重'见'。读跋千篇,不如得原画一瞥,义固至显。秉斯旨以研究建筑,始庶几得其门径。"[④]也

---

① 梁思成:《清式营造则例》,《梁思成全集》(第六卷),北京:中国建筑工业出版社,2001年,第3页。
② 梁思成:《清式营造则例》,《梁思成全集》(第六卷),北京:中国建筑工业出版社,2001年,第5页。
③ 梁思成:《清式营造则例》,《梁思成全集》(第六卷),北京:中国建筑工业出版社,2001年,第16页。
④ 梁思成:《蓟县独乐寺观音阁山门考》,《梁思成全集》(第一卷),北京:中国建筑工业出版社,2001年,第161页。

正是从这一时期起,梁思成带领中国营造学社的同事们开始了对中国古建筑的系统调查。

今天我们翻阅梁思成和林徽因当年的照片,很难觅到花前月下的情景,相反有很多他们在专心测量古建筑时的工作照,以及他们或步行或坐在破旧的牛车上行进在颠簸曲折的乡间土路上时不经意间拍下的照片。现代的人们也许很难想象在当时的中国开展野外建筑调查的艰辛。坦率地讲,这种艰辛不仅包括交通的不便、信息的闭塞等造成的种种困难,更有因社会处于严重混乱状态而随时可能出现的生命危险。梁思成、林徽因夫妇的好朋友费慰梅曾和他们有过一次在山西进行野外考察的经历,她的一段描述也许能帮助我们理解当时的困难状况,费慰梅这样记述当时的感受:"当时有知识的上层阶级和贫苦农民之间的传统鸿沟仍然很深,诚然,失业的或半失业的贫苦农民常常到城市里寻找低贱的职业,也常常从乡下把农产品送到集市上去卖,但是反向交流却很少见。城里的知识分子要下乡,不仅受到交通的限制,还将遇到许多别的困难甚至危险,车把式和过往的商贩住的小客栈,通常都只有火炕,有传染疾病的虱子,厕所里爬满了蛆。路边的茶馆可以供应可口的饭食,但是碗筷和茶饭是否干净,就很难说了。二十年代和三十年代,那些没有防备的过往行人还有碰到土匪抢劫的危险。"[1]梁思成在这一时期发表的调查报告中如实地记载了一些野外调查过程中遭遇的困难,以1932年的宝坻调查为例,交通方面,道路不畅,长途汽车也没有规律,雨雪天往往停开,约100公里的路程,正常通车的情况下乘车竟用了八个半小时;住宿方面,整个县城的旅店几乎均为"苍蝇爬满,窗外喂牲口的去处。"[2]对于当时社会治安的混乱,还有一件

---

[1] [美]费慰梅著,曲莹璞、关超等译:《梁思成与林徽因:一对探索中国建筑史的伴侣》,北京:中国文联出版公司,1997年,第66页。
[2] 梁思成:《宝坻县广济寺三大士殿》,《梁思成全集》(第一卷),北京:中国建筑工业出版社,2001年,第254—255页。

事极具代表性。1932年4月,梁思成第一次开展野外古建筑调查,当精疲力竭地到达目的地蓟县县城后,他立即打长途电话给还在北平家里焦急地等待消息的林徽因,告诉她说:"没有土匪。四个人住店一宿一毛五。"

资料的严重匮乏也是一个无法回避的难题。这些雄心勃勃的年轻建筑师们甚至找不到一份古建筑的简单介绍,哪怕是只言片语。中国大地上尚存的古建筑瑰宝只是存在于他们的充满热情的想象中,至于这些古建筑在哪里,现状如何,都是亟待解决的问题。事实上,大量的仍然存在的古建筑此时正散落在从乡村到城市的广袤土地上,就像一朵朵在驿外断桥边悄悄开放的寂寞的寒梅,如此的美丽,却又如此的孤单。据梁思成回忆,他最初是受一首华北地区广为流传的儿歌的启发——"沧州狮子应州塔,正定菩萨赵州桥",随即决定前往这些地方开展调查。

就在梁思成准备启程前往河北正定之际,一个不经意间得到的消息改变了他的决定。一天,他的好朋友杨廷宝突然兴冲冲地来找他,迫不及待地告诉他一个最新发现——一幅与众不同的古建筑照片,这恰恰是梁思成朝思暮想的。杨这样回忆当时的情景:"有一次我偶尔去到用作公共图书馆和群众教育展览厅的北京鼓楼,我看到在一楼巨大的穹顶下的一面墙上,挂着一幅外表古怪的寺庙照片。图片下面的说明清楚地写着:'蓟县独乐寺'。当我向思成形容照片上斗拱的形状时,他很兴奋,说我看到这张照片非常走运。"[1]梁思成立即驱车前往鼓楼,照片里的建筑果然如杨廷宝所描述的样子,其独特的造型浸透着历史的深邃。梁思成敏锐地意识到:这应该是一个年代久远的古建筑。也就在看到独乐寺照片的一瞬间,梁思成几乎不假思索地改变了原定的计划,决定首先前往蓟县。

蓟县是北方重镇,位于北京东面约九十公里的盘山之麓,山清水秀,风景怡人。今天的蓟县已是远近闻名的风景区,铁路、公路交通便利,但

---

[1] [美]费慰梅著,曲莹璞、关超等译:《梁思成与林徽因:一对探索中国建筑史的伴侣》,北京:中国文联出版公司,1997年,第66页。

在七十年前的中国,却是一座极度闭塞的山区小城。独乐寺保存有两座古建筑,一是前面的山门,二是观音阁。观音阁是一座外表两层实际三层的木结构建筑。在当地人的心目中,独乐寺是吉祥、幸福的象征,虽然屡经战乱,但始终得以完全保持。1932年4月的一天,梁思成带着弟弟梁思达和学社同事邵力工赴蓟县考察独乐寺。对于自己的首次野外考察,梁思成在日记中详细地描述了当时的情景:"这是一次难忘的考察,是我第一次离开主要交通干线的旅行。那辆在美国大概早就被当成废铁卖掉了的老破车,还在北京和那座小城之间定期地——或不如说是无定时地——行驶。出了北京城东门几英里,我们来到箭竿河。旱季,它的主流只剩下不到三十英尺宽,但是两岸之间的细沙河床却足有一英里半宽。在借助渡船渡过河水后,那辆公共汽车在松软的沙土中寸步难移。我们这些乘客得帮忙把这老古董一直推过整个河床,而引擎就冲着我们的眼鼻轰鸣。在别的难走的地方,我们还得多次下车。为了这五十英里路程,我们花了三个多小时,但这使人感到兴奋和有趣。当时我还不知道,在此后的几年中我会对这样的旅行习以为常,而毫不以为怪了。独乐寺观音阁高耸于城墙之上,老远就可以看到。从远处,人们可以看出这是一座古拙而又醇和的建筑。"[①]

作为一名建筑史家,梁思成既是幸运的,又是不幸的。他的幸运在于,他从事古建筑调查竟然借助一个偶然得到的线索而拥有辉煌的开端;他的不幸在于,他所生活的时代——贫瘠、落后的近代中国社会——无法给他提供迅捷有效的条件,去尽情探索那些他一生挚爱的古建筑。

此次调查证实,蓟县独乐寺观音阁和山门是当时中国境内已知的木结构建筑中历史最久远的。经梁思成考证,独乐寺观音阁和山门重建于辽圣宗统和二年(公元984年),到1932年,已有948年历史,"盖我国木建

---

① 林洙:《梁思成、林徽因和我》,北京:清华大学出版社,2004年,第57页。

筑中已发现之最古者。以时代论，则上承唐代遗风，下启宋式营造，实研究我国建筑蜕变上重要资料，罕有之宝物也。"①调查期间，梁思成对独乐寺内的建筑进行了详细的测绘、摄影，抄录碑记，搜寻史料，走访当地居民，获得了大量第一手的资料。梁思成将独乐寺各个建筑部件的尺寸和《营造法式》记录的宋代建筑的建造尺寸逐一比较分析，独乐寺观音阁和山门就像是一部简洁明了的教科书，将《营造法式》中一些内容晦涩的文字记载作了生动、清晰、准确的解读，不仅回答了之前一些颇令梁思成费解的难题，而且较为直观地展示了宋代建筑的基本设计规律。

结束蓟县的调查回到北平后，梁思成在林徽因、蔡方荫等人的协助下，对调查数据及相关历史文献进行了深入的研究，撰写了《蓟县独乐寺观音阁山门考》。该文正文部分包括"总论""寺史""现状""山门""观音阁""今后之保护"6部分，对主要建筑的外观、平面、台基、柱子、斗栱、梁架、椽、瓦、墙、门窗、彩画等结构与装饰各部分作了全面剖析，就古建筑的维修、管理提出了明确的思路和举措，并绘制了大量的图纸，反映其外形、结构和细部特征。《蓟县独乐寺观音阁山门考》发表在1932年6月刊行的《中国营造学社汇刊》第三卷第二期。报告发表之后，引起中外学术界的高度关注，不仅因为独乐寺观音阁是当时中国发现的最古老的一座木结构建筑，更在于这是近代中国第一篇用科学方法分析古建筑的调查报告，内容严谨，文笔生动，作者的学术功底和治学风格亦初见端倪。建筑学家傅熹年后来评价该调查报告说："通过精密测绘并与《法式》印证初步探明宋式建筑设计规律的过程和科学的研究方法，是这方面开天辟地的第一篇重要论文。这篇处女作不仅一举超过了当时欧美和日本人研究中国古代建筑的水平，而且就透过形式深入探讨古代建筑设计

---

① 梁思成：《蓟县独乐寺观音阁山门考》，《梁思成全集》（第一卷），北京：中国建筑工业出版社，2001年，第162页。

规律而言，也超过了日本人当时对日本建筑研究的深度。"①

成功的开端给了梁思成无穷的激励和动力，再也没人能够阻挡住他对古建筑的追寻之旅，至于工作环境的极度艰辛，在他的眼里已变得微不足道。在之后的数年里，他和妻子林徽因，还有许多志同道合的同事、朋友们，足迹几乎涉及大半个中国。随着他们创造性的工作，一个个散落四方的古建筑掸去了岁月的风尘，重新进入人们的视野，国人为之欢呼，世界为之震惊，一部生动形象、璀璨无比的中国古代建筑史就这样被他们打开了。

从1932年到1937年，梁思成在古建筑调查与研究方面主要开展了以下工作：1932年，调查蓟县独乐寺及宝坻县广济寺三大士殿；1933年3月，调查河北正定县隆兴寺及正定古建筑；1933年9月，调查山西大同上下华严寺、善化寺、云冈石窟等；1933年9月，调查应县木塔、浑源县悬空寺；1933年11月，调查河北赵县赵州桥；1934年8月，调查山西晋中地区13县古建筑；1934年10月，调查浙江六县古建筑；1935年2月，考察曲阜孔庙建筑，并制定修葺计划；1936年春，调查龙门石窟及山东中部19个县古建筑；1936年冬，调查山西、陕西部分县市的古建筑；1937年6月，调查陕西、山西十余县市的古建筑。在开展野外调查的同时，梁思成撰写了许多高质量的古建筑调查报告，如《宝坻县广济寺三大士殿》《正定调查纪略》《赵县大石桥》等，此外，还和刘敦桢、林徽因等人合作撰写了《大同古建筑调查报告》《云冈石窟所表现的北魏建筑》《晋汾古建筑预查记略》等。

每次外出考察，梁思成总是身先士卒，吃苦耐劳精神令同行之人佩服不已。他的敬业精神和平易作风深深影响了周围的同事，他们在共同的志向激励下，组成了一个高效的工作群体。莫宗江这样回忆当时的情景："我们每到一个地方，很快就分工，谁测平面，谁画横断面，谁画纵断面，

---

① 傅熹年：《一代宗师 垂范后学——学习梁思成先生文集四卷的体会》，高亦兰编：《梁思成学术思想研究论文集》，北京：中国建筑工业出版社，1996年，第12页。

谁画斗栱。分工完了，拉开皮尺就干，效率之高，现在回想都难以置信，因为当时每去一个地方经常要步行几十里，一定要干完了才能离去。梁先生爬梁上柱的本事特大。他教会我们，一进殿堂三下二下就爬上去了，上去后就一边量一边画。应县木塔这么庞大复杂的建筑，只用了一个星期就测完了。"①

至于调查中的各种艰难险阻，早已成为家常便饭。1933年9月，梁思成、林徽因夫妇和刘敦桢等人前往大同郊区的云冈石窟，对石窟做实地调查和研究。在空旷的山崖上，人迹罕至，他们费了九牛二虎之力，才找到一间只剩下几堵残垣断壁的废弃农舍。白天酷热难耐，夜晚则冰冷刺骨，几个人冻得几乎彻夜难眠。吃的更惨了，他们费尽周折，也只能买到一些土豆和玉米面，连咸菜都是难得的佳肴。但他们没有退缩，相反，他们完全沉浸在云冈石窟那伟大的艺术成就中，流连忘返，三天之后，方才依依不舍而去。据说，当地农民对这些大城市来的人有悖常理的行为大感不解，一度将他们视为怪人。

在对古建筑和《营造法式》的研究过程中，梁思成认识到木结构是中国古代建筑的基本形式，他迫切希望了解中国木结构建筑的建造原则以及过去三千年来这种建筑方法的演变过程。而唐代作为中国封建社会的鼎盛时期，其建筑风格极有特色，且距离现代不算太久，应该有少许的木结构建筑存在。于是，寻找一座存留下来的唐代木结构建筑，就成为梁思成从事野外考察的最大梦想。但从1932年开始，梁思成到过了华北的大部分地区，发现的年代最古老的建筑仍然是蓟县独乐寺。难道中国境内就没有保存下一座唐代的木结构建筑吗？日本人曾断言，中国已不存在唐代的木结构建筑，要看唐制木构建筑，只能去日本的奈良。梁思成却从未放弃自己追寻唐代木结构建筑的信念，长期专业研究的直觉清晰地告诉他：中国

---

① 林洙：《困惑的大匠·梁思成》，济南：山东画报出版社，2001年，第50页。

一定还存在唐代木结构建筑。

二十世纪三十年代的中国，民族危机日趋加深，日本发动全面侵华战争只是时间早晚的问题。时局的动荡使得梁思成更加感到时间的紧迫，他和中国营造学社的同事们展开了同时间的赛跑，连续外出调查，试图尽可能多地发现并调查、测绘国内现存的古建筑。因为历史的教训告诉他们，一旦战争爆发，这些中华民族的瑰宝中的很大一部分会在战火中化为灰烬。这种民族的使命感激荡在他们的心中，体现在他们的行动上，从某种意义上讲，他们又何尝不是保卫家园的英勇战士呢？

在整理敦煌莫高窟资料的过程中，梁思成注意到61号窟宋代绘制的壁画——五台山图中的"大佛光之寺"，他判断该寺地处台外，交通不便，能够成为宋人绘制敦煌壁画的对象，必为唐宋时期名刹。在拟订第四次赴山西调查计划时，梁思成把佛光寺作为首选的调查对象。

1937年6月，梁思成、林徽因夫妇和莫宗江、纪玉堂一起奔向山西，目标就是五台山区的佛光寺。此时的他们并未意识到，这次外出竟然是中国营造学社在北部中国的最后一次野外考察，一个月之后，日本全面侵华战争爆发，平津沦陷，他们不得不开始了漫长的流亡之旅；他们更未意识到，几年来学社成员们孜孜不倦地开展的古建筑调查工作最终登上了辉煌的顶峰，他们终于找到了心中的古建筑圣殿——一座保存完好的唐代木结构寺庙。作为中国建筑史学者，任何奖励在这一伟大发现面前都显得黯然失色。

正如资料中记载的，位于五台山区外围的佛光寺非常偏僻，梁思成等人费尽周折，才到达那里。然而，从看到佛光寺大殿的一刹那，梁思成就惊呆了。寺庙建在山边一处很高的台地上，周围有三十棵很老的松树。大殿高大雄伟，那巨大、坚固、造型简洁的斗栱，超长的屋檐，一眼就能看出其年代的久远，其建筑的一招一式，处处体现着典型的唐代建筑风格，大殿内的雕塑更是典型的晚唐时期作品。梁思成感觉自己的心激动得几乎无法控制了,长期的古建筑研究形成的直觉正在清醒地告诉他,面前的这座寺庙肯定建于唐代,但直觉毕竟不能作为确凿的证据,接下来,梁思成等人开始对寺庙的建筑做全面的调查,试图找到直接的证据以证明建造年代。结果正如他们所预料的,他们不仅找到了唐代的绘画、书法、雕塑作品,而且发现了建筑时间的原始记录——佛光寺约建成于唐大中十一年,也就是公元857年。这比此前国内发现的最早的木结构建筑还要早一百二十七年,是一座典型的唐代木结构建筑,堪称独一无二的民族瑰宝。佛光寺的发现震动了国内外的建筑学术界,成为中国古建筑调查与研究领域的一座不朽的"丰碑"。

多年的梦想终于得以实现,此时此刻,梁思成、林徽因夫妇和他们的同事们沉浸在无比愉悦之中。在他们的心目中,直到确定佛光寺是唐代建筑的那一时刻起,博大精深、辉煌璀璨的中国古建筑世界的大门才完全向他们打开,令人陶醉,令人痴迷。无论梁思成,抑或今天的我们,都不是宿命论者,发现佛光寺,虽然不乏偶然和幸运的成分,但这又何尝不是梁思成、林徽因夫妇和中国营造学社的社员们多年来风餐露宿、孜孜以求的结果呢?

佛光寺的发现将梁思成、林徽因夫妇的事业推向了辉煌的巅峰,也激发了他们更大的工作激情。正当他们踌躇满志、准备大展身手的时候,"卢沟桥"事变爆发了,中国半壁山河顷刻间落入日寇之手,梁思成被迫带领全家踏上了南下之旅。受朱启钤委托,梁思成宣布中国营造学社暂时关闭,学社多年积攒的调查研究资料、图纸、照片以及重要的仪器设备、图书打包寄存于天津麦加利银行。至此,中国营造学社已步入巅峰的古建筑调查及研究工作戛然而止,研究人员亦各谋生路,成为中国学术界一大憾事。

流亡生涯的危险与艰辛可想而知,但是,即使在最困难的时候,梁思成仍然没有放弃对中国古建筑的调查与研究,一有机会,他就会继续自己心爱的工作。离开北平之后,梁思成一家老少历经千辛万苦,辗转来到祖国西南边陲的云南昆明,并暂时在此定居。中国营造学社的另一位主要领导、文献部主任刘敦桢也在同一时期携家眷来到昆明,陆续逃亡至昆明的学社骨干成员还有莫宗江、刘致平、陈明达等人。在梁思成、刘敦桢的竭力争取下,中华教育基金董事会承诺,只要梁、刘二人留任中国营造学社,便可以资助学社恢复活动。虽然由于后续经济资助的极度匮乏,而使梁思成、刘敦桢等人陷入为生存而苦苦挣扎的悲惨境地,但抗战爆发后被迫暂时关闭的中国营造学社还是在大西南复活了。梁思成、刘敦桢随即带领为数不多的几位年轻社员开始了对西南地区古建筑的全面调查。在一般人的眼中,他们的行为似乎令人无法理喻:天上敌机轰炸不断,朝不保夕;收入微薄,几近食不果腹,居然还有心情去四处调查古建筑?可以说,他们没有豪言壮语,但他们的行动无可辩驳地告诉世人:发掘和保护中国古建筑瑰宝这一伟大事业的意义,远远超出了他们的生命价值。

抗战期间,中国营造学社独立开展的野外古建筑调查有三次,其中前两次调查,梁思成因病未能参加。第一次野外调查是1938年10月至11月对昆明市及其近郊的古建筑调查,刘敦桢带队,成员有刘致平、莫宗江和陈明达,调查对象包括唐代南诏国所建的西寺塔、东寺塔、元妙应阑塔、安宁县曹溪寺大雄宝殿、大悲寺元经幢、筑竹寺元墓塔、松华灞元水闸桥梁、元故城遗址、元梁王墓、大德寺、明双塔、城隍庙、明庆观大殿、土主庙大殿、旧总督府、三元宫、圆通寺、大悲观、喇嘛式墓塔、金牛寺、妙湛寺砖塔等50余处古建筑。第二次野外调查是1938年11月赴安宁、楚雄、镇南、下关、大理一线进行的古建筑调查,刘敦桢带队,成员有莫宗江和陈明达,调查对象包括大理的崇圣寺三塔、浮图寺塔、白王坟、西云书院、丽江的玉皇阁、忠义坊等,鹤庆的旧文庙、杨公祠、城隍庙、宝川的鸡足山金顶寺铜殿、金禅寺、传灯寺等,凤仪的凤鸣书院、雨华寺、东岳庙等,镇南的文昌宫、姚安的旧文庙、德丰寺、至德寺、楚雄的文庙、龙江祠、安宁的曹溪寺、吴天阁、雷神殿,共约140处古建筑，其中进行实测的有 10 处古建筑及若干民居。

1939 年 8 月至 1940 年 2 月在四川、西康地区进行的古建筑调查，是中国营造学社在抗战期间开展的第三次野外调查，也是规模最大的一次，还是学社历史上最后一次野外调查。梁思成、刘敦桢二人共同带队组织了此次调查，成员有莫宗江和陈明达。由于战乱、气候等原因，川康之行并未发现太多的年代久远的古建筑，尤其是木结构古建筑，但这里丰富的人文资源还是让学社的成员们大开眼界，他们看到了大量的汉阙、崖墓和摩崖造像。四川境内所存的汉阙堪称全国之冠，粗略估算一下，其总数大概能占到全国汉阙总数的四分之三；崖墓的数量也很可观，岷江、嘉陵江两岸随处可见；而摩崖造像，几乎没有一个县没有。因此，川康之行，中国营造学社调查的重点是汉阙、崖墓和摩崖造像。在历时半年的考察中，学社成员共考察了四川、西康二省的 31 个县、市，调查古建、崖墓、摩崖、石刻、汉阙等约 730 处，从中筛选出重要古建筑、石刻及其他文物 107 件。以川康之行的调查成果为主，加上学社在李庄周边开展的古建筑调查成果，梁思成整理编撰了《西南建筑图说（一）——四川部分》。

随着时局的不断恶化，中国营造学社面临着日益严重的生存危机，中华教育基金董事会、中英庚款董事会的资助相继中断，1940 年之后，学社完全失去原有经济来源，只能靠临时向政府有关部门申请补助方得以勉强维持。而图书资料的严重缺乏，成为中国营造学社开展学术研究面临的另一大难题，幸亏同在昆明避难的中央研究院历史语言研究所慷慨相助，同意学社借用其携带的十三万册中外文善本书籍，方解学社无图书资料可用之急。1940 年秋，鉴于日军对昆明的空袭日益加剧，历史语言研究所奉命从昆明远迁四川南溪县李庄镇。由于在学术研究上严重依赖历史语言研究所的藏书，中国营造学社亦不得不决定随同一起搬迁至李庄镇。寄居于李庄时期，由于经费的拮据，除去 1943 年莫宗江等人曾到宜宾测绘过古建筑外，中国营造学社再也没有组织野外调查活动。由他们开创并一度推向巅峰的伟大事业,就这样在无奈中悄悄地中止了。但中止并不意味着放弃,在梁思成的心中,寻找那些他视为珍宝的古建筑早已成为生命中的一个主旋律,他始终都在盼望着有朝一日能重新继续自己心爱的事业,梦想着战争结束后再到全国各地去考察。

没有机会再去野外调查了,梁思成开始全神贯注地研究《营造法式》和中国建筑史。经过艰苦的努力,《营造法式》的研究终于有了重大进展。在莫宗江等人的协助下,"壕寨制度""石作制度"和"大木作制度"等部分图样,以及部分文字的注释工作基本完成,这些成果为1966年出版《营造法式注释(卷上)》打下了坚实的基础。

抗战中期开始,梁思成开始系统地整理以往的研究资料和成果,着手编写《中国建筑史》。1944年,《中国建筑史》一书完稿。这部书稿约16万字,纵向上从上古建筑一直讲到民国建筑,横向上则从建筑类型、实物、细部入手,在勾勒出中国历史发展脉络的同时,亦注意突出不同年代、不同建筑的特征及其表现出的建造技术和艺术水准。这是第一部由中国人自己编著的比较系统完整的中国建筑史,就其学术价值而言,是梁思成多年来从事建筑史研究在学术上达到的一个高峰,也是中国营造学社乃至中国建筑学术界建筑史研究成果的一个阶段性总结,"绝大部分资料都是当时中国营造学社的研究人员和工作同志的实地调查、测绘的成果"。[①]尽管当时由于客观条件限制并未出版,但它所具有的学术价值和社会价值受到了广泛的关注,堪称中国第一代建筑师学术研究的标志性成果之一。在编写《中国建筑史》的过程中,为了弥补图片的不足,梁思成彻夜工作,以线描图,工作台上昏黄的小油灯常常陪他到天亮。在工作中俯身向画板时,他把下颌放在一个小花瓶上,这样就支撑了头部的重量,大大缓解了备受病痛折磨的脊椎的压力。

---

① 梁思成:《中国建筑史》,《梁思成全集》(第四卷),北京:中国建筑工业出版社,2001年,第5页。

在编写《中国建筑史》的同时，梁思成受国立编译馆的委托，着手编写英文版的《中国建筑史》，全书于 1944 年完稿，以图版和照片为主，配以简要的文字说明，该书最终定名为《A Pictorial History of Chinese Architecture：A Study of the Development of Its Structural System and the Evolution of Its Types》。[①]英文版《中国建筑史》以近代学术的表现方式，分析中国建筑结构的基本体系及其各类部件的名称、功能与特征，叙述了不同时代的演变，阐明了主要建筑的类别，主题鲜明，语言生动，图文并茂，相互印证。1984 年，在费慰梅等众多生前好友的帮助下，该书稿在美国出版。这一著作是中国建筑学家首次用英文撰写的具有权威性的中国建筑简史，在美国学术界获得了很高的赞誉。据建筑学家陈植介绍，美国学术界认为该书"对中国文化的理解作出了最宝贵的贡献""不仅是对中国的叙述，而是可能成为有重要影响的历史性文献"。[②]

在致力于学术研究的同时，1944 年和 1945 年，梁思成亲自领导学社同仁，自力更生，用最原始的手段，编辑出版了在国际上引起广泛瞩目的《中国营造学社汇刊》第七卷第一期、第二期。在印制过程中，中国营造学社几乎动员了所有工作人员及家属，罗哲文回忆说："用药纸、药水手写石印，不仅有文字，还有平、立、剖的墨线图。照片也是用描绘的方法予以石印的。从设计版式、抄写文字、描绘线图和照片、石印、摺页、装订成书，完全都是学社同仁一手完成的。值得称道的是，在思成先生的倡导和亲自动手之下，学社全体同仁连老人小孩都参加了工作。如果我们今天翻开七卷两期的土纸汇刊，可以看到当时在学社的刘致平、莫宗江、卢绳、王世襄等人的笔迹。自己的文章自己抄写、印刷、装订成书，可说是

[①] 该书英文版由美国麻省理工学院出版社 1984 年出版，中文版译名为《图像中国建筑史》，梁从诫翻译，中国建筑工业出版社 1991 年出版。
[②] 陈植：《缅怀思成兄》，编辑委员会编：《梁思成先生诞辰八十五周年纪念文集》，北京：清华大学出版社，1986 年，第 5—6 页。

彻底的自力更生了。"①

费正清在抗战后期曾多次和梁思成、林徽因夫妇交往，他的一段评价或许可以作为对这一时期梁思成在古建筑研究方面成就的客观评价：

> 二次大战中，我们又在中国的西部重逢，他们都已成了半残的病人，却仍在不顾一切地、在极端艰苦的条件下致力于学术。在我们的心目中，他们是不畏困难、献身科学的崇高典范……不论是疾病还是艰难的生活都无损于他们对自己的开创性研究工作的热情。就是在战时的这一时期，梁思成写成了最近刚出版的这部《图像中国建筑史》。他以英文写这本书，就是为了向世界介绍中国建筑的宝藏及其结构原理。在外国人看来他们在自己专业中的杰出成就几乎是无与伦比的……他们既通晓中国古典文化，又懂得作为艺术和科学的外国建筑。在忧患的战时生活中能获得如此成就还说明，他们不仅具有极高的学术水平，而且还有崇高的品德修养，而正是后者使他们能够始终不渝地坚持自我牺牲，坚定地为中国的现代化作出了自己一份贡献。②

梁思成和林徽因在建筑学理论、尤其是建筑审美问题上，提出了一系列独特的见解。其中，最有价值的当数"建筑意"概念的提出。1932年夏天，他们去京郊的卧佛寺、八大处等地考察古建筑，感触颇深。求学以来，在他们心底不断闪动的建筑学理念逐渐在实际的工作中汇集起来，慢慢的就像涓涓溪流奔流而出，终于形成属于他们自己的对建筑学的理

---

① 罗哲文：《难忘的记忆 深刻的怀念》，编辑委员会编：《梁思成先生诞辰八十五周年纪念文集》，北京：清华大学出版社，1986年，第136页。
② [美] 费正清：《献给梁思成和林徽因》，编辑委员会编：《梁思成先生诞辰八十五周年纪念文集》，北京：清华大学出版社，1986年，第8页。

解，这就是他们合作提出的"建筑意"思想。他们认为，古建筑的"美"不只是诗情画意，而且还有一种"建筑意"的愉快。在他们的眼中，那些古老、沧桑的建筑物充满着生机和活力，它们不仅饱含诗情画意，而且所蕴含的浓浓的历史凝重感帮助人们打开认识中国传统文化的一扇窗户，指引着我们走进了一个博大精深的古老文明天地，这也正是五四新文化运动以来被我们国人渐渐忽略的。

考察归来，林徽因和梁思成合作完成了《平郊建筑杂录》，集中阐述了他们的"建筑意"思想。我们引述其中的一部分：

这些美的存在，在建筑审美者的眼里，都能引起特异的感觉，在"诗意"、"画意"之外，还使他感到一种"建筑意"的愉快。这也许是个狂妄的说法——但是，甚么叫作"建筑意"？我们很可以找出一个比较近理的含义或解释来。

顽石会不会点头，我们不敢有所争辩，那问题怕要牵涉到物理学家，但经过大匠之手艺，年代之磋磨，有一些石头的确会蕴含生气的。天然的材料经人的聪明建造，再受时间的洗礼，成美术与历史、地理之和，使它不能不引起赏鉴者一种特殊的性灵的融会、神志的感触，这话或者可以算是说得通。

无论哪一个巍峨的古城楼，或一角倾颓的殿基的灵魂里，无形中都在诉说，乃至于歌唱，时间上漫不可信的变迁；由温雅的儿女佳话，到流血成渠的杀戮。他们所给的"意"的确是"诗"与"画"的。但是建筑师要郑重地声明，那里面还有超出这"诗"、"画"以外的"意"存在。眼睛在接触人的智力和生活所产生的一个结构，在光影可人中，和谐的轮廓，披着风露所赐予的层层生动的色彩；潜意识里更有"眼看他起高楼，眼看他楼塌了"凭吊与兴衰的感慨；偶然更发现一片，只要一片，极精致的雕纹，一位不知名的匠师的手笔，请问那时锐感,即不叫他作"建筑意",我们也得要临时给他制造个同样狂妄的名词,是不?①

相对于中国传统的建筑审美观而言,"建筑意"思想的提出无疑是一个重要的突破。在梁思成的心目中,那些或巍峨高大,或精巧玲珑,或金碧辉煌,或残缺不全的建筑,不仅是一幅幅魅力无穷的历史画卷,更是过去历史的参与者与见证人,那随处可见的沧桑与厚重不正是历史的记录吗?

首选院士

1945年抗战胜利,流亡大西南的艰苦岁月即将成为过去。面对新的生活,梁思成主要有两个选择:一是想方设法筹措资金,维系中国营造学社的独立运行,继续专门从事古建筑研究;二是另辟新径,从事现代建筑教育工作,为百废待兴的战后中国培养急需的建筑人才。尽管梁思成从三十年代开始,就主要从事古建筑的研究和保护工作,但作为一名优秀的建筑学家,他的眼光始终没有局限在这一领域,而是密切地关注着国内外建筑学术界的发展动态。以《中国建筑史》的完成为标志,他已基本上理清了各个时期的建筑演变、体系沿革和历史源流,找出了整个建筑历史发展的脉络,虽然还有很多课题有待于进一步深入研究,但就总体而言,可以暂时告一段落了。八年的战争,使得古老的中国千疮百孔,处处是废墟,强烈的使命感激励着梁思成投身到战后重建家园、复兴中华民族的历史大潮中去。显然,仅沉浸在学术研究的狭小空间,就显得与时代的需要不合拍了,国家重建急需大量建筑设计和规划方面的专门人才,而在当时

---

① 梁思成、林徽因:《平郊建筑杂录(上)》,《梁思成全集》(第一卷),北京:中国建筑工业出版社,2001年,第293页。

的中国，受过专门训练的建筑师却是屈指可数。培养建筑学人才，满足社会需要，成为梁思成投身战后重建工作的切入点。此外，由于国内政局持续动荡，经费来源几近枯竭，骨干成员相继另谋生计，加之妻子林徽因重病在身，诸多因素交织在一起，最终促使梁思成下决心结束中国营造学社的工作，将学社整体并入已回迁北平的清华大学，梁本人受聘担任即将成立的清华大学建筑系主任，刘致平、莫宗江、罗哲文等学社其他成员均进入建筑系工作。

战争使得中国学术界基本上同国外同行失去联系。为扶持国内建筑教育的发展，1946年，国民政府教育部决定派梁思成赴美国考察"战后的美国建筑教育"。几乎与此同时，梁思成收到了耶鲁大学和普林斯顿大学的邀请函。前者邀请他1946—1947学年作为客座教授到该校去讲授中国艺术和建筑；后者则希望他参加1947年4月召开的"远东文化与社会"国际研讨会。梁思成发表在著名的《笔尖》杂志上的论文和战争中出版的最后两期《中国营造学社汇刊》使国际学术界得以了解他——一位在和疾病、贫瘠苦苦抗争的同时仍潜心中国建筑史研究的中国建筑学家，他的成就赢得了国际学术界的广泛赞誉和充分的肯定。

1946年11月，梁思成到达纽黑文市，开始了繁忙的讲学和交流活动。他希望能尽可能多地掌握各种信息，加强对现代建筑教育最新进展的了解，以便为自己领导下的清华大学建筑系提供更多的参考。同时，他也希望通过广泛参加各种学术活动扩大自己作为一名中国学者的学术影响。在此期间，1947年2月，梁思成还接到国民政府外交部委派的一项重要任务——出任纽约联合国大厦设计建筑师顾问团的中国代表，参与大厦的设计工作。

1947年4月初，"远东文化与社会"国际研讨会在普林斯顿大学举行。这是普林斯顿大学为庆祝建校200周年举办的系列纪念活动之一，来自全世界多个国家的六十余位知名学者应邀参加此次学术会议，如荷兰莱顿大学的杜维文达克教授、瑞典博物馆馆长塞伦、牛津大学的休斯教授等等。除梁思成外，还有3位中国学者应邀参会，分别是哲学家冯友兰、古文字学家、考古学家、诗人陈梦家、社会学家陈达。梁思成的好友汉学家费慰梅也应邀参加了此次会议。出于对梁思成学术成就的认可和尊重，普林斯顿大学特别邀请梁担任研讨会的大会主席，并授予其荣誉文学博士学位。梁思成在会议上做了"唐宋建筑"和"建筑发现"两场学术报告，是所有与会专家学者中唯一做两场学术报告的人。此外，梁还在会议期间展出了自己开展古建筑调查研究以来绘制或拍摄的部分图片，其成果获得国外同行极高的评价和赞誉。普林斯顿大学这样评价梁思成——"文学博士梁思成：一个创造性的建筑师，暨建筑史的讲授者，在中国建筑史研究和探索方面的开创者，也是恢复、保护他本国建筑遗存的带头人"。

参加联合国大厦设计建筑师顾问团、讨论大厦设计方案是梁思成在美国期间的又一项重要活动。就他个人而言，与世界各国的建筑学权威们一同工作，无疑大大开拓了视野，尤其是加深了对当代建筑发展潮流和趋势的认识和理解。就中国建筑学术界而言，梁思成渊博的学识、平和的作风和出色的设计思想，无疑成为展示中国学术水平的一扇窗口。梁思成在联合国大厦设计建筑师顾问团工作时的照片，使今天的我们仍能真切地感受到他的魅力：当时的梁思成虽已进入中年，而且刚刚脱离战争的苦难，但这丝毫没有影响他的热情和旺盛的精力，身材瘦小的他看上去是那么的年轻而富有活力，双目炯炯有神，举止得体，精神矍铄，面对十余位著名的建筑学家，不慌不忙，侃侃而谈。

美国建筑师乔治·杜德利（George Dudley）当年作为联合国大厦工程主设计师的助手参加了大厦的设计工作，和梁思成有过一些接触，他回忆说：梁思成"给我们的会议带来了比任何人都多的历史感，它远远超越勒科布西埃所坚持的直接历史感——他所独有的远离法国美术家风格或对我们的文化变迁的尚无定论的反应。"① 对于一些重要环节的设计方案，梁思成亦提出了很好的意见和建议。对于梁思成而言，这一段工作经历不仅使他获得了国际同行专家的普遍认可，更重要的是，在和这些同行专家讨论、交流的过程中，他已经能够较为清晰地把握到战后国际建筑界的最新理念及其发展趋势。

值得一提的是，在美国期间，梁思成和学术界同行频繁交往，尤其是重温了和著名城市规划专家克拉伦斯·斯坦因的友谊。1935年4月，斯坦因夫妇曾到北京访问，梁思成、林徽因夫妇接待了他们，并成为好朋友。从斯坦因那里他了解了最新的城市规划动态，得到了关于城市规划中可能做到和难以做到的事的第一手材料。梁思成还访问了母校宾夕法尼亚大学和哈佛大学，以及其他一些知名的大学，并专程前往匡溪艺术学院（Cranbrook Academy of Art）拜访了建筑大师沙里宁（Saarinen）及其儿子，并参观了一些重要的建筑工程项目。对沙里宁的访问，使梁思成对现代城市规划理论有了深层次的理解和认识，匡溪艺术学院良好的学习环境也给他留下了深刻的印象。回国之后，梁思成即推荐吴良镛到美国匡溪艺术学院留学。

对于一名大学的建筑系主任来讲，这些知识的重要性是毋庸置疑的。梁思成回国后，立即着手在清华大学建筑系的课程中增设了城市规划的内容，并酝酿成立城市规划专业。此外，他在建筑理论方面的收获也是丰硕的，比较清晰地把握住了战后国际学术界在建筑理论方面的最新思维：建筑的范畴已从过去单栋的房子扩大到人类整个的"体形环境"，建筑师的任务就是为人类建立生存与发展的完美"舞台"。这些最新的建筑观念对于梁思成建筑教育思想的形成起着重要作用。他一回到国内，便将美国之行的收获充分运用在清华大学建筑系的教学改革之中。

---

① ［美］费慰梅著，曲莹璞、关超等译：《梁思成与林徽因：一对探索中国建筑史的伴侣》，北京：中国文联出版公司，1997年，第66页。

梁思成在美期间工作非常紧张，以致他整天在外面跑来跑去，忙得不亦乐乎。吴荔明讲述了一段颇具学者情调的幽默故事。一天，梁思成的朋友、著名语言学家罗常培去住处找他，不想吃了个闭门羹，于是给他留了一个条子，上面写道："梁思成成天乱跑（罗常培）。"过了几天，梁思成到罗常培住处回访，碰巧主人也不在家，生性幽默的他便随手写了个字条："罗常培常不在家（梁思成）。"后来两人相见，兴至之余，又互赠一句，组成一副对联："罗常培常不在家大儒常陪女弟子；梁思成妄思伏骥拙匠思成联国楼。"①

在美国工作的最后一段日子，梁思成对他在抗战后期用英文撰写的《图像中国建筑史》的文稿进行校对，并加写了一些章节。他希望能使这部书在美国出版。梁思成的工作得到了费慰梅的全力帮助，在他们的努力下，书稿的修订工作进行得很顺利，并很快完成。

就在梁思成紧张工作之际，从国内传来一个令他极度不安的消息：林徽因的病情再次恶化，不得不进行一次大手术。如果手术成功的话，也许，林徽因的生命能得以延长几年。但这种手术的危险性很大，作为她的丈夫，梁思成必须做决定。对于梁思成来说，虽然他在美国的考察、讲学还未结束，但毫无疑问，这里的任何事情都没有比他尽快回到徽因身边更为重要了。好在梁思成美国之行的大部分事务已基本完成或接近尾声，在朋友们的帮助下，他紧张地处理完未尽事宜，之后，便匆匆乘上了直抵大洋彼岸的邮船。

1947年9月，梁思成回到了北平。除去精心照顾心爱的妻子以外，他还立即着手对清华大学建筑系的教学进行改革。工作是那么的繁忙，以至好朋友哲学家金岳霖作了一个形象的比喻——"每天的生活就像电话总机一样——这么多的线都在他身上相交。"②

---

① 吴荔明：《梁启超和他的儿女们》，北京：北京大学出版社，2009年，第162—163页。
② [美] 费慰梅著，曲莹璞、关超等译：《梁思成与林徽因：一对探索中国建筑史的伴侣》，北京：中国文联出版公司，1997年，第194页。

由于身体极度虚弱，林徽因的手术一直拖到 1947 年 12 月才进行。也许是众人的祈盼感动了上天，手术获得了成功。经过了一段静养之后，林徽因的精神和体力都有了明显的恢复。手术的成功不仅为林徽因在新中国成立初期再次将事业推向辉煌赢得了弥足珍贵的时间，而且使梁思成长长地松了一口气，半年多来一直悬着的心，终于可以暂时放下来了。

1947 年年底，内战正酣，国内时局动荡不已。此时的梁思成则忙于清华大学建筑系的重大改革，可以说，这一时期也是其建筑教育思想全面确立并得以推动落实的重要阶段。首先，将建筑系改名为营建系。更改系名绝非梁思成刻意标新立异之举，而是充分体现了他对于现代建筑人才培养目标和欧美建筑教育发展趋势的理解和把握，他认为建筑教育的任务不仅仅是培养设计个体建筑的建筑师，还要造就广义的"体形环境"的规划人才。其次，实现建筑学方向与市镇计划学方向学生的分组教学。从 1948 年起，清华大学建筑系开始将学生分为建筑组与市镇计划组，把城市设计教学首次引入中国高等教育。对于建筑组的学生，"着重建筑物本身之设计与建造"，其课程设置偏重于房屋之设计和构造；对于市镇计划组的学生，则明确了其在城市整体规划方面的学习方向，"着重在整个城市乃至多组城市间相互的关系，在文化、政治、经济、交通等各方面地区之部署、分配，求其便利、适用、美观，是一个与文化、政治、经济、交通、整个社会关系极密切的工作，所以工程方面着重市镇工程，还有若干社会政治科学。"[①]其三，提出新的学制及课程设置方案。梁思成提出将建筑学专业学制改为 5 年，并按照 5 年制学制拟定了新的课程设置方案。他还建议在时机成熟后，国内各大学应普遍设立营建学系或营建学院，学院下设建筑学系、市乡计划学系、造园学系、工业艺术学系和建筑工程学系。在梁思成拟订的新的课程设置方案中，就包括了造园学系、工业艺术

---

① 梁思成：《清华大学营建学系（现称建筑工程学系）学制及学程计划草案》，《梁思成全集》（第五卷），北京：中国建筑工业出版社，2001 年，第 48 页。

学系、建筑工程学系等系的课程安排。

考察这一时期梁思成的教育改革实践，有三个方面较为突出，亦充分体现了其新的教育思想的特点。其一，自觉与欧美现代建筑教育接轨，实现办学的高水平。梁思成提出了"体形环境"的教学理念，并以此为核心重新定位清华大学建筑系的人才培养目标，设计与之相适应的课程体系，参照欧美高校建筑教育的经验，为建筑系制定了较为系统的学制及学程计划，并积极付诸实施。在具体的教学组织上，梁思成坚持强化之前已经提出的"包豪斯"（Bauhaus）教学方法，不断减少学生古典柱式的学习和渲染作业的比重，增加抽象构图的训练。到1949年，清华大学建筑系完全放弃了古典柱式的训练内容，建筑设计基础完全采用抽象构图的作业。其二，强调通才教育，注重培养学生的综合素质。梁思成对学生的培养不仅停留在技术层面，在育人理念方面同样有自己独特的见解，他常教导学生说："建筑师的知识领域要很广，要有哲学家的头脑，社会学家的眼光、工程师的精确与实践、心理学家的敏感、文学家的洞察力……但是最本质的他应当是一个有文化修养的综合艺术家。"[①]基于这一目标，梁思成将营建学系的课程分为文化及社会背景、科学及工程、表现技术、设计课程、综合研究等五大类。新的课程方案体现出浓厚的通才教育特色，使学生对于"社会""工程"和"艺术"三个方面都具有较为丰富的知识储备，有助于激发他们的研究兴趣，增强社会责任感，从而在未来的规划建筑实践中有效地履行现代建筑师的职责。其三，延续了"学院派"体系的部分做法，注重对学生艺术能力的训练。梁思成提出了"通才"的目标，并对"通才"的概念作了具体的表述，其中，尤其强调学生艺术鉴赏能力、表现能力的训练和艺术修养的提高。他指出：所谓通才，"不但能深切体会本国古典传统，并且熟悉各民族各国家各时代的艺术特征，能鉴别优劣作风，

---

① 李道增：《一代宗师的光和热》，编辑委员会编：《梁思成先生诞辰八十五周年纪念文集》，北京：清华大学出版社，1986年，第166页。

追溯源流,欣赏它们的风格,同时又懂得工程结构,知道最近时代的革命性的材料用法而加以应用等等。"①为实现这一目标,在课程设置上,清华大学建筑系较为系统地开设了素描、水彩、雕塑等美术类课程,以及建筑史学、艺术史学课程,安排了大量的教学学时,充分体现了其对艺术能力训练和建筑史教育的重视,这一做法在很大程度上是"学院派"体系的延续。

这一时期是梁思成建筑教育思想最活跃的阶段。他对建筑学科发展的准确把握及在此基础上形成的崭新而系统的建筑教育思想,最终确立了他作为现代建筑教育家的卓越地位。

由于梁思成自1928年归国以来在建筑学领域取得的大量的开拓性的突出成就,1948年3月25日至28日,国立中央研究院第二届评议会召开第5次年会,全体评议员投票,最终选举出国立中央研究院首届院士81人,梁思成成为人文组建筑学学科唯一一名当选院士。国立中央研究院首届院士候选人名单公告中对梁思成学术资格的评价是:"主持中国营造学社多年;研究中国古建筑,实地搜求,发见甚多。"②应该说,这一评价以及院士头衔对于梁思成而言都是名副其实的,也是对他多年来致力于研究、保护中国古建筑的最大认可和肯定。

当梁思成从南京接受完院士头衔回到北平后不久,社会彻底发生变化了。人民解放军先期解放了位于京郊的清华园,既而北平城,乃至全中国解放,新的生活开始了。梁思成的事业也掀开了崭新的一页。

国徽、国旗、人民英雄纪念碑

1949年,北平解放了。和许许多多对国民党黑暗统治失望至极的正

---

① 梁思成:《我认识了我的资产阶级思想对祖国造成的损害》,《光明日报》,1952年4月18日第3版。
② 《国立中央研究院公告》(中华民国三十六年十一月十五日),《中央研究院第一次院士选举(第一次补选院士选举)》,南京:中国第二历史档案馆,全宗号393,案卷号494(1)。

直知识分子一样,梁思成没有逃避新生的政权,甚至连出国定居的机会都毫不犹豫地放弃了。如果我们已经了解梁思成、林徽因夫妇在抗战时的表现,就不难理解他的这一选择了。何况,他对共产党领导下的人民政权满怀憧憬,他希望这是一个崭新而美好的开端,无论对于古老的中国,还是生活于斯的每一个普通百姓,还有,就是那些他视为珍宝的古建筑。成立之初的人民政权所显示出的勃勃生机和崭新气象,给了人们以极大的鼓舞和信心。昔日垃圾成堆、乞丐满街、达官贵人们花天酒地的北平几乎在一夜之间消失了,整个城市豁然开朗,整洁的环境,井然的秩序,工人们在热火朝天地工作,许许多多在过去被认为根本无法清除的社会丑恶现象,在人民政权的强大攻势下彻底消亡了,古老的北平城焕发出青春的光彩。这一切都使梁思成感到万分欣喜,他决心要用自己的知识加倍地为建设人民民主国家而努力。对于梁思成来讲,新生活毫无疑问是一个喜剧的开端,一切似乎都是那么的美好。

然而,命运却在不断地和善良的人们开玩笑。恐怕很难想象,喜剧的开端很快就收场了,悲剧的成分则在一分一分地加重,直至完全处于它的笼罩之下。最终,在是非颠倒的"文化大革命"中,"幼稚"的梁思成满怀着无数个想不清的困惑,离开了这个他深深挚爱的世界。

如果说在1949年之前,梁思成几乎是以一名纯粹的学者身份从事古建筑研究和建筑教育的话,1949年年初北平和平解放之后,由于在学术界的重要地位,梁思成的工作不可避免地与政治密切联系起来,包括他在新中国成立初期所完成的几项重要工作均与政治紧紧相连。我们不必执意探求晚年梁思成为什么违背青年时确立并坚持多年的不从政原则,因为一个人的力量和一个政权的权力相比,显得太微不足道了。

事实上,早在北平城解放之前,梁思成就开始与中国共产党合作了。在组织发动平津战役过程中,中国共产党及其领导下的军队在保护文物古迹方面表现出了积极的态度,对原有的文教机构及相关人员也给予了充分的尊重和保护,这一做法,对于稳定局势、争取广大知识分子的信任和支持至关重要。1948年冬天,傅作义的部队困守北平,郊外的清华园、圆明园等地则成为国共两军短兵相接的战场。整个平郊,一度炮声隆隆,硝烟弥漫。为保护北平地区的高校和重要文物古迹免受战火浩劫,中共中央曾多次指示前线部队,要不惜一切代价,保护好文教机关和文物古迹,力促和平谈判解放北平。进驻清华园地区的解放军第十三兵团亦曾发布安民告示,表示对于清华大学要严格保护,不准坏人滋扰。之后,该兵团政治部主任刘道生将军到清华大学宣讲形势,亦再次强调为了保护古都文化,减少人民损失,力促和平谈判解决北平问题,如非打不可,则会坚决遵守中央指示,全力保护文物古迹。[1]鉴于梁思成在古建筑研究领域的学术影响力,正在围城的人民解放军希望能够得到他的帮助,标注出北平城区及周边重要的文物建筑,以便在军事作战中尽量避免在这些地方使用重型武器或炸弹。这是梁思成与中国共产党的首次合作,事情虽然不复杂,但对梁思成的影响是深远的。梁思成回忆说:"清华大学解放的第三天,来了一位干部。他说假使不得已要攻城时,要极力避免破坏文物建筑,让我在地图上注明,并略略讲讲它们的历史、艺术价值。"对于中国共产党表现出的谦虚态度和对文物建筑的重视态度,梁思成感慨颇深,称:"童年读孟子,'箪食壶浆,以迎王师'这两句话,那天在我的脑子里具体化了。过去,我对共产党完全没有认识。从那时候起,我就'一见倾心'了。"[2]

鉴于解放军委托的任务尚属军事机密,梁思成当时没有告诉别人,而是和林徽因一同完成了此项工作。对这件事,梁思成本人并未留下详细的文字记录,但据林洙回忆,北平解放之后,梁思成曾经多次谈及此事,并认定共产党是个了不起的政党。[3]之后不久,随着解放战争的快速推进,

---

[1] 刘道生:《清华园的美好回忆》,《人民日报》,1985年12月4日第4版。
[2] 梁思成:《我为什么这样爱我们的党?》,《人民日报》,1957年7月14日第2版。
[3] 林洙:《梁思成、林徽因与我》,北京:清华大学出版社,2004年,第189页。

处于全面进攻态势下的人民解放军迫切需要掌握全国各地区文物古迹的准确信息,以便下发各作战部队,并向广大官兵予以宣讲,使这些文物古迹能够在炮火的硝烟中最大限度地得到识别和保护。他们再次找到了梁思成,希望梁能组织力量以最快的速度完成此项任务。接受任务后,梁思成立即着手开展《全国重要建筑文物简目》的编撰工作。应该说,作为一名终生致力于文物建筑保护的学者,梁思成再次为中国共产党的诚意所感动,并欣然接受了这项"军事"任务。当年亲自参与此项工作的清华大学建筑系教师汪国瑜则回忆说:"梁先生当时感动得声泪俱下,他说想不到共产党如此珍视文物保护,竟做了他原来一直担心而又不敢奢求的大事。"[1]从接受任务,到1949年3月最终完成编撰任务并油印出300份,梁思成等人仅用了一个多月的时间,可见效率之高。鉴于《全国重要建筑文物简目》的重要价值和各地方的迫切需求,1949年6月,华北人民政府高等教育委员会图书文物处将其铅印再版,1950年5月,文化部文物局再次印发《全国重要建筑文物简目》。

新中国成立前后,梁思成以知名学者身份积极参与新政权创建,其中最突出的成果即主持完成了新中国国徽的设计任务,同时,作为顾问,直接参与了国歌、国旗方案的评审工作。在筹建新政权的一系列工作中,梁思成与中国共产党合作得非常愉快。

1949年6月,新政治协商会议筹备会第一次全体会议在北平举行,大会选举毛泽东、朱德、李济深等21人组成新政治协商会议筹备会常务委员会。筹备会下设6个小组,分别负责"拟定参加中国人民政治协商会议之单位及其代表名额""起草中国人民政治协商会议组织法""起草中国人民政治协商会议共同纲领"等工作,其中第六小组负责"拟定国旗国徽国歌方案",著名民主人士马叙伦担任该小组组长,叶剑英、沈雁冰任副

---

[1] 汪国瑜:《忆梁先生二三事》,《梁思成先生诞辰八十五周年纪念文集》,北京:清华大学出版社,1986年,第116页。

组长。7月15日至26日,新政治协商会议筹备会正式发布《新政治协商会议筹备会为征求国旗国徽图案及国歌词谱启事》,面向全国公开征集国旗、国徽、国歌的意见和方案,香港及部分海外华人报纸也纷纷予以转载。8月5日第六小组第二次会议决定聘请梁思成、徐悲鸿、艾青、马思聪、吕骥、贺绿汀、姚锦新等7位美术、音乐等领域的知名专家为评选委员会委员。

对于国旗国歌国徽方案的评审,梁思成投入了极大的热情和精力。9月26日,经筹备会有关专门委员会会议研究,最终确定了五星红旗作为国旗的方案。周恩来指示,由胡乔木、梁思成、彭光涵负责,进一步修订方案,编写制作说明,制作标准图。经这三人商讨,决定由梁思成具体负责完成此项任务。由于时间紧迫,梁思成连夜对方案作了适度的调整,并用坐标法绘制了第一幅中华人民共和国国旗的标准图,编写了制作说明。第二天,中国人民政治协商会议第一届全体会议"全体一致通过:中华人民共和国的国旗为红地五星旗,象征中国革命人民大团结"。[①]

与国旗方案的确定相比,国徽方案的最终确定时间较晚,其间创作、修改及定稿的任务也更显艰巨。由于最初征集上来的设计作品水平不高,经审慎考虑后,中央决定不再另行组织面向社会各界的方案征求活动,改由指派梁思成、张仃二人分别带领清华大学和中央美术学院的师生组成设计小组,提出新的设计方案。清华大学营建系国徽设计小组的主要成员包括梁思成、林徽因、莫宗江、朱畅中、李宗津、汪国瑜、胡允敬、张昌龄、罗哲文等人,后期高庄、徐沛真等人亦加入其中。由于自己的特殊身份,梁思成不仅将党中央和全国政协的意见及时地传达给设计小组的成员,更在设计中倾注了满腔的热情和大量的心血。超负荷的工作使梁思成的健康状况不断恶化,他和林徽因两人几乎轮流生病,有时甚至虚弱得连

[①] 《四个决议案》,政协第一届全体会议秘书处编:《中国人民政治协商会议第一届全体会议纪念刊》,北京:人民出版社,1999年,第349页。

话都不能多说。即便在这种情况下，工作依旧是他们生活的主题，工作室不能去了，干脆就在病房和同事们讨论设计方案。在很多纪念梁思成的著作中都收集了这么一张照片：病中的梁思成躺在床上，枕边到处都是国徽的设计图案，他正聚精会神地和站在床边的林徽因讨论着对设计方案的意见。

1949年10月23日，清华大学营建系国徽设计小组率先拿出了设计方案。该设计方案以中华民族建国为主题，充分借鉴了国旗的设计理念，将五星红旗上的五颗金星吸收进国徽图案，用五颗星来表现新中国的政权特征。国徽的颜色选用金、玉、红三色。就整体设计而言，"以一个璧（或瑗）为主体；以国名、五星、齿轮、嘉禾为主要题材；以红绶穿瑗的结衬托而成图案的整体。""瑗召全国人民，象征统一""瑗或璧都是玉制的，玉性温和，象征和平"，金色的齿轮和金色的嘉禾则分别代表工、农，带有浓厚的阶级革命色彩，红色的主色象征着革命，而"红绶穿过小瑗的孔成一个结，象征革命人民的大团结"。[①]这个方案虽然未被采用，但却为后来的设计提供了一个极有价值的创意。以此为开端，清华大学营建系设计小组和中央美院设计小组展开了一场设计竞赛。他们互相取长补短，集思广益，最大限度地调动了设计小组每一位成员的积极性和创造性。新的设计思路和改进方案不断涌现，国徽的设计也日趋完善和成熟。

经过半年多时间的紧张工作，1950年6月20日晚，在周恩来总理主持的政协国徽审查组会议上，由梁思成和林徽因领导完成、充分融合了清华大学和中央美院设计思想精华的国徽设计方案最终中选。消息传来，清华大学的师生们沸腾了。我们可以想象得到梁思成、林徽因当时的激动心情，但欢腾的人们恐怕没有注意到，过度的劳累使得病中的他们几乎无法站立起来，更无法亲临会场汇报，他们是在病榻上和大家一起分享着收获的喜悦。

---

① 林徽因：《拟制国徽图案说明》，陈学勇编：《林徽因文存·建筑》，成都：四川文艺出版社，2005年，第140页。

今天，高大巍峨、庄严肃穆的人民英雄纪念碑不仅成为天安门广场的一座标志性建筑，更成为永远耸立在中国亿万人民心中、记载着革命先烈不朽功勋的丰碑。即使丝毫不懂建筑设计的人在瞻仰这座英雄丰碑的时候，也会不禁对它磅礴的气势、独特的造型以及表现出来的强烈的历史感而震撼不已。让我们穿越时空的隧道，回到新中国成立之初的那段岁月，再来重温建筑大师们设计人民英雄纪念碑的光辉历程吧。

1949年9月30日下午，中国人民政治协商会议一致通过了建造人民英雄纪念碑的提案。会后，毛泽东和全体代表在天安门广场举行了隆重的奠基礼，人民英雄纪念碑的设计、建造工作也随即紧张地展开。

1952年4月29日，首都人民英雄纪念碑兴建委员会成立，北京市市长彭真亲自担任主任，副主任由郑振铎和梁思成担任。北京市都市计划委员会在政协会议通过建造人民英雄纪念碑的决议后，即开始向全国征求纪念碑的设计方案，陆续收到各种设计方案有一百四十余份。这些方案大致可分为三种类型：一是认为人民英雄来自广大工农群众，碑体应有亲切感，方案采用平铺在地面的方式；二是以巨型雕像体现英雄形象，这个意见主要出自一些雕塑家；三是用高耸矗立的碑形或塔形以体现革命先烈的英雄气概和崇高品质。就其艺术表现形式而言，则是有古有今，有中有西，可谓种类繁多。经过专家们的评选，前两种方案被否定，基本确定了碑形的设计方案。设计思路明确了，但具体的设计方案却难以让人满意。都市计划委员会最初确定的三种设计方案虽然形式各异，但有着一个重要的共同之处，即纪念碑碑身下的平台加高，下面开三个门洞，类似天安门的台座。作为都市计划委员会的副主任，梁思成一直参与此项工作，并对碑的设计进行了深入系统的研究。在充分汲取各方意见的基础之上，梁思成逐步确立了自己的设计思想。在写给当时的北京市市长彭真的一封信中，梁思成简要而准确地阐述了自己的观点，他指出：

这次三份图样，除用几种不同的方法处理碑的上端外，最显著的部分就是将大平台加高，下面开三个门洞。

如此高大矗立的、石造的、有极大重量的大碑，底下不是脚踏实地的基座，而是空虚的三个大洞，大大违反了结构常理。虽然在技术上并不是不能做，但在视觉上太缺乏安定感，缺乏"永垂不朽"的品质，太不妥当了。我认为这是万万做不得的。这是这份图样最严重、最基本的缺点。

梁思成强调："无端端开三个洞窟，在实用上既无必需；在结构上又不合理，比例上台小洞大，'额头'太单薄，在视觉上使碑身漂浮不稳定，实在没有存在的理由。"

明确了设计图样的主要问题，梁思成进一步指出："天安门是广场上最主要的建筑物，但是人民英雄纪念碑却是一座新的同等重要的建筑；它们两个都是中华人民共和国第一重要的象征性建筑物。因此，两者绝不宜用任何类似的形体，又像是重复，而没有相互衬托的作用。"就天安门广场的整体布局而言，如果"塞入长宽约四十余公尺，高约六七公尺的大台子，就等于塞入了一座约略可容一千人的礼堂的体积，将使广场窒息，使人觉到这大台子是被硬塞进这个空间的，有硬使广场透不出气的感觉。"这样的话，由天安门向南看去或由前门向北望来，都会失掉现在辽阔雄宏之感。

最终，梁思成明确提出："人民英雄纪念碑是不宜放在高台上的，而高台之下尤不宜开洞。"

在阐述自己观点的同时，梁思成还绘制了各种方案的草图，以便更直观地说明问题。针对已有设计方案的不足，他初步提出了自己的设计思想，并将绘制的草图同已有方案草图进行对比论证。他认为，天安门和即将兴建的人民英雄纪念碑"绝不宜用任何类似的形体"，考虑到"天安门是在雄厚的横亘的台上横列着的，本身是玲珑的木构殿楼"，人民英雄纪念碑的外形设计应为另一种完全不同的形体，"矗立峋峙，坚实，根基稳固地立在地上。"在碑身和台体的比例关系上，"碑身之下，直接承托碑身的部分只能用一个高而不大的碑座，外围再加一个近于扁平的台子（为瞻仰敬礼而来的人们而设置的部分），使碑基向四周舒展出去，同广场上的石路面相衔接"

此外，梁思成在信中还否定了"碑的四面各用一块整石，四块合成"的观点，也不赞成像传统的石碑一样没有碑顶。他指出："做成碑形不合适，而应该是老老实实的多块砌成的一种纪念性建筑物的形体。因此，顶部很重要"。后来，他提出做成"建筑顶"的建议。①

梁思成的建议在领导和专家们中引起很大反响，虽然之后方案仍在不断地讨论修订，但主体样式与梁思成的设计图十分接近。1954年11月6日，北京市人民政府委员会召开会议，彭真提出："如用群像，主题混淆，不相配合"，指示用"建筑顶"。②在具体的表现方式上，首都人民英雄纪念碑兴建委员会以梁思成的方案为基础，适度作了调整，最终确定了上有卷云、下有重幔的小庑殿顶的样式。考虑到人民英雄纪念碑体量巨大，且承担重大政治含义，梁思成一再强调要慎重处理碑身的尺度、比例，务求形成理想的曲线，并带领林徽因、莫宗江等人提出了具体的设计方案，这一意见也基本上被采纳。

值得一提的是，首都人民英雄纪念碑兴建委员会成立时，林徽因亦被聘为建筑设计专门委员会委员，而在进入该委员会工作之前，林徽因已经和清华大学营建系的师生参与了人民英雄纪念碑的设计工作。在碑身风格问题的讨论中，林徽因明确反对群雕，支持采用碑形，她直率地告诉周围

---

① 梁思成：《致彭真信》，《梁思成全集》（第五卷），北京：中国建筑工业出版社，2001年，第127—130页。
② 梁思成：《人民英雄纪念碑设计的经过》，《梁思成全集》（第五卷），北京：中国建筑工业出版社，2001年，第463—464页。

的同事和学生:"任何雕像或群雕都不可能和毛主席亲题的'人民英雄永垂不朽'和周恩来亲题的碑文相比。"①在碑顶、碑座等问题的讨论和设计中,林徽因也提出了很多意见和建议,并和梁思成、莫宗江等人一起,对设计方案进行了很好的调整和修改,使之不断趋于完善。在人民英雄纪念碑设计建造工作中,林徽因最突出的贡献则在于主持设计了须弥座上的花环和饰带形的装饰雕刻,而她为碑座和碑身设计的花纹,亦被部分采纳。

1952年8月1日,人民英雄纪念碑在初步确定碑身方案后正式开工建设。整个工程是在边讨论边完善设计方案边施工的状态下进行的。其间,经广泛征求意见,反复讨论修改,经中央领导研究决定,确定了最终方案,并于1958年5月1日完工并举行了揭幕仪式。

人民英雄纪念碑从开始建造到完工,历时七年。我们暂且不谈它所包含的重大的政治和社会意义,单就建筑设计本身而言,就堪称新中国成立以来一项伟大的建筑。作为设计负责人,梁思成的建筑思想在这里得以充分展现,使现代建筑学结构、审美原理与中国传统建筑的精髓被巧妙地融合在一起,爱国主义、英雄主义、民族主义通过建筑本身淋漓尽致地表现出来。

在成功的背后,我们一方面为梁思成、林徽因废寝忘食、甘愿舍弃性命的工作精神所深深折服;另一方面我们又从这些伟大的作品中清晰地看到了梁思成对新中国的无限热爱。正如梁思成一贯倡导的那样,建筑创作要有激情,有想法,有立意,有激情在里面,才能满怀热情地去做。浓厚的爱国主义情感不正是梁思成、林徽因夫妇设计这些作品时的激情和不懈动力吗?

---

① 陶宗震:《纪念梁思成林徽因先生》,刘小沁主编:《窗子内外忆徽因》,北京:人民文学出版社,2001年,第170—171页。

北京城墙、大屋顶

新中国成立初期在国旗、国徽和人民英雄纪念碑的设计中取得的成就，将梁思成的学术实践推向了又一个顶峰。但无论梁思成还是他周围的人们恐怕都没有预料到，这一成功竟成为梁思成在学术上最后的辉煌。之后的十几年，除去兢兢业业地培养学生外，梁思成在学术上所受的批判要远远多于褒奖，甚至很少有代表性成果问世。无论在学术上，还是在正常的工作生活中，梁思成都遭遇到了和许许多多著名学者一样的命运。这是个人的悲剧，还是时代的悲剧？包括梁思成在内的大多数学者直到弥留之际仍在苦苦思索这个问题，但始终没能找到答案。和世俗的权力相比，他们显得太"渺小"和无力了。

梁思成的学术悲剧开始于保护北京古城墙，而在二十世纪五十年代中期全国批判"大屋顶"运动中进入高潮。无可奈何的"失败"和席卷全国的政治批判使梁思成真正成为知名人物，不是作为一位受人尊重的学者，而是作为一位满脑子封建复古观念和资产阶级腐朽思想的反面教员。这种颠倒黑白的批判造成的恶劣影响直到今天还依稀能见，有些人一提起梁思成就会脱口而出：梁思成不就是"大屋顶"吗？这使我们不禁想起一件看似幽默、实则令人心痛不已的小事：1955年全国展开对梁思成的批判，有一天，梁思成来到建筑系馆，瘦小的身上穿着西服，戴着宽边礼帽，学生们像孩子似的围着他，梁思成诙谐地指着帽子自我介绍说："我就是梁思成，你们只要看这顶帽子就能猜着了，也是个'大屋顶'"。

新中国成立前后，受北京市委领导委托，梁思成组织清华大学营建系的师生着手拟制北京城的整体规划。北京是新中国的首都，也是他多年来生活的城市，更是一座历史悠久、古迹名胜荟萃的文化名城。作为一名建筑学家，梁思成将对祖国的热爱突出地倾注在对北京城的热爱上。为此，他积极参与到北京城市规划与建设的各项工作中，先后受聘担任北平市都市计划委员会委员、北京市都市计划委员会副主任委员等职务，并当选为北京市人民政府委员、北京市各界人民代表会议协商委员会副主席，直接参与领导北京市城市规划工作。

1950年2月，梁思成和规划专家陈占祥一起提出了《关于中央人民政府行政中心区位置的建议》（以下简称"梁陈方案"）。"梁陈方案"针对新中国成立初期北京市城市建设表现出的无序状况以及旧城保护的急切需要，建议"早日决定首都行政中心区所在地，并请考虑按实际的要求，和在发展上有利条件，展拓旧城与西郊新市区之间地区建立新中心，并配合目前财政状况逐步建造。"①对于北京的建设，梁思成提出应将北京定位在政治、文化中心城市；保护原有古都风貌，严格保护紫禁城，在老城墙里面的建筑物要限制在两层到三层；在西郊近城地点建筑政府中心；吸取西方国家城市化进程中出现的种种教训，避免交通堵塞、环境污染、人口剧增等问题。按照梁思成的设想，对北京的建设要以"古今兼顾，新旧两利"为原则，在规划改造旧城的时候，对于那些具有浓厚历史和艺术价值的古建筑，应尽最大努力予以保存，想方设法把它们有机地融入城市规划里去，这样既丰富了城市的生活，也保存了旧城的风貌。

从"梁陈方案"里，我们能清晰地感受到，梁思成、陈占祥是在用整体环境保护的眼光，从城市规划的角度去认识和分析北京古城的历史文化价值和感情价值。很遗憾，他们的建议并未引起中央领导的足够重视。新中国的领导们对北京实现工业化的决心是不容许丝毫动摇的。彭真的一句话最具代表性，他告诉梁思成：毛主席希望北京成为一个现代化的大城市，并希望从天安门上望去，下面是一片烟囱。在政府行政中心的选择上，大批来华的苏联专家的意见显然更符合中央领导的想法，即政府中心应设在天安门广场及东西长安街上，应将天安门广场建设得像莫斯科的红场一样。

---

① 梁思成、陈占祥：《关于中央人民政府行政中心区位置的建议》，《梁思成全集》（第五卷），北京：中国建筑工业出版社，2001年，第60页。

在过去几十年保护古建筑的实践中,遇到挫折已然是家常便饭;但如今却令梁思成想不通,为什么在共产党领导的新社会也会出现这种情况。强烈的历史使命感促使他不顾一切地向北京市乃至党中央领导慷慨陈词,希望能采取措施保护古建筑,但却未收到任何的成效。梁思成最终无奈地告诉身边的同事:五十年后,有人会后悔的。1955年4月,经中共中央批准,北京市委邀请苏联城市规划专家组来京指导工作,虽然梁思成被任命为新成立的北京市都市规划委员会副主任,但再也没有参加有关规划方案的编制和修订,在北京市城市规划工作领域,梁思成基本上被边缘化了。

如今事过境迁,我们没有必要再去深究当时党中央否定梁思成方案的是与非。事实明明白白地摆在我们面前:不到五十年,我们就已经后悔了。二十世纪八十年代,北京市制定的《北京市建设总体规划方案》反复强调,"北京是我们伟大社会主义祖国的首都,是全国的政治中心和文化中心",北京的工业、经济等发展均要服从和服务于这一中心,同时公布了对旧城区新建建筑高度实行限制的办法等一系列保护古城的规定和措施。走了三十年的弯路,我们终于清醒了,尽管这种清醒还不很彻底,也不算全面,但毕竟我们开始朝着正确的方向迈进了。

二十世纪五十年代初期,为了促进北京城的改造,加快建设步伐,有关部门决定拆除旧城墙,其理由很简单:这些城墙是封建王朝的防御工事,现在已失去军事价值,而且成为发展交通和扩大城市规模的巨大障碍,因此,必须予以拆除,拆除之后的砖石可以用来作为廉价、现成的建筑材料,实现废物利用。

这项决定对于为保护古建筑忙碌了半辈子的梁思成来讲,不啻是一个晴空霹雳。作为一名古建筑专家,他清楚地知道北京城墙的价值:美丽的北京古城是一个由宽十多米全长约四十公里的城墙围绕起来的大城市,北京内城的很多门都是由箭楼、瓮城和城门楼构成的巍峨建筑,门楼是三檐双层的巨大楼阁或殿堂，包括外城和皇城的城门、城楼、箭楼、角楼等曾多达四十七个。在梁思成的眼中，气势恢宏的北京城墙和整个北京城早已成为一个不可分割的整体，不仅是中华民族的珍宝，而且堪称世界各国人民的文物，是独一无二的无价之宝。战争年代的连天炮火都未能毁灭它，如今，进入了和平年代，我们怎么能亲手毁坏它呢？而一旦毁坏，它就再也无法重现昔日的风采了。

梁思成开始为挽救古城墙而四处呼吁，这些集中体现在他所写的《关于北京城墙存废问题的讨论》一文中，梁思成对古建筑瑰宝的深厚感情尽现其中，他指出："环绕北京的城墙，主要虽为防御而设，但从艺术的观点看来，它是一件气魄雄伟、精神壮丽的杰作。它的朴质无华的结构，单纯壮硕的体形，反映出为解决某种的需要，经由劳动的血汗、劳动的精神与实力、人民集体所成就的技术上的创造。它不只是一堆平凡叠积的砖堆，它是举世无匹的大胆的建筑纪念物、磊拓嵯峨、意味深厚的艺术创造。无论是它壮硕的品质，或是它轩昂的外像，或是那样年年历尽风雨甘辛、同北京人民共甘苦的象征意味，总都要引起后人复杂的情感的。"梁思成提出，可将北京城墙的保护与改造利用充分结合，使之既得到很好的保护，又能够为新时代所有效利用，为此，他建议："环城铁路因为太近城墙，阻碍城门口的交通，应该拆除向较远的地方展移。拆除后的地带，同护城河一起，可以做成极好的'绿带'公园。护城河在明正统年间，曾经'两涯甃以砖石'，将来也可以如此做。将来引导永定河水一部分流入护城河的计划成功之后，河内可以放舟钓鱼，冬天又是一个很好的溜冰场。不唯如此，城墙上面，平均宽度约十公尺以上，可以砌花池，栽植丁香、蔷薇一类的灌木，或铺些草地，种植草花，再安放些圆椅。夏季黄昏，可供数十万人的纳凉游息。秋高气爽的时节，登高远眺，俯视全城，西北苍苍的西山，东南无际的平原，居住于城市的人民可以这样接近大自然，胸襟壮阔。还有城楼角楼等可以辟为陈列馆、阅览室、茶点铺。这样一带环城的文娱圈、环城立体公园,是全世界独一无二的。"

对于主张拆除者提出的妨碍交通的问题,梁思成提出了一个简单可行的方法,即不破坏门楼和城墙的整体性,在每座城门的两边打开一个车辆的进出通道,这样交通堵塞问题就可以得到缓解和控制。梁思成坦言,科学、合理地实现北京城墙的保护和利用,才是解决好北京城墙去留问题的关键,他甚至用一段很抒情的表述表达了自己的这一美好愿景,他说:"古老的城墙正在等候着负起新的任务,它很方便地在城的四面,等候着为人民服务,休息他们的疲劳筋骨,培养他们的优美情绪,以民族文物及自然景色来丰富他们的生活。"①

然而,这一切都是徒劳的。有关领导不仅断然拒绝了梁思成的意见和建议,甚至把他视为阻碍社会发展的"绊脚石"。在拆除天安门东西两侧的三座门时,为了在思想上和精神上"战胜"梁思成这个"保守派",北京市政府召开了控诉三座城门"血债"的群众大会,把梁思成一下子推到了普通劳动人民的对立面,让他作声不得。人民的力量是无穷的,执着的梁思成再也无力支撑了。其实,在当时的形势下,梁思成的孤军奋战是不会有任何结果的,因为他改变不了当时执政者的意志。从二十世纪五十年代初开始,北京古城墙在浩浩荡荡的群众大军"进攻"下,一点一点地从梁思成的视野中消失了,不复存在。梁思成的心在为之流血。1957年6月8日,梁思成在《人民日报》发表《整风一个月的体会》,谈到对北京城市建设工作的意见时,他明确表示:"拆掉一座城楼像挖去我一块肉;剥去了外城的城砖像剥去我一层皮"。②据说,二十世纪五十年代,梁思成曾经在很多场合讲过这段话。曾昭奋回忆说,1959年冬,自己在华南工学院建筑学系上学时聆听了梁思成的一场学术讲座,梁坦言自己对北京

---

① 梁思成:《关于北京城墙存废问题的讨论》,《梁思成全集》(第五卷),北京:中国建筑工业出版社,2001年,第85—89页。
② 梁思成:《整风一个月的体会》,《人民日报》,1957年6月8日第2版。

城墙充满感情，并再次讲出了这段话。①

牌楼、牌坊是老北京的重要街景。东四、西四各四个牌楼，东单、西单各有单牌楼，东西长安街、东交民巷、西交民巷等繁华地段也都有典雅、精美的牌楼，它们给古老的北京城增添了无穷的魅力和气质，成为古都北京的代表性建筑之一。但它们也未能逃脱被拆除的命运，士气高昂的建设者们在拆除城墙的同时，又将矛头对准了这些历史久远的美丽建筑。梁思成的焦急程度是今天的我们难以想象的，他多次向各级领导面陈意见。由于梁思成的"顽固"坚持，最后周恩来总理不得不亲自出面找梁思成做工作。梁思成和周总理恳谈了将近两个小时，并极富诗意地描述了帝王庙牌楼在夕阳西斜、渐落西山时的美妙景致。周总理没有发表意见，显然，组织的决定是他也无法改变的。周总理明确表示，今后牌楼的处置采取"保、迁、拆"三种办法予以解决，即公园、坛庙内的牌楼可以保留；街道上的牌楼仅保留国子监街的两座，其余的陆续迁移或拆除。②对于梁思成等部分专家、学者主张完全保留牌楼等文物建筑的意见，周恩来引用了李商隐的"夕阳无限好，只是近黄昏"的诗句婉转地表明了自己的态度。③其中的万般无奈，又怎能用语言表达清楚？！

新中国成立之后，出于政治上的考虑，格外重视建筑设计的民族形式问题。大批来到中国的苏联专家，更是将民族形式问题提到了政治立场和阶级斗争的高度，他们要求中国的新建筑在外形上要表现出中国的民族形式，对欧美各国盛行的"世界主义"风格建筑，一概视为抹杀民族性的垃圾之作，坚决予以排斥。1950年，第一批苏联专家来华，专家组组长第

---

① 曾昭奋：《北园酒家、梁启超纪念馆和梁思成先生的一次演讲——纪念梁思成先生诞辰一百周年》，《清华园里可读书？》，北京：生活·读书·新知三联书店，2013年，第308页。
② 罗哲文：《难忘的记忆 深切的怀念》，编辑委员会编：《梁思成先生诞辰八十五周年纪念文集》，北京：清华大学出版社，1986年，第142页。
③ 中共中央文献研究室编：《周恩来年谱（一九四九——一九七六）》（上卷），北京：中央文献出版社，1997年，第340页。

一次与梁思成见面，就提出要搞"民族形式"，并画了一个大屋顶以说明他的意思。

新中国成立之后日渐浓厚的政治氛围、苏联专家的一再要求，加上全国建筑界在设计具有民族风格新建筑方面的困惑，使得梁思成逐渐失去了自由知识分子的独立性，开始批判自己一贯认可的"国际式"建筑及其所体现的现代建设设计风格，将其视作反动的代表资产阶级的、世界主义的具体体现。在1951年8月写给周恩来总理的信中，梁思成对自己的思想转变作了表述，他说："我自己就该做自我检讨：过去虽然研究且熟识中国建筑历史和传统手法，而在实际设计建筑物时，却受了世界主义影响，曾做过不顾环境、违反传统的'现代式'建筑，误以为那是国际主义的趋向。到解放后我才认识到国际主义同爱国主义的结合，痛悔过去误信了割断历史的建筑理论。"[①]

梁思成下决心从自己最熟悉的古建筑形式入手，结合现代建筑的元素，开始设计具有民族风格的建筑。斗栱作为木结构建筑的重要部分，显然已不适合现代建筑，中国传统特征浓厚的屋顶是否可以与现代建筑结合呢？带着这个问题，梁思成开始重新反思自己对于"大屋顶"的批评，"我们过去曾把一种中国式新建筑的尝试称作'宫殿式'，忽视了我国传统建筑的高度艺术成就，在民间建筑中的和在宫殿建筑中的，是同样有发展的可能性的。"[②]如果说以往自己对"大屋顶"的批判是因为其设计上未抓住中国传统建筑的精髓，只是单纯的形式上的捏合，就像是穿西装戴顶戴花翎一样，那么，如果能把握好传统屋顶与现代建筑结合的"度"，实现二者的有机融合，或许可以走出一条探索、实践民族形式的新路子。基于这种想法，1951年，梁思成主持设计了中南海新宿舍，开始尝试用传统风味十足的

---

① 梁思成：《致周恩来信》，《梁思成全集》（第五卷），北京：中国建筑工业出版社，2001年，第123页。
② 梁思成：《建筑艺术中社会主义现实主义和民族遗产的学习与运用的问题》，《梁思成全集》（第五卷），北京：中国建筑工业出版社，2001年，第193页。

大屋顶来表现中国风格。由于新建宿舍造型优美,既方便实用,又与所处的中南海这样一个特定环境巧妙地融合在一起,因此受到广泛的赞誉。

中南海宿舍的成功大大增强了梁思成的信心。他指出:"今后中国的建筑必须是'民族的、科学的、大众的'建筑;而'民族的'则必须发扬我们数千年传统的优点。回顾自十九世纪后半叶以来,中国的建筑已充分地表现了其半殖民地性格……今后应是民族的,我们只采取西方技术的优点,而不盲从其形式……这次我所试拟的中南海几座宿舍的形式,虽不算成熟,但自信还没有什么大错误……在文化方面有自觉的反半殖民地时代的西式翻本样式,努力恢复民族原有的优美成分,(小的如瓦顶、屋檐、廊子、花台、大门、挂灯等,大的如整体的比例、墙面的处理、门窗的安排等)就都表现革命的精神和在旧基础上创造新生命的力量。"①在中央科学讲座上,梁思成特意设计了两张想象中的建筑图,作为学习运用中国古典遗产与民族传统的一种方式的建议,其中一张是一个较小的十字路口小广场,另一张是一座高约三十五层的高楼。他希望用这两张图说明两个问题,两个他一直在思考和积极探索的关于建筑的民族风格的问题:"第一,无论房屋大小,层数高低,都可以用我们传统的形式和'文法'处理;第二,民族形式的取得首先在建筑群和建筑物的总轮廓,其次在墙面和门窗等部分的比例和韵律,花纹装饰只是其中次要的因素。"②

梁思成主张用传统屋顶来体现建筑的民族形式问题,并非想为全国树立一个整齐划一的标准。在中南海这样特定的环境中,新建筑可以带有浓厚的仿古风格。一般的建筑物,如宿舍、办公楼等,最主要的还是为了满足人们物质生活的要求,至于满足人们艺术和美观的要求,只能是比较次要的,毕竟仿古风格的"大屋顶"建筑在费用上远远超出了简单的平顶建

---

① 梁思成:《致朱德信》,《梁思成全集》(第五卷),北京:中国建筑工业出版社,2001年,第82—83页。
② 梁思成:《祖国的建筑》,《梁思成全集》(第五卷),北京:中国建筑工业出版社,2001年,第233—234页。

筑，而这对于在"一穷二白"基础上搞建设的新中国来讲，无疑是难堪重负的。梁思成希望，作为对建筑民族性问题的大胆尝试，"大屋顶"建筑能在建筑界引起广泛的争鸣，继而不断推陈出新，涌现出更多也更成熟的建筑设计方案。

然而，出乎他的意料，正苦于缺少成功范例可遵循的建筑学术界很快就将其无节制地推行开来，一些机关、学校、工厂如法炮制，以至于带有浓厚仿古色彩的新建筑不断涌现。梁思成不是革命领袖，他不可能具有一呼百应的本领，特定的政治环境和盲目学习苏联的风气，才是导致这一局面的根本原因，何况，全国上下都搞"大屋顶"也绝非他的初衷。对于一哄而上的大量仿古建筑，尽管梁思成肯定了其中包含的对于建筑的民族形式的探索精神，但同时表现出强烈的忧虑，对于其设计水平更是不满意。

仿古建筑大大增加了建设成本，造成很大的浪费，显然与当时中国的国力不相符合。随着大量关于浪费问题的新闻报道的发表，很快引起了中央的重视，并由此而发起了对建筑界一味仿古的错误倾向的批判运动，甚至将其拔高到阶级斗争的政治高度。1955年2月，建筑工程部召开会议，批判建筑设计中的"资产阶级形式主义和复古主义"，批判的矛头很快集中到梁思成身上，从不点名到点名，批判迅速升级。1955年4月的《文艺报》发表的《反对浪费国家资金的建筑设计》一文指出："资产阶级的建筑设计思想却打起所谓'民族形式'的假招牌，说'建筑首先是艺术'，'我是以创造美去为人民服务的！'引导人们走向盲目抄袭的复古主义。他们从'清式''辽式'毫无批判地抄来一套所谓'法式'，不管建筑物的性质用途如何，将宿舍、办公室、学校、礼堂造成大大小小的宫殿和庙宇，用大屋顶、飞檐、石栏杆、毫无意义地在钢筋水泥的墙柱上涂漆描花，还装上斗拱、假梁假柱。"[①]对建筑理论的肤浅理解甚至一无所

---

① 松明：《反对浪费国家资金的建筑设计》，《文艺报》，1955年第6号。

知,和对于"错误"性质的无限拔高,成为这一时期批判文章的一致特点。"梁思成口口声声是'对人的关怀',但……只是对反动阶级的关怀。正因为这样,正因为他的立场是反动阶级的立场,他才把建筑艺术看成是没有阶级性的,才产生了他这一套资产阶级、封建阶级的复古主义的论调。"①

正如当年全国上下一窝蜂模仿建造古建筑一样,对梁思成的批判也成为一场"声势浩大"的运动。中央甚至指定彭真负责,在颐和园畅观楼组织了专门批梁的写作班子,很快就写出三十多篇批判文章,准备随时向"反动权威"梁思成发动进攻。在巨大的压力下,梁思成屈服了,决心"不惜以今日之我,难昔日之我"。他的屈服并非在建筑理论上的悔过,而是在政治压力和对于仿古建筑造成惊人浪费的现实面前的反省。1956年2月3日,在全国政协二次会议上,梁思成作了公开检讨,转天的《人民日报》专门刊登了检讨的全文。他表示:

> 过去20余年中我写了许多关于中国建筑的调查报告、整理古籍、中国建筑历史、都市规划和创作理论的文章和专书。这些文章和理论的一贯特征就是主观唯心主义、形而上学的;我所提出的创作理论是形式主义、复古主义的。
>
> 在都市规划和建筑设计上,我却一贯地与党对抗,积极传播我的错误理论,并把它贯彻到北京市的都市规划、建筑审查和教学中去,由首都影响到全国,使得建筑界中刮起了一阵乌烟瘴气的形式主义、复古主义的歪风,浪费了大量工人农民以血汗积累起来的建设资金,阻碍了祖国的社会主义建设,同时还毒害了数以百计的青年——新中国的建筑师队伍的后备军。
>
> 我对自己的错误是长期没有认识的。这是由于我的思想感情中存留着浓厚的封建统治阶级的"雅趣"和"思古幽情",想把人民的首

---

① 《梁思成在民族形式问题上的错误》,《文艺报》,1955年第21号。

都建设成一件崭新的"假古董",想强迫广大工人农民群众接受这种"趣味",让他们住在一个"保持着北京原有的城市风格"的城市里。

我之所以走上错误的道路是因为我的错误的立场、观点、方法使我脱离了党的领导,脱离了群众,走上了错误的道路,为人民带来了损失,造成了祖国建筑的障碍。这才使我体会到技术是绝对不能脱离党的领导的,脱离了党就必然要犯错误。

我要像一个初进学校大门的学生一样,努力学习,学习马克思列宁主义,进行自我教育,提高自己的水平,重新认识建筑,重新认识遗产,重新开始我的工作,贡献自己的力量……我要和那个资产阶级唯心主义的故我进行坚决无情的斗争。我一定要把自己改造成为一个红色专家、红色教师。[①]

在失去爱妻的巨大悲痛中,梁思成又不得不面对在政治上和学术上的双重压力,成为全国批判的"靶子"。尽管后来由于梁思成"承认错误",并放弃了反对拆除天安门前三座门的意见,批判逐渐平息下来,但梁思成心中的苦痛又有谁能去体味呢?更可悲的是,梁思成再也无法自由自在地发挥自己的才智,学术上的黄金时期就这样成了政治运动的牺牲品。

爱亦清华 恨也清华

经过二十世纪五十年代的政治风雨,昔日在学术研究和古建筑保护领域非常活跃的梁思成基本上沉寂了。百家争鸣、百花齐放的学术探索氛围一旦笼罩上阶级斗争的阴影,就再也无法恢复昔日的风采。从此以后,梁

---

① 梁思成:《永远一步也不再离开我们的党》,《梁思成全集》(第五卷),北京:中国建筑工业出版社,2001年,第268—269页。

思成将主要精力集中在领导清华大学建筑系的教学工作上。当然，作为当时最著名的建筑学家之一，他还经常作为中国知识界的重要代表参加名目繁多的社会活动。可悲的是，梁思成并不是一个活跃的社会活动家，他是一个学者，学术研究才是他应有的"天堂"。有一点值得欣慰，那就是梁思成于1955年6月当选为中国科学院技术科学部学部委员（现改称院士），这无疑是中国科学术界的最高荣誉。梁思成一生先后被两个政权的最高学术机构授予院士或相当于院士的学术头衔，足以表明他在古建筑研究与保护领域取得的辉煌成就已获得了广泛的认同。

清华大学是梁思成一生钟情的地方，美丽的清华园不仅记载了他成长的足迹，而且留下了父亲梁启超的身影。1915年至1923年，他在这里学习生活了八年，从一个不懂事的小孩子长大成人。1928年从美国学成归来，虽然最终选择到东北大学工作，但他和清华的联系始终没有中断。1931年，梁思成辞别东北大学加入中国营造学社之后，与清华大学的联系日趋密切。他和林徽因的朋友有很多是清华的教授，在1933—1934年，他还兼任清华大学的教授，讲授建筑学。也许正是与清华之间久已存在的浓厚情结，导致他在抗战胜利后几乎没有太多犹豫就毅然选择到清华大学创办建筑系。这之后，无论外面的世界如何变化，梁思成再也没有离开过清华，一直到1972年病逝。

乍一听梁思成拥有的众多头衔，人们总会觉得有些高不可及，诸如清华大学建筑系主任、一级教授、全国政协常委、北京市政协副主席等等。但熟悉和了解他的人都知道，生活中的梁思成为人谦和，胸襟坦荡，对于他的学生，更是关爱有加，倾注了满腔的热情。梁思成在1932年写给他的第一批学生——东北大学第一届毕业生的信中表达了他对学生的真挚感情，信中这样写道："我还记得你们头一张Wash Plate，头一题图案，那是我们'筚路蓝缕，以启山林'的时代，那么有趣，那么辛苦。那时我的心情，正如看见一个小弟弟刚学会走路，在旁边扶持他，保护他，引导他,鼓励他,惟恐不周密。"①如果说青年时代初为人师的梁思成将自己的学生当作弟弟妹妹一样看待的话,那么1946年重回清华的梁思成则将学生视为自己的儿女,在精心培养之际,倍加呵护。

梁思成知识渊博,学贯中西,在讲课过程中其大师风范得以充分展现。关肇邺教授回忆道:"常说好的教师若倒给学生一杯水,自己要有一桶。但我感到对先生来说,至少应说是一大缸。他在讲课中时时涉及有关联的外围领域和中外历史、语言、艺术、书法、音乐、佛教哲学、工程技术、城市规划等。我们学生不多,大家围坐一桌,先生娓娓而谈,如谈家常,如数家珍,大家无不被那极高的文化艺术素养所感染。先生所讲到的内容,这些人类创造的文化结晶,大部分不只是来源于书本,而是经过先生的亲自观察、细心揣摩,有的是亲手测绘摹写甚至是他第一个发现论证的,是真正兼有丰富的感性和理性认识的。由于学贯古今,兼通中西,所以他能旁征博引,一件事物可以和不同时代、不同地域、不同文化背景的相应事物进行比较分析,从而使学生加深理解,印象深刻。"梁思成讲课时严谨的态度和扎实的基本功同样令学生们终生难忘。关肇邺还回忆道:"先生有极深厚的功底,这对我们更是最有影响力的样板。记得在建筑史课里,当先生讲到罗蔓建筑如何发展成为哥特式的,他边讲边画,从如何减薄了墙壁,出现了大窗,到如何加强壁柱,出现了扶壁、飞扶壁,如何加上小尖塔、吐水兽以及如何拉长了柱子,调整了比例,出现了筋肋和各种装饰,短短十多分钟工夫,把哥特式建筑形象的来龙去脉讲得一清二楚,同时黑板上也一步步地出现了一个极完整、极准确、极精美的哥特式教堂剖面图和天花仰视图。从大的间架比例到细部装饰,无不惟妙惟肖。"②

---

① 梁思成:《祝东北大学建筑系第一班毕业生》,《梁思成全集》(第一卷),北京:中国建筑工业出版社,2001年,第311页。
② 关肇邺:《忆梁先生对我的教诲》,编辑委员会编:《梁思成先生诞辰八十五周年纪念文集》,北京:清华大学出版社,1986年,第156—157页。

对于梁思成的语言表达能力,他的学生李道增同样感触颇深,李回忆说:"无论在什么场合,只要梁先生一说话,大家都自然屏息聆听他的即兴讲话,从来都十分生动、风趣,从不干巴巴。旁征博引,妙趣横生,譬喻典故还来得多,间而引得哄堂大笑,笑过之后,发人深省。他的确是位艺术家,讲话的'形象感'特强,情理交融,能以情感人,以理服人。他的'理'闪耀着知识与智慧的光辉,他的'情'又像一团火一般的热。"李道增认为梁思成不仅讲话水平高,讲课水平更让人钦佩不已,"为了提高我们的理论素养、文化修养,他亲自给我们讲过四门课:设计原理、西方建筑史、中国建筑史、中国绘塑史。'玄武'们(指建筑系的学生)都爱听他的课,没人打瞌睡。他给我们看他学生时代学建筑史的英文与德文笔记,以及建筑史钢笔画插图。简直一笔不苟,功夫真是到家了,令我们赞叹不已,顿感需要发奋像他那样下苦功夫。他不但外文那么流利,中文与古文功底深厚,文章写得漂亮,思维的逻辑性与用语言创造形象的能力,恐怕是建筑界同时代与后来者鲜有能赶得上的。"[1]

课堂上的一分表现,课下都要付出十分的辛苦,梁思成曾对他的助教胡允敬说:"你别看我在黑板上画得这样熟练,我在讲课前,要反复默画多少次呢!"[2]

作风民主、平易近人、做人与做学问并求,是梁思成的又一风格。梁思成十分注意在清华大学建筑系的师生中树立民主的作风,努力营造一个宽松、自由的学术环境,鼓励大家畅所欲言。朱自煊回忆说:"梁先生很欣赏莱特办学的民主自由空气。在他的影响下,我系师生之间、各班之间关系是很密切的"。"他作风民主,在评图讨论中,鼓励大家畅所欲言,我们在梁先生面前也从不感到拘谨。他也很信任大家,大家在系里也感到很

---

[1] 李道增:《一代宗师的光和热》,编辑委员会编:《梁思成先生诞辰八十五周年纪念文集》,北京:清华大学出版社,1986年,第167页。
[2] 胡允敬:《怀念梁先生》,编辑委员会编:《梁思成先生诞辰八十五周年纪念文集》,北京:清华大学出版社,1986年,第112页。

自由，很舒畅。"朱自煊颇有感慨地说："梁先生是以他的思想和理论来领导全系的。他知人善任，爱惜人才，因此从建系以来聘请了一大批具有真才实学的老师，为办好建筑系创造了最重要的条件。"①

梁思成十分重视加强学生的文化艺术修养，"认为只有尽一切努力把学生的文化素养全面提高了，学生的审美趣味才能上得去。如果只顾练'技巧'，艺术作品必多'匠气'，而少'灵气'与'内涵'。他一贯重视理论，理论丰富人的思想。有思想理论的人洞察力敏锐，别人感觉不到的东西，你却能捕捉到。他说：'建筑师应当是在日常生活中最敏感的。建筑师所见到、听到、感觉到的东西比一般人多而深，因此比一般人也多一层美的享受。要善于体验，善于观察，善于分析，处处皆学问。'"②

作为一名学者，梁思成不仅自己胸襟坦荡，敢讲真话，敢于坚持真理，而且将做人与做学问并重的思想充分体现在教育实践中。他要求学生要善于主动地向周围的人获取知识，要尊重别人，不断查找自己的不足，不再犯同样的错误；同时要说真话，要有自己的观点，切不可人云亦云，随波逐流。他的学生中有很多人在"文化大革命"中历经磨难，甚至家破人亡，但敢于坚持原则的初衷不变，对建筑学事业的热情始终不减，用实际行动体现了梁思成的人格与风格。徐伯安对此感受很深，他说，当年，"梁先生一再要求我们立足今天和未来去读书，读好书，读原著，读不同意见的著作，一字一句地读，并把有用的东西摘录出来，把心得记录下来，日子久了，自有所得，自有所悟"。在做学问方面，梁思成更是"一生谦虚不耻下问"。③

---

① 朱自煊：《深切怀念导师梁先生》，编辑委员会编：《梁思成先生诞辰八十五周年纪念文集》，北京：清华大学出版社，1986年，第149页。
② 李道增：《一代宗师的光和热》，编辑委员会编：《梁思成先生诞辰八十五周年纪念文集》，北京：清华大学出版社，1986年，第165页。
③ 徐伯安：《何以报先生，永存先生志——纪念梁思成先生诞辰一百周年》，清华大学建筑学院编：《梁思成先生百岁诞辰纪念文集》，北京：清华大学出版社，2001年，第59页。

梁思成的学生费麟回忆道:"梁先生作为一个建筑师,从不隐瞒自己的观点,坚持自己正确的,改正自己错误的,这是给我印象最深刻的……梁先生不仅学问渊博,更可贵的是做人的品格,从梁先生发表的文章中,我们可以清楚地看到,尽管他受到批判,但有些观点他仍然坚持。"梁友松对此也体会很深,他说:"我认为,梁先生对我的教诲中最使我受益的乃是要有自己的观点。在同样的原始基础材料上,不同的人有不同的见解,所谓见仁见智之不一,但最不可取的乃是罗列獭祭、鹦鹉学舌、拾人唾余的做法。"①

清华教学二十余载,梁思成为国家培养了大量优秀的建设人才,可谓桃李满天下。在学生们的心目中,他已经成为一座永远的丰碑——学问大家,人格典范。梁思成的学生梁友松的一句话大概可以代表学生们的心声,"梁先生给我的教导,最主要的还不只是在业务上,而是对知识孜孜不倦的追求,对祖国和党的热爱和信赖,以及在逆境中,带点幽默感的泰然自若"。②

1955年之后,由于政治运动不断,加上繁杂的行政工作和社会活动任务,梁思成很难再潜心学术研究。这一时期,他在古建筑研究领域最突出的贡献当数《营造法式》(上卷)的出版。由于种种原因,四十年代,在完成了部分内容的研究后,工作停顿下来。1961年,梁思成又重新着手研究,为此,清华大学特地选派了楼庆西、徐伯安、郭黛姮三位青年教师作为他的助手。研究工作进展得很顺利,一年之后,完成了这部书"大木作制度"以前的文字注解和"壕寨制度""石作制度"和"大木作制度"的图样,以及有关功限、料例部分。1963年,研究成果由中国建筑工业出版社出版,定名《营造法式》(上卷)。

1966年,史无前例的"文化大革命"爆发,原本已经在学术研究领

---

① 林洙:《梁思成、林徽因与我》,北京:清华大学出版社,2004年,第185—186页。
② 林洙:《梁思成、林徽因与我》,北京:清华大学出版社,2004年,第187页。

域举步维艰的梁思成一下子被抛进命运的深渊，不仅学术生命戛然而止，而且人生之路也在无限的困惑和痛苦中走到了尽头。

没有经历过"文革"灾难的人，恐怕很难想象当时人们的灵魂被扭曲到何种程度。善良的梁思成怎么也没有想到，自己精心培养、视为儿女的学生们居然一夜之间变成了凶神恶煞般的革命小将，并在"革命无罪、造反有理"的声浪中将斗争的矛头指向自己的师长们。"文革"开始不久，清华大学建筑系的造反派们就贴出攻击梁思成的大字报——《梁思成是彭真死党，是混进党内的大右派》。在极度压抑的政治氛围中，梁思成被勒令一遍又一遍交代自己的"罪行"。但由于没有按照造反派的意思去歪曲事实，因此，无论怎样一丝不苟地写材料，也不会被通过，只能一步一步加重"罪行"。7月的一天，已年逾六旬的梁思成被造反派们从建筑系馆推了出来，胸前挂着一块巨大的黑牌子，上面用白字写着"反动学术权威梁思成"，"梁思成"三个字还打了一个大大的"×"。梁思成踉踉跄跄地站在大门口，剧烈的疼痛几乎使他直不起腰。熟悉他的人应该知道自从1923年的车祸之后，他的腰就再也没有恢复健康，一度要靠穿"钢背心"来支撑。其实，疼痛的又何止是身体呢？望着面前人头攒动的围观者，听着他们发出的刺耳的哄笑，梁思成觉得眼前恍惚了。这批斗与其说是肉体上的折磨，不如说更是精神上的侮辱，是对这位正直学者的人格的粗暴践踏。

对于梁思成和他的亲人们来讲，批斗只是"文革"噩梦的开始。之后相当长的一段时间内，梁思成只要出门就必须挂上那块黑牌子，在曾经熟悉、但眼前却陌生一片的清华校园中吃力地踽踽而行。工作干不了，工资停发了，住处也被勒令一搬再搬，最后全家老少被赶到清华大学北院一间只有二十四平方米、没有水暖供应的小平房中生活。这样还远未达到造反派们的目的，梁思成的家成了他们肆意查抄、勒索的"反动堡垒"。从8月红卫兵"破四旧"查抄梁家开始，任何造反派组织都可以随时闯进梁家，任意抄走或毁坏他们认为是"四旧"的东西，稍有不满，便对梁思成和他的家人拳打脚踢，梁思成多年以来收藏的艺术珍品几乎损失殆尽。为了保护梁思成的文稿，包括《营造法式》的稿子，在万般无奈的情况下，林洙将稿子交给了保姆李阿姨，由她来保存，最后使这些珍贵的稿子逃脱劫难，完整无缺地保存下来。再往后，实在没什么可抄拿的了，便开始了公开的经济勒索，"无产阶级造反派"们的丑恶嘴脸暴露无遗。

造反派还用漫画形式批判梁思成的"罪行"。梁思成的画像在脖子上挂着北京的城墙，下面写着"我们北京的城墙，更应称为一串光彩耀目的璎珞了"，这是梁思成在二十世纪五十年代初为保护北京古城墙而写的《北京——都市计划的无比杰作》一文中的一句话。大字报批判他疯狂地反对拆除封建社会的北京城墙，留恋封建社会，坚持资产阶级教育路线毒害青年；说他新中国成立前夕去美国讲学，是做了一次文化掮客，卖出中国的古建筑，贩回资产阶级的腐朽建筑观和教学制度。全文不断出现"反动之极""罪该万死"等吓人的字眼。

一张带有归纳性的大字报将梁思成的重大"罪行"又提高到一个"新水平"，标题是"打倒国民党残渣余孽、丧失民族立场的反共老手梁思成"。这篇大字报"揭批"了梁思成的"四大罪状"：第一，梁思成在1966年接见法国建筑师代表团时，在法国女团长的面颊上吻了一下，"丧失民族尊严"；第二，梁思成在1947年代表国民政府出任联合国大厦的设计顾问；第三，担任过国民党"战区文物保存委员会"的副主任；第四，疯狂反对毛主席的城市建设指示。对于这些帽子大得惊人、处处暴露出愚昧无知、肆意颠倒是非黑白的"反动罪名"，梁思成只有默默地承受。

即使是在最痛苦、最屈辱的日子里，梁思成仍天真而又坚定地希望早日弄清问题，继续为党和国家的建设服务。下面这段话是他发自内心深处的真实表达：

> 我想，我所唯一可奉献给祖国的只有我的知识，所以我毫无保留

地把我的全部知识献给中国未来的主人，我的学生们。没想到因此我反而成为社会主义建设的罪人。

如果真是社会主义建设的需要，我情愿被批判，被揪斗，被"踏上千万只脚"，只要因此我们的国家前进了，我就心甘情愿。到外国去？不！既然连祖国都不需要我了，还有什么生活的愿望？世界上还有比这更悲哀的吗？我情愿作为右派死在祖国的土地上，也不到外国去。①

据林洙回忆，"文革"开始后的一天，梁思成和她整理残存的图书时，突然看到一对汉代铜虎的照片，其艺术美一下子就吸引住了梁思成，沉浸其中，并脱口而出"你看看，眉（指林洙），你看看多……"在"美"字就要出口之际，梁思成突然条件反射似的回到了现实中，"美"是当前犯忌讳的一个字，于是又下意识地改口说："多……多么有毒啊！"话音未落，梁思成和林洙就不禁被这不伦不类的话逗得大笑起来。这笑声中饱含的痛苦和无奈，以及它所折射出来的被扭曲的时代和生活，不正是梁思成心灵创伤的真实体现吗？

无休止的批斗使梁思成的健康迅速恶化，清华大学医院又拒绝为他治病，最后几经辗转，才在北医三院得到治疗。1968年11月，周总理直接过问了梁思成的情况后，他才被转到北京医院继续治疗。

随着"文革"的发展，清华大学、北京大学，加上北京市的六个工厂，被作为运动的重点，"六厂二校"成为全国的样板。1969年1月26日下午，执掌清华大学大权的工宣队、军宣队突然召开全校大会，传达由中共中央转发、毛主席圈阅的清华大学关于《坚决贯彻执行对知识分子"再教育""给出路"的政策》的文件。文件谈到对待五种人的不同政策：一是对一般知

---

① 林洙：《梁思成、林徽因与我》，北京：清华大学出版社，2004年，第277页。

识分子的政策,二是对"可以教育好的子女"的政策,三是对犯了"走资派"错误的干部的政策,四是对资产阶级反动学术权威的政策,五是对反革命分子的政策。毫无疑问,梁思成属于第四类,作为建筑学"反动权威",被认为用处不大,"养起来",留作反面教员。虽然不久以后,梁思成恢复了党籍,但他却彻底沉默了。对梁思成来说,身体上的折磨他丝毫不畏惧"建筑"是他的全部生命,他满心希望通过批判找出自身的不足,然后再全身心地为党和国家服务,并因此而保持着精神上的动力。但从此以后,他的精神支柱几乎完全崩溃了。他迫切希望找到什么是"无产阶级教育路线"和什么是"无产阶级建筑观"的答案,但他始终未能如愿。在精神的极度苦闷中,梁思成的健康状况迅速恶化。

这位一生都在追求科学的建筑大师,直到生命的最后阶段,还在热切地盼望着自己的同事和学生们能来和他一同探讨革命的学术问题,以澄清认识,改造自我。但就像林洙记忆中的那样,"他病房的会客牌总是静静地挂在医院传达室里",[1]很少有人光顾。

1972年1月9日,一代建筑学宗师梁思成,永远地离开了这个世界。

四十余年后的今天,当我们在清华园纪念这位建筑大师的时候,或许我们可以说,梁先生直到生命最后一刻还在苦苦探索的问题,答案已经找到了。

如今,梁思成的雕像就静静地伫立在美丽的清华园,一批又一批的莘莘学子在他慈祥的目光中快乐地成长,这是何等的幸福啊!梁思成似乎又忘却了一切烦恼,回到了清华园,回到自己的学生中间。

---

[1] 林洙:《梁思成、林徽因与我》,北京:清华大学出版社,2004年,第292页。

群星闪烁——渐为平常百姓家

新型知识分子群体

在近代中国,声名显赫的世家大族并不鲜见,但就群体的学术贡献而言,恐怕很少能与梁启超家相提并论。正是在梁启超开创的优良家风的熏陶下,梁家众多子女们虽然年龄相差悬殊,成长的环境也不尽相同,但均继承了梁启超传下来的学术薪火,个个成才,各有所长,他们在学术领域的突出贡献同样如群星闪烁,光芒璀璨。

晚年梁启超不仅为子女们取得的成就兴奋不已,对自己一贯坚持的教育子女的理念和实践颇为自得,更是直言不讳地称孩子们的事业有成、家庭幸福是自己的"得意之作"。概括来讲,梁启超在子女教育上有三点突出的特色。

其一,提供条件。

在子女教育的问题上,一个重要的误区就是父母企图按照自己的人生理念和价值判断去改造子女,像制造产品一样重新创造自我,也就是说,是改造子女而不是引导子女。其实,子女是独立的自我,个性、才情自有其特色，不可能是父母的再现，包办代替是南辕北辙，绝对不可能行得通，最重要的应该是为他们提供发挥自我、展示才华的必要的客观条件，尤其是受良好教育的条件。当然，教育可分学校教育、社会教育、家庭教育，它们都有其独特的地位，但相对来讲，学校教育具有根本意义，家庭教育和社会教育只能是辅助性的。从这个意义上讲，所谓提供条件，首要的也是最重要的是为子女提供受良好教育的条件。这种十分浅显的道理，梁启超当然明白，所以他将主要精力放在学校教育上。他总是不计成本，大量投入。他宁肯别的方面节省一点，也绝不让孩子上差一点的学校。在他的家信当中，常常劝导儿女们不要为上学的经费计较。总体来看，他的孩子基本上都受到了良好的学校教育。梁思顺，毕业于日本女子师范学校；梁思成，先就读于北京清华学校，后留学美国宾夕法尼亚大学，获硕士学位；梁思永，先就读于北京清华学校，后往哈佛大学攻读考古学和人类学；梁思忠，毕业于美国弗吉尼亚陆军学校和西点军校；梁思庄，先留学加拿大麦吉尔大学，后往美国哥伦比亚大学学习；梁思达，毕业于天津南开大学经济系；梁思懿，先入燕京大学学医，后又往美国南加州大学学习；梁思宁，先入南开大学学习，后因日本侵华，自愿投奔革命，参军抗日；梁思礼，先入美国普渡大学，获学士学位，后就读于辛辛那提大学，获硕士和博士学位。梁启超优越的家庭条件和子女们的聪明上进，再加上他的精心安排，使其子女都具有了现代知识。但当梁启超发现他们的国学根底不够时，一方面指导他们加强中国文化的学习，一方面又在家中开设了国学训练班。其外孙女吴荔明记云：

> 为了提高充实他们几个人的国学、史学基本知识，决定让他们几个从1927年下半年起，休学一年补课，特聘请了他在清华国学研究院的学生谢国桢先生来做家庭教师，在家里办起了补课学习组……课室就设在老房子——原来梁启超所用的楼下的'饮冰室'书斋里。据

五舅（指梁思达）回忆，补课的课程为，国学方面：从《论语》《左传》开始，至《古文观止》，一些名家的名作和唐诗的一些诗篇由老师选定重点诵读，有的还要背诵。每周或半月，写一篇短文。有时老师出题，有时可以自选题目。作文要用小楷毛笔抄正交卷。史学方面：从古代到清末，由老师重点讲解学习。书法方面：每天要临摹隶书碑帖拓片（张猛龙），写大楷二三张。每周有半天休假，无所谓考试。作业由老师批阅、审定。①

像梁启超这样举办高水平、有实效的家庭培训班，在一般家庭是不可能的，但这种千方百计为子女提供学习条件的精神是值得推崇的。梁启超还经常为子女购买图书和各种学习用品，在其书信中有相当的篇幅是讲购书的。1912年梁启超一回到北京，就为远在加拿大的大女儿梁思顺买《东坡集》《韩柳合集》等。为使二儿子梁思永在考古学研究上有所进步，梁启超亲自为他联系自费参加著名考古学家李济在山西的考古发掘，甚至还和瑞典考古学家斯文赫定联系，让梁思永自费参加其在西北的考古活动。为了让梁思成和林徽因在建筑学上大展宏图，他特意花巨资安排他们到欧洲度蜜月，细心考察欧洲的建筑艺术。在培养儿女的问题上，梁启超可谓不惜巨资，用心良苦。

其二，传输理念。

比起为子女提供充足的条件来，传输科学的人生理念也很重要。如果说，充足的条件是物质的，那么，人生理念则属精神的，二者缺一不可。虽然不能强迫子女接受甚至必须按照父母的人生哲学和处世态度去生活，但毕竟父母有多年的生活积累，不乏经验乃至教训，将这些人生的感悟去告诉子女，影响子女，自然是子女教育中不可缺少的一个方面。

---

① 吴荔明：《梁启超和他的儿女们》，北京：北京大学出版社，2009年，第286页。

因为，从一定意义上讲，生活理念决定人生的态度，甚至会左右命运的归宿。所以，作为思想理论家的梁启超，总是从哲理的高度把人生的一些基本理念，抓住有利时机，用通俗直白的语言告诉孩子们，希望他们少走弯路。梁启超所谈的人生理念涉及做人、心性修养、如何面对社会和面对自己等许多方面，而且感悟深刻，不仅对其子女有用，也是值得后人学习和研究的精神财富。将这些论述大体概括起来，精华的东西是：做人应该尽兴、理智、随缘。

所谓尽兴，就是将兴趣和能力发挥到极致。梁启超视兴趣为幸福的源泉，成功的基石。他时常教导儿女们对生活、对事业要有广泛而浓厚的兴趣。他断言：一旦兴趣没有了，生活就索然无味了。梁启超多次宣称自己是个"趣味主义者"。他在一次演说中讲："假如有人问我，'你信仰什么主义？'我便答道：'我信仰的是趣味主义。'有人问我：'你的人生观拿什么做根柢？'我便答道：'拿趣味做根柢。'我生平对于自己所做的事，总是做得津津有味，而且兴会淋漓；什么悲观咧厌世咧这种字面，我所用的字典里头，可以说完全没有。我所做的事，常常失败——严格的可以说没有一件不失败——然而我总是一面失败一面做；因为我不但在成功里头感觉趣味，就在失败里头也感觉趣味。我每天除了睡觉外，没有一分钟一秒钟不是在积极地活动；然而我绝不觉得疲倦，而且很少生病；因为我每天的活动有趣得很，精神上的快乐，补得过物质上的消耗而有余。"[①]梁启超就是用这种趣味的人生观约束自己、指导自己，同时也影响和教育子女。当梁思成在美国学习建筑学之后，他时刻担心其学业太专而会感到单调，由单调又会导致乏味，乏味则会不思进取，生活苦恼。他多次去信和梁思成讨论这个问题，其中一封写道：

---

① 梁启超：《趣味教育与教育趣味（1922年）》，张品兴主编：《梁启超全集》，北京：北京出版社，1999年，第3963页。

> 我怕你因所学太专门之故，把生活也弄成近于单调，太单调的生活，容易厌倦，厌倦即为苦恼，乃至堕落之根源。再者，一个人想要交友取益，或读书取益，也要方面稍多，才有接谈交换，或开卷引进的机会。不独朋友而已，即如在家庭里头，像你有我这样一位爹爹，也属人生难逢的幸福；若你的学问兴味太过单调，将来也会和我相对词竭，不能领着我的教训，你全生活中本来应享的乐趣，也削减不少了。我是学问趣味方面极多的人，我之所以不能专积有成者在此，然而我的生活内容异常丰富，能够永久保持不厌不倦的精神，亦未始不在此。我每历若干时候，趣味转过新方面，便觉得像换个新生命，如朝旭升天，如新荷吐水，我自觉这种生活是极可爱的，极有价值的。我虽不愿你们学我那泛滥无归的短处，但最少想你们参采我那烂漫向荣的长处。①

在这里，梁启超是要梁思成等儿女们吸取他兴趣广泛的长处，并非强迫他们像他那样兴趣太多，以致不能成为某一点上最精深、最权威的专家。古人云："哀莫大于心死。"所谓"心死"，就是对什么都没有了兴趣。所以，生活当中，对周围的事物有兴趣是第一位的，兴趣的多寡则是因人而异的。梁启超还特别强调支持兴趣持久的另一个重要因素是希望，希望是成功的阶梯。梁启超一再告诫子女们要对生活充满希望，万万不可悲观。他在家信中说："我以为一个人什么病都可以医，唯有'悲观病'最不可医，悲观是腐蚀人心的最大毒菌。"②而悲观的产生往往是源于过高估计自己，目标过高而达不到，于是常常悲观失望。故而，梁启超总是告诉

---

① 梁启超：《致孩子们》，张品兴编：《梁启超家书》，北京：中国文联出版社，2000年，第493—494页。
② 梁启超：《致孩子们》，张品兴编：《梁启超家书》，北京：中国文联出版社，2000年，第482页。

子女们要时刻明白自己的性格和能力,不要好高骛远,只要将自己的能力充分发挥出来了,就应该心满意足了。他说:"要各人自审其性之所近何如,人人发挥其个性之特长,以靖献于社会,人才经济莫过于此。"又说:"我生平最服膺曾文正两句话:'莫问收获,但问耕耘。'将来成就如何,现在想他则甚?着急他则甚?一面不可骄盈自慢,一面又不可怯懦自馁,尽自己能力做去,做到那里是那里,如此则可以无入而不自得,而于社会亦总有多少贡献。"①梁启超在这里讲得非常真切、客观。人的能力各异,只要尽情发挥出来了,就应该快活和满足。如果能具有梁启超这样的生活体认、浓厚的生活兴趣,持久地去释放自己的能力,快乐和幸福就不可能不伴随着你。要真正做到这一点,个人的性格具有决定意义,所以梁启超的"尽兴",本质上是"尽性"。

所谓理智,就是用理性约束感性。梁启超的情感极其丰富,连写文章都"笔尖常带感情"。他认为生活固然需要理性,但太理性了,生活就枯燥无味了。梁启超在一次演讲中讲:"人类生活,固然离不了理智,但不能说理智包括尽人类生活的全内容。此外还有极重要的一部分——或者可以说是生活的原动力,就是'情感'。情感表现出来的方向很多。内中最少有两件的的确确带有神秘性的,就是'爱'和'美'。"②但是,情感的展示必须"适度",否则社会就失去了规范,是非颠倒,道德沦丧,所谓的"爱"和"美",也不复存在,个人和家庭生活也会一团糟。所以,在梁启超的家书中处处洋溢着炽热的情感,也同时渗透着理智。他教育其子女任何时候都要头脑清醒,用自己的智慧去理性地处理日常生活中的各种问题。即使是感情的事,也还是要有理性。他在给孩子们的信中讲:"青

---

① 梁启超:《致孩子们》,张品兴编:《梁启超家书》,北京:中国文联出版社,2000年,第447页。
② 梁启超:《人生观与科学——对于丁、张论战的批评(1923年)》,张品兴主编:《梁启超全集》,北京:北京出版社,1999年,第4170页。

年为感情冲动，不能节制，任意决破礼防的罗网，其实乃是自投苦恼的罗网，真是可痛，真是可怜！"①梁启超这里讲的是他对自己的学生徐志摩的批评。众所周知，徐志摩是个唯美主义者，只要他认定美的东西，包括爱情，就不顾约束地去追求。当他以第三者的身份得到陆小曼，并选定吉日良宵在北海董事会举行婚礼的时候，却没有料到被身为证婚人的老师梁启超狠狠地教训了一顿。梁启超还将他的讲话稿寄给他的孩子们引以为戒。可见，梁启超希望自己的子女在处理感情的问题上，一定要以理智超越情感，发乎情，止乎礼，不可随心所欲。即使是交友，梁启超也希望子女们要理智。他告诫二女儿梁思庄说："庄庄多走些地方，多认识些朋友，性质格外活泼些，甚好甚好。但择交是最要紧的事，宜慎重留意，不可和轻浮的人多亲近。"②梁启超越是到晚年，对儿女们理智的教导和关怀越多。大概是人老了，历练多了，越来越认识到理智才能少走弯路，有智慧才有美好的生活。

所谓随缘，就是对得失顺其自然。人生总是要经历不可回避的挫折和失败，能从容面对，那才是最重要的。经过无数次失败的梁启超深知这方面的重要性，他一再用自己的感受和体认去谆谆教导儿女们。梁启超的基本思路是：遇到失败或挫折首先要平静地接受，任其自然；其次要看作是磨炼自己的好机会，妥善寻求解决的办法，在克服困难中更上一层楼。当大女儿梁思顺和女婿周希哲遇到失去工作的麻烦时，梁启超致信解劝说：

"顺儿着急和愁闷是不对的，到没有办法时一起卷铺盖回国，现已打定这个主意，便可心安理得，凡着急愁闷无济于事者，便值不得急他愁他，我向来对于个人境遇都是如此看法。顺儿受我教育多年，何故临事反

---

① 梁启超：《致孩子们》，张品兴编：《梁启超家书》，北京：中国文联出版社，2000年，第416页。
② 梁启超：《致孩子们》，张品兴编：《梁启超家书》，北京：中国文联出版社，2000年，第404页。

不得力,可见得是平日学问没有到家。你小时候虽然也跟着爹妈吃过点苦,但太小了,全然不懂。及到长大以来,境遇未免太顺了。现在处这种困难境遇正是磨炼身心最好机会,在你全生涯中不容易碰着的,你要多谢上帝玉成的厚意,在这个档口做到'不改其乐'的功夫才不愧为爹爹最心爱的孩子哩。"①

这样苦口婆心、情理相融的劝慰,活现出梁启超慈祥而负责任的家长的可人风貌。同样,当林徽因的父亲林长民不幸身亡之后,梁启超又情意深长地致信儿子梁思成解劝道:

"人之生也,与忧患俱来,知其无可奈何,而安之若命。你们都知道我是感情最强烈的人,但经过若干时候之后,总能拿出理性来镇住他,所以我不致受感情牵动,糟蹋我的身子,妨害我的事业。这一点你们虽然不容易学到,但不可不努力学学。"②

对于突如其来的天灾人祸、利害得失,唯一的办法是泰然处之,积极应对。即使是个人的利益,也不要患得患失。因此,梁启超给子女们开出的信条是:"大抵凡关于个人利害的事,只是'随缘'最好。"

梁启超归纳的这些人生理念,确实是非常实际而精深的至理名言。但是,对于思想家来说,常常是知易行难。客观地讲,就是梁启超本人,都未必能做得到,至于其子女能接受多少、践行多少,就看其悟性和能力了。不过,梁启超是尽到为父的责任了。

其三,耐心关怀。

家长关心子女,似乎天经地义,很难找到对子女漠不关心的父母,除非是有某种疾病或其他特殊的原因。但关心子女能够耐心和关心到点儿

---

① 梁启超:《致孩子们》,张品兴编:《梁启超家书》,北京:中国文联出版社,2000年,第440—441页。
② 梁启超:《致梁思成》,张品兴编:《梁启超家书》,北京:中国文联出版社,2000年,第385页。

上，则大有学问。梁启超在这方面却能做得很圆满。他在给儿女讲做人的大道理的同时，更注重生活细节的具体关怀，可谓大处引导，小处关心。儿女们上什么学校，读什么专业，看什么课外书，如何保养身体，如何培养业余爱好，如何修身养性，如何劳逸结合等，他都会一一指导，详细叮嘱。二女儿梁思庄在加拿大留学时想家，他也会认真开导。他还费尽心思，亲手裱糊了一个古典高雅的艺术品，里面装上他写的条幅，取名"千里一笑"，赠给思庄。思庄由于刚到加拿大，英语还未过关，考试排到了十几名，心情沮丧，梁启超立即致信好言劝慰。后来梁思庄为尽快入大学着急，梁启超立即致信开导说："至于未能立进大学，这有什么要紧，'求学问不是求文凭'，总要把墙基越筑得厚越好。你若看见别的同学都入大学，便自己着急，那便是'孩子气'了。"①

1923年5月7日，梁思成因车祸受伤住院，梁启超一方面从生活上、心理上关怀，一方面还指导他读书，这样既容易打发病床上的无聊时光，又增加了知识。他在给梁思成的信中说：

> 吾欲汝以在院两月中取《论语》《孟子》，温习谙诵，务能略举其辞，尤于其中有益修身之文句，细加玩味。次则将《左传》《战国策》全部浏览一遍，可益神智，且助文采也。更有余日读《荀子》则益善。②

梁启超还特别注意向孩子们传授学习方法，尤其常向他们讲述自己做学问的诀窍。他在给儿女们的一封信中写道：

---

① 梁启超：《致孩子们》，张品兴编：《梁启超家书》，北京：中国文联出版社，2000年，第356页。
② 梁启超：《致梁思成》，张品兴编：《梁启超家书》，北京：中国文联出版社，2000年，第318页。

我国古来先哲教人做学问的方法，最重优游涵饮，使自得之。这句话以我几十年之经验结果，越看越觉得这话亲切有味。凡做学问总要"猛火熬"和"慢火炖"两种工作循环交互着用去，在慢火炖的时候才能令所熬的起消化作用融洽而实有诸己。①

至于儿女们的恋爱婚姻，梁启超更是关心。大女儿梁思顺和大儿子梁思成都是由他牵线搭桥，再让儿女自由恋爱，促成婚姻，梁启超对此颇感自豪。就连梁思成和林徽因赴欧洲旅行结婚的具体路线，尤其是回国路线，梁启超也给安排得十分妥当，他致信远在美国留学的梁思成说：

你们由欧归国行程，我也盘算到了。头一件我反对由西伯利亚路回来，因为野蛮残破的俄国，没有什么可看，而且入境出境，都有种种意外危险（到满洲车站总有无数麻烦），你们最主要目的是游南欧，从南欧折回俄京搭火车也太不经济，想省钱也许要多花钱。我替你们打算，到英国后折往瑞典、挪威一行，因北欧极有特色，市政亦极严整有新意，（新造之市，建筑上最有意思者为南美诸国，可惜力量不能供此游，次则北欧特可观。）必须一往。由是入德国，除几个古都市外，莱茵河畔著名堡垒最好能参观一二，回头折入瑞士看些天然之美再入意大利，多耽搁些日子，把文艺复兴时代的美彻底研究了解。最后便回到法国，在玛赛上船，中间最好能腾出点时间和金钱到土耳其一行，看看回教的建筑和美术，附带着替我看土耳其革命后政治。②

---

① 梁启超：《致孩子们》，张品兴编：《梁启超家书》，北京：中国文联出版社，2000年，第494—495页。
② 梁启超：《致梁思成》，张品兴编：《梁启超家书》，北京：中国文联出版社，2000年，第516—517页。

如此精细而周密的安排，作为一个繁忙的社会活动家和大学问家是很少见的，梁启超的儿女情深于此可见一斑。即使是在吃饭桌上，梁启超一方面给孩子们以十分平等的地位，一方面也不忘给子女们传播各种知识。吴荔明记称：

> 当年在家吃饭时，除了梁家几个较小的孩子不上桌吃饭，每天都有一大桌人吃饭，大多是亲戚寄养在这里的孩子。天津家中吃饭也很自由，公公坐在中间，必等人都到齐后，由他先拿起筷子才能开始吃，他在饭桌上天南海北不停地讲。谁先吃完饭谁可以先走，有时公公和婆吃得慢，最后只剩下他们两人，也毫不介意，他仍和婆兴致勃勃地聊天。谁吃完了离开桌子，又过一会再回来吃些菜，都不会受到任何干涉，因此，全家把吃饭时间也看作每天团聚交流感情的好时光，既可饱餐一顿，又可聆听公公有趣的谈话，每到此时大家都无拘无束地围坐在一起，十分高兴。①

总而言之，梁启超对儿女的关怀的确是无微不至。特别是作为一位父亲，尤其像梁启超这样一个名扬海内外的大人物，能够如此耐心而持久地关心儿女者，真是凤毛麟角。

走进梁家，在众多子女身上，我们不仅能强烈地感受到梁启超的风格和品格，更为他们身上体现出来的鲜明的个性所深深折服。

浓厚的爱国情结，终生不渝，这无疑是梁家众多子女最突出的特点，更是梁家最宝贵的精神财富。对于梁家子女来说，爱国已不再是一句空洞的口号，而是实实在在的行动，体现在他们全部的人生历程中。梁家有六

---

① 吴荔明：《梁启超和他的儿女们》，北京：北京大学出版社，2009年，第19页。

个孩子先后到美国留学，学成之后，没有一人留在国外，全部回到祖国奉献自己的聪明才智。无论在战乱不休的二三十年代，还是艰苦卓绝的抗战时期，抑或黑白颠倒、残酷迫害的十年"文革"，他们的爱国之心始终未变，报国之志始终未减。抗战时期，贫困交加的梁思成宁可死在国内，也不愿离开苦难中的祖国到国外生活。其实，凭着梁家的声望和自身出众的才华，哪一个子女不能够在国外寻求到安逸的生活呢？然而，他们没有，一个也没有。无论贫困，还是挫折，都没能动摇他们的决心，为了祖国，他们终生都在努力地工作。

学贯中西，融汇古今，献身学术，矢志不移。这是梁家子女们又一突出特点，在思成、思永、思庄、思礼等人身上表现得尤为突出。他们不仅受到过系统、正规的西方现代科学教育，而且有着广泛的爱好和扎实的国学根底，这无疑对他们在各自所从事的研究领域将西方现代科学知识与中国传统文化有机结合起来起到了重要的作用。他们既没有像某些思想陈旧的知识分子那样观念狭隘，故步自封，夜郎自大；也没有像某些喝了几年洋墨水的留学生那样对中国传统文化一无所知，甚至妄自菲薄，而是将自己长期形成的传统文化素养在开拓性的工作中充分展现出来，用近代化的眼光重新发扬和改造传统中国的文化。对于梁思成等人来讲，所从事的专业就是他们终生的挚爱，他们沉浸其中，乐不知返，工作几乎成了他们生活的全部，为了工作，他们可以义无反顾地抛弃任何个人的享受。梁思永自1930年回国后，长年累月在野外从事考古工作，艰苦的条件加上过度的劳累击垮了他的健康，但即便在生命的最后时刻，他仍在不停地为新中国的考古事业操劳着。梁思成和林徽因在二十世纪五十年代初期设计国徽和人民英雄纪念碑的时候，尽管生病卧床不起，但依旧没有停止工作，病房变成了工作室，他们是在拿生命做代价来完成党和国家交给的任务。

各有所长，成就斐然，这是梁家子女的又一特点。就学术成就而言，梁家的九个子女有三个是院士，其中梁思成和梁思永于1948年同时当选为南京政府中央研究院第一届院士（人文组），最小的梁思礼也因为在新中国航天研究领域的突出成就而于1993年当选为中国科学院院士。梁家九个子女，所学专业各不相同，所选择的工作也相差较大，既有学术大师，又有社会活动家；既有学社会科学的，又有专攻理工的；既有学文的，又有学武的。人虽不多，但涉及多个领域，他们全身心地投入其中，最终成为本领域的佼佼者。他们就像一组璀璨的明星，共同铸就了梁家的辉煌。通过他们的实践，完成了梁家从传统知识分子家庭到现代知识分子家庭的转变。

"滴自己的汗，吃自己的饭"，这是梁家子女们给世人留下的最大感受。虽然身为名人之后，但他们没有停留在父亲显赫声望的荫庇下，而是白手起家，凭着真才实学和不懈的努力取得了一个又一个成就。在他们身上，我们清晰地看到近代知识分子以天下为己任、严谨求学、自强不息的优良品质。尽管历尽百年沧桑，今天的梁家已渐为平常百姓家，但梁家的精神与魅力又岂是时间能冲淡的？

寻常家，寻常事

思顺一家

1889年（光绪十五年）的广东乡试使初出茅庐的梁启超一举成名，不仅考中举人，光宗耀祖，而且得到主考官李端棻的赏识。李遂将自己的堂妹李蕙仙嫁给了这位前途无量的小伙子。1891年婚礼在北京举行，当时梁启超才十八岁。两年之后，梁启超的第一个孩子——大女儿梁思顺在广东新会老家出生。思顺的出生给梁家带来了无限欢喜，梁启超更是尽情品味初为人父的愉悦。

梁启超很宠爱思顺，单从梁启超对思顺的称呼中就足以感受到他对女儿的真挚情感。"大宝贝"是梁启超对思顺的爱称，早年写给思顺的信均以"示娴儿"或"娴儿读"结尾,后来的许多信件则干脆称呼"宝贝思顺"或"我的宝贝",一直到晚年仍丝毫未变。而那时,思顺已经长大成人,并且是几个孩子的母亲了。对于年龄和自己仅相差二十岁的长女,梁启超不仅对她的成长竭尽所能,寄予厚望,而且在她稍稍长大之后,更将她当作了自己最信任的朋友和助手,着意培养。1899年,梁思顺随同母亲千里迢迢来到日本,与流亡于此的梁启超团聚。从少年开始,思顺就为父亲阅报、收集资料、做翻译,成为梁启超在日本流亡期间的得力助手。在日本生活期间,思成、思永、思忠等几个孩子相继出生,梁家真正成为一个其乐融融的大家庭,于是才有了那么多"双涛园"的故事。当弟弟妹妹们还在蹒跚学步之时,思顺已经是个非常懂事的大孩子了。相差悬殊的年龄和稳重的性格,使她成为弟妹们当然的首领,也成为弟妹们的行为表率。弟妹们非常敬重思顺,甚至有点怕她,而思顺在严格约束弟妹们的同时,也竭尽全力照顾他们。

虽然没有进正规的学校读书,但思顺在家里接受了良好的教育。梁启超不仅亲自教她读书,为她批改作业,而且请家庭教师教授数理化知识。梁启超在为思顺批改作业之余,还特地写了一首小诗勉励她在学业上不断进步。

吾唯爱汝深,责难与凡殊。文章所固有,相期在道腴。简编我手答,戢戢蝇头书。发蒙通德艺,陈义杂精粗。当学岂只此,为汝举一隅。吾学病爱博,是用浅且芜。尤病在无恒,有获旋失诸。凡百可效我,此二毋我如……作诗诰小子,敬哉志弗渝。[①]

思顺爱好古典诗词,梁启超在这方面给予了她很多教诲和指导。后来,思顺在麦孟华的帮助下,编成《艺蘅馆词选》一书,并在书中的

---

① 梁启超:《题艺蘅馆日第一编(1910年)》,张品兴主编:《梁启超全集》,北京:北京出版社,1999年,第5452页。

《自序》中阐述了自己对于诗词改良的见解。该书出版后获得了广泛的好评，1981年，广东人民出版社又予以重新出版。

1912年，梁启超全家结束了十余年流亡生涯回到久别的祖国。此时的梁思顺已经是个落落大方的大姑娘了，她的婚姻问题也成为梁家的重要事情。梁启超的爱女之情在思顺的婚姻问题上再次得到充分体现，他不想干涉女儿的婚姻，理解并尊重女儿的选择，但强烈的责任感又促使他不愿意置之不理、听之任之。婚姻毕竟是人生大事，他要为女儿一生的幸福负全部责任。左右为难的梁启超在苦思冥想之际，终于想到一个两全其美的解决方法——一个融传统观念与现代作风于一体的婚姻方式。梁启超的学生周希哲是一个出身贫苦的青年华侨，思想进步，品学兼优，梁启超非常看重他，并希望他能成为自己的女婿。但梁启超没有擅作主张，而是先将周希哲介绍给思顺，让他们互相了解，培养感情，最后由他们自己做出选择。后来，思顺自己决定和周希哲结婚。由于夫妻感情相投，两人婚后的生活十分幸福，梁启超对此十分欣慰。

周希哲曾在美国哥伦比亚大学留学，并获国际法学博士学位，后来长期担任北洋政府驻菲律宾、缅甸和加拿大等国的领事和总领事，梁思顺也因此随同他在海外生活了多年。千山万水并没有丝毫减弱父女亲情，梁启超不仅对长女疼爱有加，同时将她当作了一个平等的知心朋友，家里面的大事小事都要告诉思顺，征求她的意见。晚年的梁启超更是将同女儿的通信当作莫大的精神慰藉，正如他写给思顺的一首词中所言："一年愁里频来去，泪共沧波注。悬知一步一回眸，箝著阿爷小影在心头。天涯诸弟相逢道，哭罢应还笑。海云不碍雁传书，可有夜床俊语寄翁否？"[①]二十世纪二十年代以后，思顺的弟妹们陆续出国留学，当时周希哲担任中国驻加拿大总领事，全家居住在渥太华，梁思顺于是成了海外弟妹们的"家长"，

---

① 梁启超：《虞美人——自题小影寄思顺》，张品兴主编：《梁启超全集》，北京：北京出版社，1999年，第5489页。

对他们的生活及学业悉心关照。弟妹们在假期的时候，往往会齐聚大姐家里，虽远离父母，仍能深切地感受到家的温馨。1928年，即将学成归国的梁思成就是在大姐、大姐夫的一手操办下，在渥太华中国总领事馆和林徽因喜结良缘。

1928年之后，中国政局发生了很大变化，周希哲于1929年结束了外交官生涯，带领全家从加拿大回国，定居北平。回国后，他脱离了外交界，专心国际法的研究及教学工作。抗战爆发后，周希哲和梁思顺顶住了巨大的压力，拒绝和日本人合作。1938年，周希哲病故，梁思顺一个人苦苦支撑着全家。抗战胜利后，国民党政府想拉梁思顺当国大代表，遭到坚决拒绝。梁思顺始终热心公益事业，1945年之后，参加了北京女青年会防痨协会。新中国成立后，已过花甲之年的梁思顺积极参加各种社会活动，曾担任北京市东城区政协委员和中央文史馆馆员。1966年"文化大革命"开始后，和梁家的其他成员一样，梁思顺也难逃厄运，多次被抄家，甚至遭到红卫兵的毒打。在无限的痛苦之中，年逾七旬的思顺死在自己的家里。

梁思顺和周希哲共有四个子女，均在梁启超逝世之前出生，孩子们的名字也都是梁启超所取。长女周念慈，名字取"念着母亲"之意，1938年，她毕业于燕京大学英文系，后来到美国威斯里女子学院学习，并定居美国。长子周同轼，因生日与宋代文学家苏轼相同，故此而得名，毕业于协和医学院，长期任协和医学院骨科大夫，后任暨南大学医学院教授。次子周有斐，因生在菲律宾而得名，毕业于清华大学电机系，长期从事技术工作。三子周嘉平，因生在加拿大而得名，毕业于北京农业大学，长期在中国农科院和中科院遗传所从事小麦、烟草的遗传学研究，对我国遗传工程的进步作出了重要贡献。

思永一家

梁思永是梁启超的次子，1904年10月7日生于上海。梁思永是近代中国接受西方现代考古学正规训练的第一人,也是近代中国考古学和考古学教育的开拓者之一。在匆匆的一生中,除去同病魔作不懈的抗争外,梁思永在考古发掘与研究领域作出了突出的贡献,被著名考古学家李济誉为"中国的一位最杰出的考古学家"。

在日本"双涛园",梁思永度过了快乐的童年时光。1915年,思永和哥哥思成一同进入清华学校读书。紧张的学习之余,思永的出众才华得到不断锤炼和展现。他不仅学习勤奋,成绩优异,而且兴趣广泛,在音乐方面尤为突出,曾和思成一起参加清华管乐队。在学习上,思永和思成互相督促,你追我赶;在生活中,两人形影不离,亲密无间。与哥哥幽默开朗的性格相比,思永更显沉稳、内向。

1923年从清华学校毕业后,梁思永到美国留学,在哈佛大学学习考古学和人类学。在这里,梁思永接受了完全现代的考古学训练,即综合运用地质学、人类学、古生物学、社会学、化学、物理学等学科理论与方法,把地下实物分析与人类社会史研究结合起来。显然,这比中国传统学者仅注重文字考释的研究方法进步了一大截。1927年夏,梁思永去美国西部参与印第安人古代遗址的发掘。获得学士学位后,梁思永转入哈佛大学研究院主攻东亚考古,1927年曾回国并在清华研究院任职,参加了西阴村陶片的整理、研究工作,后来写成了第一篇论文《山西西阴村史前遗址的新石器时代的陶器》。1930年梁思永获得哈佛大学硕士学位。

梁思永理论功底扎实,思维缜密,从小在父亲的教诲和影响下,打下了深厚的国学基础,这对于他所从事的考古事业的重要意义是不言而喻的。而在哈佛受到的系统的西方现代科学教育又大大增强了他的实践意识,将田野考古和考古成果的研究有机地结合起来。1930年回国后,梁思永应李济邀请到中央研究院历史语言研究所考古组工作,并很快成为这里的一员骨干。

二十世纪三十年代是梁思永从事考古发掘和研究最辉煌的时期，他将全部的热情和精力都投入到考古事业中。1930年9月至10月，梁思永远赴黑龙江的昂昂溪，对这里的史前遗址进行调查和发掘，收获颇丰，研究成果主要体现在他所撰写的《昂昂溪史前遗址》一文中。1931年梁思永和相恋多年的李福曼在北平协和礼堂举行婚礼。三个月后，梁思永就告别新婚妻子，开始了新的野外考古工作。这年春天，梁思永参加对河南安阳小屯和后冈殷墟的发掘，秋天，参加了山东历城龙山镇城子崖的第二次发掘，接着又回到后冈，继续对殷墟的发掘。后冈的发掘工作在中国考古史上具有重大意义，梁思永在后冈发现了三叠层，第一次从地层学证据上明确了仰韶文化和龙山文化这两个新石器时代遗址的先后顺序和它们同商代文化之间的关系，是中国考古学史上一次划时代的重大发现，大大提高了考古发掘的科学水平，使之从此纳入近代考古学的范畴。1934年，由梁思永主编的我国第一部大型田野考古报告集——《城子崖遗址发掘报告》出版。

野外考古的条件非常艰苦，梁思永常常身先士卒，夜以继日地工作在发掘现场，长期的繁重工作使他的健康受到极大伤害。1932年春，在野外考古期间他突患烈性肋膜炎，性命几不保，经过两年治疗，尽管有所恢复，但始终没有痊愈。在之后的岁月里，梁思永始终都要面对病魔的挑战，而他在野外考古方面的实践，使得他的健康状况进一步恶化。

1934年秋至1936年冬，梁思永带病在安阳主持第10-14次的殷墟发掘工作。这次发掘的收获之丰富在近代考古史上是空前的，考古成果对于研究殷代的文化成就和社会状况具有重大意义。梁思永完全忽略了疾病的困扰，全身心地投入到发掘工作中。据他身边的助手夏鼐回忆："梁先生瘦长的身材，苍白的脸色，显然身体还没有完全恢复过来。但是在工地上，他是像生龙活虎一般地工作着。他的那种忘我的工作精神使他完全忘记了身体的脆弱。白天里，他骑着自行车在各工地到处奔跑巡视。对于各工地在发掘中所显露的新现象和产生的新问题,他随时都加以注意,加以解决。他有时下坑亲自动手,有时详细指点助理员去做……四百多个工人和十几个助理员,在他的领导之下,井然有序地工作着,像一部灵活的机器一般。"①

抗战爆发后,梁思永全家开始了流亡生活。他们先是辗转来到昆明,1940年冬,又随同中央研究院历史语言研究所迁往四川南溪县的李庄镇。颠沛流离的生活和艰苦的条件并没有打断梁思永的研究工作,1939年他参加第六次太平洋学术会议,发表了用英文撰写的论文《龙山文化——中国文明的史前期之一》,全面总结了龙山文化,对龙山文化类型的划分更是对中国考古学术界影响深远。抗战期间,梁思永还撰写了《河南安阳侯家庄西北冈殷代墓地发掘报告》初稿和《西北冈器物研究记录》。

生活条件的异常艰辛和长期的劳累,使得梁思永的健康状况急剧恶化。1941年,他患上了严重的肺结核,卧床不起。后来,幸亏历史语言研究所所长傅斯年仗义执言,向国民政府的教育部长请求给予贫困交加的梁思成和梁思永两家以经济支援,才得以稍稍改善了生活条件。

抗战胜利后,梁思永迫切希望能重新开始工作,为此,他不惜冒着生命危险做了肋骨切除手术,使有病的左肺萎缩下来。尽管手术并未达到预期效果,但还是使病情得到缓和,为他继续从事考古学研究争取了宝贵的时间。鉴于梁思永在考古学领域的突出成就,1948年他当选为南京政府中央研究院首届院士。

1950年8月,梁思永被任命为中国科学院考古研究所副所长。他虽然重病在身,但仍忘我工作,躺在病床上主持考古所的工作,亲自制定长远规划,指导野外考察,大力培养青年考古工作者,对于开拓新中国的考古事业发挥了重要作用。尽管梁思永热切地希望能为新中国的考古事业更

---

① 夏鼐:《追悼考古学家梁思永先生》,《新建设》,1954年第6期。

多地发挥作用,但病情却日益加重。1954年4月2日,满怀着对考古学事业的无限眷恋,梁思永在北京病逝,年仅五十岁。

梁思永的妻子李福曼1930年毕业于燕京大学教育系,他们俩从小一块长大,青梅竹马。梁思永自1932年之后,健康状况每况愈下,妻子给了他无微不至的关心和照顾。他们的独生女梁柏有毕业于北京农业大学,长期在北京从事植物研究工作。

思庄一家

梁思庄是梁启超的次女,她学识渊博,为人坦荡,虽早年丧夫,但从未消沉,并将一生奉献给了图书馆事业,多年致力于西文编目工作,成为全国首屈一指的专家。她曾任燕京大学图书馆主任、北京大学图书馆副馆长、中国图书馆学会副理事长等职务。

1908年9月,梁思庄出生在日本神户,是"双涛园"群童中年龄较小的孩子。梁启超自称是"素来偏爱女孩的人",对于女儿的出生自然万分欣喜。在梁家的众多子女中,思庄年龄居中,承上启下。思庄从小心地善良,聪明活泼,虽然长相并不漂亮,但与梁启超颇有相似之处,非常讨人喜爱。父亲的关爱不必说,"哥哥姐姐们疼爱她,弟弟妹妹们敬重她,而她那特有的好脾气,柔中有刚的性格,与世无争的乐天态度,诚恳坦率水晶般的心,使她和每个兄弟姐妹都相亲相爱,她尊重哥哥姐姐,也疼爱弟弟妹妹。"[①]

从日本回国后,梁思庄主要住在天津,在这里度过了幸福的童年。在天津上完小学后,思庄进入中西女中学习。在那里,她接受了良好的教育,其中英文和钢琴演奏方面的进步尤为明显。梁启超在退出政界后,有更多的时间和孩子们在一起,对于思庄的成长非常关注,并寄予了很高的

---

① 吴荔明:《梁启超和他的儿女们》,北京:北京大学出版社,2009年,第221页。

期望。1923年以后,思成、思永先后赴美留学,一年后,大姐夫周希哲被派驻加拿大任总领事,梁思顺也要随同前往。望女成才心切的梁启超于是决定让梁思顺带思庄去加拿大学习。1925年4月,思庄到了加拿大,开始了异国的留学生涯。由于年龄还小,她先进入一所中学读完了四年级,一年之后,以优异的成绩考进了著名的麦基尔大学。

万水千山的阻隔丝毫没有削弱父女亲情,梁启超时刻关注着自己宝贝女儿的每一分成长。当思庄刚刚离家远行时,梁启超思女心切,连着几天没有精神。当得知思庄考上大学的消息后,梁启超立即写信,百般叮咛,他说:"喜欢的是我的庄庄居然入大学了,惦念是她完全离开家庭,一个小女孩子孤孤零零怪可怜的。庄庄,你以后每月务须有一封(信)回家来报告你日常生活情形,免得家人悬望。饮食最要当心,若有点不舒服,便立刻请医生,万不可惹出病来,交朋友最当谨慎,一切事都常常请姊姊哥哥们当顾问,我就放心了。"①梁启超原本希望思庄学习生物学专业,但得知女儿对文科更有兴趣后,便支持她改学文科。1930年夏,梁思庄获得麦基尔大学文学学士学位后,便转到美国哥伦比亚大学攻读图书馆专业,之后的半个世纪里,她始终没有离开过这个学科领域。

1931年,思庄在哥伦比亚大学获图书馆学学士学位。六年的留学生涯充实而愉快,思庄不仅在专业上学有所成,而且找到了自己的知心爱人——留美博士吴鲁强。1931年,梁思庄和吴鲁强回到久别的祖国,任北平图书馆编纂委员。1933年,梁思庄和吴鲁强在北平举行婚礼,一对有情人终成眷属。婚后不久,由于丈夫回家乡广州的中山大学任教,梁思庄也来到广州,进入广州市立中山图书馆工作。1934年,他们的女儿吴荔明出生了。正当梁思庄事业开始起步,尽情享受家庭的温暖与幸福之时,不幸发生了。1936年,吴鲁强突患伤寒,英年早逝,留下梁思庄和

---

① 梁启超:《致孩子们》,张品兴编:《梁启超家书》,北京:中国文联出版社,2000年,第411页。

年幼的女儿。

生活的不幸并没有压垮梁思庄。她忍着悲痛，带着女儿回到北平，此后没有再结婚，而是将全部的心血都投入到图书馆事业中。多年以后，她的女儿吴荔明动情地说："妈妈没有再婚，她并不是没有机会，也不是要学习中国封建妇女的'美德'，更不是对生活失去了信心。相反，她非常热爱生活，她把自己的全部心血倾注在图书馆事业和女儿的身上。"①梁思庄到燕京大学图书馆从事西文编目工作，先任西文编目组组长，后来还担任了图书馆主任。为了全身心地工作，她将女儿寄养在城内的大姐家，周末母女俩才能相见。1941年太平洋战争开始后，梁思庄带着女儿流亡到四川，在成都燕京大学图书馆工作。1949年新中国成立之后，梁思庄毅然放弃了到国外定居的机会，留在院校调整之后的北京大学图书馆工作。

梁思庄学识渊博，治学严谨，对西文编目更是有独到的见解。二十世纪三四十年代，她根据自己长期研究的成果，在燕京大学图书馆建立了"东方学目录"，把有关中国、印度、日本和东南亚的西文书籍编在一起，以便研究之用，1949年之后，出于政治形势的需要，又将"东方学目录"修改为"亚洲目录"，后又增加"非洲目录"和"拉丁美洲目录"，对高校和科研机构从事亚非问题研究帮助极大。

梁思庄性格率直，淡泊名利，虽然屡经磨难，总能够笑对人生，乐观豁达、不断进取的精神深深地感染着身边的每一个人。她精通英文，同时通晓法语、德语和俄语，擅长西文图书分类编目，对各种西文工具书及其他书刊资料十分熟悉。只要别人有疑难，她总会竭力帮助。在北京大学图书馆至今仍流传着许多梁思庄的故事。吴荔明在《梁启超和他的儿女们》一书中为我们讲述了其中的几则。二十世纪六十年代初，中央歌剧舞剧院要演出《费加罗的婚礼》，却不知道女主角使用的扇子的式样和质地，于

---

① 吴荔明：《梁启超和他的儿女们》，北京：北京大学出版社，2009年，第249页。

是向北京大学图书馆请教，经梁思庄的查阅和研究，终于弄清楚原来是羽毛折扇。1980年，北京哲学系教授熊伟在研究一个课题时碰到一个"RAF"的组织名称，大家以为是 Royal Air Force（英国皇家空军），但这个解释却与原文内容风马牛不相及。后来，经过梁思庄的仔细查找，凭着个人的记忆，在国外报刊上查到了答案，原来是 Red Army Faction（红军派）。几十年来，这样的例子几乎不胜枚举。

对她的学问和人品人们称赞不已，著名卫生学家叶恭绍的话颇有代表性——"她的确是一位在浩瀚书海中的领航员，而且是一位非常出色的女领航员"。

二十世纪六十年代初，梁思庄担任北京大学图书馆副馆长，在勤奋工作的同时，经常为青年教师和学生讲授西文工具书的使用方法。每次讲课，她都认真备课，讲起来如数家珍，深受欢迎。"文革"开始后不久，梁思庄便受到无休止的批斗，其罪名是"反动保皇派梁启超之女"和"反动资产阶级权威"。1976年9月，梁思庄被勒令退休，这给她带来了莫大的痛苦。但她仍没有离开图书馆，冒着再次受批判的政治风险继续工作。打倒"四人帮"后，梁思庄重获新生。1978年12月正式复职，年逾七旬的她又开始为弥"补文"革造成的损失而忙碌不息。由于在图书馆学研究领域的卓越成就，复职之后不久，梁思庄就当选为中国图书馆学会副理事长。

正当梁思庄为图书馆事业不知疲倦地发挥余热之时，1981年4月，她突患大脑中动脉栓塞，虽经医院全力抢救脱离危险，却半身瘫痪，不得不告别工作了半个世纪的图书馆。1986年，梁思庄在北京逝世。

梁思庄的女儿吴荔明1933年生于广州，后就读于北京师范大学，本科毕业后到华东师范大学攻读研究生，学习植物地理，研究生毕业后进入北京大学地理系工作。吴荔明教授在退休后收集整理并撰写了许多文章，追忆梁启超和他的众多儿女们的往事，这些文章成为我们走进百年梁家、感受其风范的重要资料。

思礼一家

在梁启超晚年写给思顺、思成等子女的信中，经常会提到"老白鼻"，其中的关爱之情溢于言表，这个深得梁启超宠爱的"老白鼻"就是梁思礼——梁启超最小的一个孩子。（一年之后，梁启超又得一子，取名梁思同，但不久即夭折。）梁思礼于1924年8月出生于北京。此时的梁启超已远离政界，潜心学问，著书讲学，日夜操劳；同时，李夫人病逝，几个年龄较大的子女远赴海外，在忙碌之余，不免有几分寂寞与惆怅。小思礼的出生无疑给他带来了莫大的慰藉和不少的乐趣。

1929年，梁启超病逝，当时梁思礼只有五岁。由于父亲早逝，收入锐减，生活条件大不如从前。但在母亲的精心操持下，梁家依然平和如故，"饮冰室"依然是孩子们幸福的家园。

梁思礼从小就很懂事。尽管没有从父亲那里继承更多的国学知识，但梁家好学的传统和自强不息的精神却在他身上得到发扬和光大。梁思礼后来说："父亲对我的直接影响较少，但他遗传给我一个很好的毛坯，他的思想通过我的母亲及他的遗著使我一生受益。"[①]1935年，梁思礼以优异的成绩毕业于天津培植小学，考入南开中学。抗战爆发后，南开中学迁往重庆，他就转入了耀华中学。国难当头，愈加激发了生活在沦陷区的思礼努力成才、拯救危难中的祖国的报国之志。1941年，梁思礼中学毕业，在亲友们的帮助下，梁思礼获得了美国卡尔顿学院的全额奖学金名额。8月，年仅十七岁的梁思礼带着母亲多方筹措的四百美元，和姐姐梁思懿等人一起到美国求学。

梁思礼先是在卡尔顿学院学习了两年，1943年，获得资助进入普渡大学电机工程系，主修无线电，后又学习自动控制。由于学习刻苦努力，

---

① 梁思礼：《父亲的思想使我终生受益》，《晚晴》，2015年第5期。

梁思礼仅用两年时间就学完了三年的课程，获得学士学位。之后，他进入辛辛那提大学读研究生，于1947年和1949年先后获得硕士学位和博士学位。梁启超生前一直希望自己的子女中能有人在自然科学领域学有所长，没想到在他去世多年以后，自己最宠爱的"老白鼻"终于实现了这一夙愿。

虽然身在海外，但梁思礼时刻都在关注着祖国的命运，渴望着学有所长，尽早报效祖国。他先后加入了进步的北美基督教中国学生会和中国科学工作者协会。1949年获得博士学位后，梁思礼毫不犹豫地选择了回国，回到即将诞生的新中国，投身到复兴中华民族的伟大事业中去。1949年10月，梁思礼和姐姐梁思懿全家一同回到了阔别八年的祖国。

回国之初，梁思礼被安排在邮电部电信技术研究所和通信兵部电子科学研究所从事天线研究，曾参加中国国际广播电台的设计施工，并作为专家组成员，援助胡志明领导的越共建立了"越南之声"广播电台。

1956年是中国航天事业的起步之年。这年春天，梁思礼参加了党中央、国务院主持的"十二年科学远景规划"的制定工作，参与起草了"喷气技术"（导弹与火箭）部分。10月8日，中国第一个导弹研究机构——国防部第五研究院正式成立，钱学森任院长。9月，梁思礼即被调入并参加筹建工作，后被任命为导弹控制系统研究室副主任，是钱学森手下的十个室主任之一。从此，梁思礼将全部身心都投入到发展我国导弹与火箭的事业中。

白手起家，研制发展导弹、运载火箭等现代尖端技术，难度之大，无法估量。新中国的第一代航天人从仿制苏式P-2近程导弹开始起步，逐步积累经验，探索中国的航天发展之路。二十世纪六十年代初，梁思礼作为控制系统的主要技术负责人之一，参加了我国第一个自行设计的中近程液体地-地导弹的研制工作。为了导弹早日上天，全体科研人员夜以继日地忘我工作，大量的技术难题在艰苦的攻关中被一一化解，他们终于等到了导弹上天的那一天。1962年，第一枚中近程液体地-地导弹在甘肃酒泉发射中心进行发射试验，梁思礼就站在离发射阵地仅两公里远的吉普车旁，他是多么渴望试验能取得成功啊！就在离京来参加导弹发射试验前，梁思礼和即将分娩的妻子告别时说："若生男取名'凯'，生女取名'旋'"。然而，试验失败了，导弹起飞不久即坠毁，距发射点只有三百多米。梁思礼立即奔向爆炸地点，望着深深的大坑，心痛万分，几天吃不下饭。但他们并未气馁。梁思礼回京后，仍给出生不久的女儿取名"旋"。他相信，中国的航天事业一定会大获成功。

在全体科研人员的共同努力下，他们不仅找到了失败的原因，而且大大改进了设计水平。1964年6月，由我国自行设计的中近程导弹再次进行发射试验并获得成功。之后，梁思礼又参与了这一系列导弹改进型号的研制工作，并成功地参加和领导了多次导弹试验。1966年10月，梁思礼参加了我国导弹核试验，这次试验的成功确立了新中国的核大国地位。

从1965年起，梁思礼开始从事远程导弹的研制工作。在研制过程中，他们不因循守旧，敢于创新，大胆采用高新技术，其中在控制系统设计中率先采用平台—弹上计算机制导系统意义尤为重大，并对之后的中国航天技术发展产生了深远的影响。后来梁思礼回忆说："在负责控制系统的研制中，首次采用平台—弹上计算机方案。当时，我国微电子和计算机技术还处于起步阶段。除美国已采用外，即使苏联也是刚开始在航天产品上使用这项新技术，这是一个大胆而且有相当难度的决定……由于采用新技术，导弹控制系统的精度有了显著提高，缩短了同世界发达国家之间航天技术的差距，也一定程度地带动了微电子和弹上计算机等技术的发展。"[1] 1971年9月10日，第一枚远程导弹在酒泉发射场进行了低弹道发射试验，获得基本成功。

1970年以后，梁思礼被任命为"长征二号"运载火箭的副总设计师，

---

[1] 梁思礼：《科研要有前瞻精神》，《物理教学》，2009年第7期。

负责控制系统工作。他们以远程导弹为原型，除运用其他一系列新技术外，继续采用并完善了平台—弹上计算机制导系统，实现了全弹自动化测试。1975年11月，"长征二号"发射返回式卫星获得成功。1980年，梁思礼参加向太平洋海域发射远程运载火箭试验。这次试验的成功，使中国成为世界上第三个拥有发射洲际导弹能力的国家。

梁思礼曾先后担任七机部第一研究院副院长、运载火箭研究院副院长、航天部总工程师和航天工业总公司科技委副主任等职务，并当选为全国政协委员。他在航天可靠性工程、航天CAD/CAM技术的推广应用等方面取得了显著的成就，被公认为是这两个领域内当之无愧的开创者和学术带头人。

1987年，梁思礼当选为国际宇航科学院院士，1994年当选为国际宇航联合会副主席。1993年，他当选为中国科学院院士，成为梁家子女中的第三位院士。此外，由于在航天研究领域的突出贡献，他还获得了一系列的荣誉，包括1985年"国家科技进步特等奖"、1996年"何梁何利奖"、1997年"中国老教授科教兴国贡献奖"等。

梁思礼和妻子麦秀琼于1956年结婚，夫妻二人相濡以沫，恩爱和谐。晚年梁思礼曾一再表达对妻子的感激之情，他说："我如'秤杆'，秀琼如'秤砣'，我们谁也离不开谁，我们用这杆秤审视世界，使我们永远保持一颗平常的心。"①

2016年4月14日，梁思礼在北京逝世。中央领导对梁思礼的一生给予了高度评价，在致其家属的唁电中指出：新中国成立之初，梁思礼同志毅然归国，为发展我国航天事业鞠躬尽瘁，并做出了重要贡献，他的爱国情怀、奉献精神和严谨作风令人敬仰。

---

① 梁思礼口述，吴荔明、梁忆冰整理：《一个火箭设计师的故事——梁思礼院士自述》，北京：清华大学出版社，2006年，第123页。

薪火相传——梁再冰，梁从诫

梁启超和他的众多儿女们在各自领域取得了辉煌的成就，成为世人瞩目的学术大家庭。尽管其后代鲜有人逾越梁启超的大师地位，渐为平常百姓家，但不可否认，薪尽火传，百年梁家的风格与传统依然在其后代孜孜不倦的努力中得以延续和发扬。最后，我们再次走进梁思成的家庭。

梁思成、林徽因夫妇有两个孩子——女儿梁再冰和儿子梁从诫。梁再冰1929年8月在北京协和医院出生，这是梁家的长孙女。为纪念他们半年前去世的父亲梁启超，梁思成和林徽因为自己的女儿取名"再冰"。梁从诫于1932年8月出生，从诫，跟从李诫也，为儿子取此名，不仅表达了梁思成、林徽因二人对他们心中的英雄——《营造法式》作者李诫的无限敬意，也表达了自己探究中国建筑历史的巨大热情和满腔希望。

在梁再冰和梁从诫的成长之路上，父母及整个家族的影响无疑是巨大的。梁思成和林徽因是他们最好的启蒙老师。梁再冰回忆说："父母对我们关心而不溺爱。我识字后，父亲买了许多书给我看，但从不对我进行'注入式'或'填鸭式'教育。在我们家里，儿童可以提问和发表意见，但不许哭闹撒娇。他们出差时，我总是若有所失，非常想念他们。他们有时写很长的信给我,告诉我他们的生活和工作,把我俨然当成一个大人看待。"①二十世纪三十年代是梁思成、林徽因夫妇从事古建筑调查与研究最繁忙的时期,然而无论工作多么繁重,他们对子女的关爱丝毫没有削减,全家团聚的时候,总是笑语盈室。

"卢沟桥事变"之后,誓死不当汉奸的梁思成、林徽因夫妇义无反顾地扶老携幼踏上了南下的流亡之旅。在八年抗战的艰苦岁月中,梁再冰、梁从诫姐弟俩在苦难中渐渐长大。父母的爱国情怀、对事业的执着追求和豁达乐观的人生态度深深地感染和影响着他们。梁从诫后来回忆说:"我那时虽然只有五岁,但确实已经亲身体验过什么叫战争,什么叫死亡的威胁。大人们悲壮的爱国激情和民族危机感,随着歌声融进了我的血液。我是用一个'抗战孩子'的全部心灵在唱。"②

流亡到昆明之后,梁再冰、梁从诫兄妹进入当地的一所小学学习。有一天,梁思成很严肃地将两个孩子叫到身旁,郑重地嘱咐他们说,在学校里,任何时候也不准告诉别人自己的祖父是谁——他不希望自己的孩子借祖父的名声来炫耀。这件事对孩子们的影响很大,并成为他们做人的一项原则。

林徽因在写给好友费慰梅的信中这样自豪地描述她的孩子:"再冰继承了思成的温和我所具有的任何优点。她在学校里学习和交友成绩都非常出色。她容光焕发的笑容弥补了她承继自父母的缺少活力……另一方面,从诫现在已成长为一个晒得黝黑的乡村小伙子,脚上穿着草鞋,在和粗俗的本地同学打交道时口操地道的四川话。但他在家里倒是一个十足的小绅士,非常关心我的健康,专心致志地制作各种小玩意儿。"③

---

① 梁再冰:《回忆我的父亲梁思成》,编辑委员会编:《梁思成先生诞辰八十五周年纪念文集》,北京:清华大学出版社,1986年,第234页。
② 梁从诫:《北总布胡同三号——童年琐忆》,梁从诫:《不重合的圈》,天津:百花文艺出版社,2002年,第408页。
③ [美] 慰梅著,曲莹璞、关超等译:《梁思成与林徽因:一对探索中国建筑史的伴侣》,北京:中国文联出版公司,1997年,第167页。

乐观豁达的心态不仅帮助梁家度过了抗战的艰苦岁月，而且留下了一串串的欢声笑语。在李庄时，梁再冰常患感冒，于是写了一张条子，贴在院中的大树上，号称"出卖伤风感冒"。二十世纪四十年代初，梁思成把儿子带到重庆，并为他选择了南开中学。吴荔明讲了这么一则趣事：南开中学有一个极严格的校规，男生一律剃光头。梁从诫自己舍不得剃光，于是留了个小平头，梁思成发现后让他再去剃，他无可奈何地剃了个光头回来，生性诙谐的父亲悄悄地对吴荔明说："他就是怕当和尚。"顿时惹得大家哄堂大笑。

抗战胜利后，梁家回到了阔别已久的北平，生活又恢复了昔日的宁静。1946年9月，梁再冰考入北京大学西方语言系。说起梁再冰的考学，还有一段故事。梁再冰先报考的清华大学，但却未被录取。林徽因得知消息后曾一度怀疑清华判分有问题，于是调取了梁再冰的试卷，经审核，没有发现问题，于是平静地接受了这一结果，而没有说情通融。

之后的中国由于政权更迭发生了翻天覆地的变化，梁家也毫无例外地卷入这场时代激流中。建设新中国的伟大目标激励着生活在这个时代的每一个热血青年。1949年春天，年轻的梁再冰和众多同学一起报名参加了人民解放军南下工作团，踏出了革命的第一步。当时北京各大学的文科学生几乎有一半都参加了南下工作团。那是一个热情洋溢的年代，梁再冰和父母拥抱告别之后，满怀憧憬地离开了熟悉的北平城，崭新的生活由此开始了。

1950年6月，梁再冰从汉口新华社四野总分社调回北京新华社总社工作，六十年代，她曾在国外工作了一些年。尽管五六十年代中国的政治环境起伏跌宕，她与父亲也天各一方，但父女情深依旧。七十年代初梁思成病危期间，梁再冰和其他家人一起陪伴父亲走完了人生的最后一段历程。

梁从诫于1950年9月进入清华大学历史系学习，1958年研究生毕业后分配到云南大学历史系，1962年调到北京国际关系研究所。"文化大革命"爆发后,梁家受到巨大冲击,身为"资产阶级反动权威"之子,梁从诫也被卷入其中,1969年,他被迫辞别年迈的父亲,下放到江西某"五七干校"劳动,这一去就是十年。其间的种种磨难我们无须去刻意描述,但无论在多么险恶的政治环境中,他都始终坚定地与父亲站在一起。"文革"结束后,梁家重获新生。1978年,梁从诫从江西回到北京,在中国大百科全书出版社任编辑,参与创办《百科知识》月刊,并曾任《知识分子》杂志主编。1988年,梁从诫辞去公职,应聘到民办中国文化书院任导师。1989年他起担任全国政协委员,2001年当选为全国政协常委。

除了自己繁忙的研究工作和社会活动外,梁从诫在整理、出版父母生前作品方面投入了大量精力。在费慰梅及许多建筑界前辈的热心帮助和支持下,他克服种种困难,将父亲于抗战后期用英文撰写的《图像中国建筑史》译为中文,1992年出版后引起很大轰动。之后,梁从诫又编辑出版了《林徽因文集·建筑卷》和《林徽因文集·文学卷》,将母亲的学术成果比较完整地展现给读者。

出乎人们意料的是,在从事了多年教育和编辑出版工作以后,花甲之年的梁从诫竟毅然改变了自己的发展方向,走进一个完全陌生的专业领域,开始了一项全新的事业。事实上,也正是这一执着的转变,将他的人生真正推向一个更广阔的舞台。也许是巧合,也许是天意,他所选择的领域和他父亲毕生从事的古建筑保护有着众多一致之处,只是,前者范围更广,责任更大——那就是中国的环保事业。

据梁从诫讲,是不经意中看到的一篇文章改变了他的人生轨迹。二十世纪八十年代,梁从诫在百科知识杂志社做编辑,一篇关于环境问题的来稿深深地打动了他。文章作者尖锐地指出,在经济快速发展的同时,规模小、设备简陋的乡镇企业势必成为无法估量的污染源,对周围环境和生态造成难以弥补的破坏。从这篇文章中,梁从诫敏锐地捕捉到了一个重要而又极为可怕的信息,那就是经济快速发展中的中国正在遭遇严重的环境污染问题。他说，正是那篇文章唤起了他对自己生存环境的关注。"在许多国家中，环境的恶化由来已久。但对今日中国来说，它却尤为严重，甚至是致命的。在中国数千年的历史上，其人口从来没有像今天这么多，以至人均占有的资源从来没有像今天这么少；其经济活动规模从来没有像今天这么大，而她借助科学和技术知识以改变自然的能力也从来没有像今天这么强。加之，对于千百万普通中国人来说，那种追求物质享受和舒适，甚至渴望成为'速成富翁'的冲动，也从来没有像今天这样强烈。人们很难想象，在这样的压力下，我们的自然资源和环境怎么能够永续地、健康地维持下去。"①

1993年3月，梁从诫与杨东平、王力雄、梁晓燕等人探讨在中国建立民间绿色组织的问题，正式开始了他投身民间环保事业的历程。促使他们走到一起的原因很简单："这是一件对我的国家、我的同胞和我家庭的未来极端重要，而目前仍被大多数中国老百姓所忽视的事情。"②当年的6月5日，他们在北京西郊玲珑园公园组织了一次关于环境问题的恳谈会，六十余人参加，人们后来称之为"玲珑园会议"。几经周折后，经国家文化部办公厅同意，民政部社团司注册，1994年3月，中国第一个民间环保组织——中国文化书院·绿色文化分院获准成立，梁从诫任院长。根据"保护环境，善待自然"的宗旨，绿色文化分院简称"自然之友"，以玲珑园会议参加者为主，"自然之友"有了第一批会员。

一个民间团体从事环境保护，难度之大，丝毫不亚于当年梁思成保护古建筑。1993年11月，梁从诫等四人应邀到某著名高校做关于环境问题的讲座，听众不足三十人；一年之后，梁从诫应邀到某国家机关演讲，听

---

① 梁从诫：《在菲律宾——雷蒙·麦格赛赛奖颁奖大会上的答词》，梁从诫：《不重合的圈》，天津：百花文艺出版社，2002年，第318—319页。
② 梁从诫：《在菲律宾——雷蒙·麦格赛赛奖颁奖大会上的答词》，梁从诫：《不重合的圈》，天津：百花文艺出版社，2002年，第318页。

众只有五个人。坦率而言,这还只是公众参与环保意识薄弱一个方面的困难,至于说经费短缺、政策法规薄弱、地方保护等方面的困难,更是不胜枚举。对此,梁从诫的态度异常平静,他坦言:"'自然之友'在群众性环保实践活动中常常告诫自己:一不唱绿色高调,二不做绿色'救世主'。'还我青山,还我绿水,还我蓝天',不论喊得多么激昂、浪漫,没有包括自己在内的踏踏实实的行动,什么都不会改变,或只会变得更糟;而没有公众的自觉参与,少数'环保精英'不论自我感觉多么良好,也是不可能包打天下的。"[1]

从1993年起,梁从诫先后到各大中小学做过近百场环保讲座。1998年7月2日—12月31日,他应邀到北京人民广播电台主持"人生热线"周四专栏"自然之友"节目,在听众中引起很大反响。在自己参加的历次政协会议上,他均提交经过精心准备的环保问题提案。1996年3月,在全国政协八届四次会议上,梁从诫作了《大声疾呼,加强环保》的大会发言,这是人民政协历史上首次以环保为主题的大会发言。

1998年6月,时任美国总统的克林顿访华,梁从诫应邀代表"自然之友"参加了在广西桂林举行的克林顿总统与中国民间人士关于环境问题的圆桌讨论会。

1998年10月上旬,梁从诫在一次与英国驻华大使见面时谈起了藏羚羊的保护和藏羚绒在英国的非法市场问题,深表同情的英国大使当即建议:"自然之友"应利用时任英国首相布莱尔即将访华的机会,给他写一封公开信,请他设法制止英国的藏羚绒非法交易,以支持中国开展的反盗猎藏羚羊斗争。很快,梁从诫便写出了公开信,并附上一组藏羚羊被大批猎杀的照片,委托英国驻华大使转交布莱尔。10月7日,梁从诫应邀会见来华访问的布莱尔,又当面和他交谈了藏羚羊的保护问题。为了杜绝盗

---

[1] 梁从诫:《〈为无告的大自然〉编叙——"自然之友"五周年文集》,梁从诫:《不重合的圈》,天津:百花文艺出版社,2002年,第282—283页。

猎,保护正在遭受灭绝性捕杀的藏羚羊,他吁请布莱尔更有效地制止英国国内藏羚羊绒的非法贸易。布莱尔于次日复信表示同情和支持,在信中布莱尔首相明确表示:"一定会把你的要求转告给联合王国和欧洲联盟的环境主管当局。我希望将有可能终止这种非法贸易。"①

1995年7月9日的《光明日报》头版发表了一篇题为《西北这么穷,为什么还要铺张》的文章,透过这不长的报道却让我们感受到了梁从诫的真实性格和品格。记者这样写道:

"西北地区许多基层文化站十分简陋,然而在接待全国政协群众文化调查组时,却车辆浩荡,饭菜丰盛。全国政协委员梁从诫疾呼——

'西北地区那么穷,为什么还要这么铺张?能不能省下搞接待的钱干点正事?'

'我看了一路,至今还有一些问题想不明白。许多乡文化站和基层文化单位确实太寒伧、太可怜了。但我们能不能从各方面挤出一些钱来给他们一些支持呢?我们去时,有那么多陪同的人,动用了十几辆小车,浩浩荡荡。'

'我们走过几个省,接待规格都很高。其实,我们是来工作的,并不需要多高规格的接待,也不需要顿顿大鱼大肉上酒上饮料。对于西北地区的困难,我们都能理解。如果宣布我们只吃小米粥或最简单的饭菜,把钱省下来支援没钱的文化站,我们都会鼓掌支持的!'"

打开梁从诫领导的"自然之友"大事记,我们会惊讶地发现,作为一个民间环保组织,虽然发展途中遍布荆棘与坎坷,但却从未退缩,而是迎难而上,走过了一条硕果累累的成长之路。"自然之友"成立以来,在中国首次开展民间群众性环境教育活动,邀请国内外知名专家开办普及环保知识的"绿色讲座",听众达到数千人次。与此同时,它出版了受到广泛

---

① 梁从诫:《布莱尔首相给梁从诫的复信》,梁从诫:《不重合的圈》,天津:百花文艺出版社,2002年,第260页。

赞誉的儿童环保读物——《绿色家园》；在中国首次进行"报纸环境意识调查"，连续三年对全国主要报纸的环境报道进行统计分析，对其环境意识予以科学评估；通过全国政协等多种渠道，向中央有关部门提出了大量涉及北京环境污染治理、江河源生态保护等重大环境问题的建议；首次组织志愿者自费到内蒙古沙漠和陕北开展植树活动，并多年坚持；首次举办民间性中小学教师环境教育交流培训活动，两次组织中小学教师到德国、荷兰就青少年环境教育问题进行参观学习；为宣传野生鸟保护的重要意义，在中国组织了第一个群众性业余观鸟小组。为了保护生态资源，制止大规模猎杀野生动物的恶潮，1999年"自然之友"组织北京多家环保团体共同发出"不买、不做、不吃野味"的倡议书。此外，广为社会关注的滇金丝猴保护、长江源生态保护及青藏高原野生动物（尤其是藏羚羊）的保护等环保焦点问题，也正是由于自然之友和其他一些环保组织和人士的积极参与，并向中央领导同志和新闻媒体及时反映有关情况，才得以在一定程度上得到解决。如果不是他们的出色工作，也许滇金丝猴——这种灵长类中除人以外唯一的红唇动物，将在失去最后一块栖息地之后而永远灭绝；如果不是他们冒着生命危险、甘愿倾家荡产的英雄之举，也许身姿矫健、生态价值极高的藏羚羊很快就会在盗猎者的枪声下彻底消失，可可西里也将成为一块野生动物的伤心地……他们在用自己的行动告诉我们，在环境污染与破坏日益加剧的今天，如果没有更多的组织和个人加入到锲而不舍的环境保护实践中，也许会有更多的环境悲剧发生。

由于梁从诫及其领导的"自然之友"在中国民间环保事业中的开拓性工作及所取得的卓越成就，他们的行动逐渐获得了社会各界的认可和支持，并赢得一系列赞誉。1995年10月，梁从诫在日本东京获得由日本《每日新闻》和韩国《朝鲜日报》联合颁发的第一届"亚洲环境奖"；由于多年来积极参与中国文物的保护活动，1998年梁从诫被文物界推选为中国文物学会副会长；1999年7月，梁从诫获得中国环境新闻工作者协会和香港"地球之友"共同颁发的1999年度"地球奖";1999年12月,为表彰梁从诫在环境教育和保护野生动物方面的突出贡献,国家林业局授予其"大熊猫奖";2000年8月,梁从诫荣获菲律宾"雷蒙·麦格赛赛"奖,此奖以菲律宾前总统命名,旨在表彰亚洲地区社会活动方面有杰出贡献的人士,曾被国外传媒誉为"亚洲的诺贝尔奖";2000年12月,他被国家环保总局授予"环境保护杰出贡献者"称号;在2001年3月召开的全国政协九届四次会议上,因为在环保领域的突出贡献,梁从诫当选为全国政协常委;2002年,他受聘担任北京奥组委环境顾问;2003年,获第二届"母亲河奖";同年的12月,当选中央电视台十大"年度法治人物";2004年9月,被《南方人物周刊》评为"影响中国公共知识分子50人";2005年,获"绿色中国年度人物"奖。

2010年10月28日,梁从诫病逝于北京。作为一名学者和民间环保活动家,梁从诫以自己不懈的努力赢得了社会各界的认同和尊重。"滴自己的汗,吃自己的饭",他在追求心中的绿色梦想的实践中实现了自己的人生价值。对梁从诫选择从事民间环保事业,季羡林先生曾颇为感慨,他的一段表述或可帮助我们更深刻地理解梁从诫在传承百年梁家的人格与风格中所担当的角色,他这么说:"从诫本来是一个历史学家,如果沿着这条路走下去的话,什么风险也不会有,就能有所成就的。然而,他不甘心坐在象牙塔里,养尊处优;他毅然抛开那一条'无灾无难到公卿'的道路,由一个历史学家一变而为'自然之友'。这就是他忧国忧民忧天下思想的表现,是顺乎民心应乎潮流之举。我对他只能表示钦佩与尊敬。宁愿丢一个历史学家,也要多一个'自然之友'。"[①]

---

① 赵永新:《追念自然之子梁从诫》,《环境教育》,2010年第11期。

附录一 梁启超年表[1]

1873年（同治十二年癸酉） 一岁

2月23日（正月二十六日）生于广东省新会县熊子乡茶坑村。

1876年（光绪二年丙子） 四岁

从祖父及母亲，始读四书、《诗经》。

1878年（光绪四年戊寅）六岁

随父受中国略史，五经卒业。

1882年（光绪八年壬午） 十岁

年初赴广州应童子试，舟途吟诗惊座，得"神童"之誉。

1884年（光绪十年甲申） 十二岁

11月，应院试，中秀才。

1885年（光绪十一年乙酉） 十三岁

始治段（玉裁）、王（念孙、引之）训诂之学。

1887年（光绪十三年丁亥） 十五岁

肄业于广州学海堂，弃帖括之学，醉心于训诂辞章。

---

[1] 李华兴、吴嘉勋编：《梁启超选集》，上海：上海人民出版社，1984年，第886—910页。

1888年(光绪十四年戊子) 十六岁

为学海堂正班生,又为菊坡、粤秀、粤华之院外生。

1889年(光绪十五年己丑) 十七岁

9月,应广东乡试,中举人第八名。主考李端棻嘉其才华,以堂妹李蕙仙许之。

1890年(光绪十六年庚寅) 十八岁

春,赴京会试,下第。是年9月,结识康有为,并为之折服,于是悉弃旧学,退出学海堂,拜康有为为师。

1891年(光绪十七年辛卯) 十九岁

随康有为读书于广州万木草堂。协助校勘《新学伪经考》,分撰《孔子改制考》及《春秋董氏学》。

11月入京,与李蕙仙成婚。

1892年(光绪十八年壬辰) 二十岁

3月,入京会试,不第。

夏,偕妻南归。继续在万木草堂受业。

1893年(光绪十九年癸巳) 二十一岁

正月,长女梁思顺出生于新会老家。

冬,讲学于东莞。

1894年(光绪二十年甲午) 二十二岁

3月赴京,11月归粤。

1895年(光绪二十一年乙未) 二十三岁

春,与康有为同赴北京会试,落第。

4月22日,发动在京会试的广东、湖南两省举人上书都察院,反对签订《马关条约》。

5月2日,和康有为一起发动一千三百余名举人联名上书光绪帝,请求拒和、迁都、练兵、变法,史称"公车上书"。

8月17日，参与编辑《万国公报》（由康有为创办，后改名为《中外纪闻》）。

8月起，协助康有为在京创办强学会。

1896年（光绪二十二年丙申） 二十四岁

4月，离京抵沪。

8月9日，《时务报》（旬刊）在上海创刊，任主笔。发表《变法通议》《论中国积弱由于防弊》等文。

11月，赴澳门筹办《知新报》。

1897年（光绪二十三年丁酉） 二十五岁

1月，由澳门至武昌，晤张之洞。

6月，所辑《西政丛书》三十二册出版，介绍"西人所以立国之本末"。

7月，与汪康年、麦孟华等在上海创办不缠足会。

10月，在上海创办大同译书局，出版《经世文新编》等。

11月，与汪康年矛盾激化，被迫离开《时务报》，随即赴长沙湖南时务学堂任总教习。

1898年（光绪二十四年戊戌） 二十六岁

2月，大病，离湘赴沪就医。3月初，病初愈，入京。

5月下旬，在京联合百余举人上书，请废八股取士之制，推行经济六科。

7月3日，光绪帝召见梁启超，命呈《变法通议》，赏六品衔，办理京师大学堂译书局事务。8月16日，译书局成立。8月26日，光绪帝准梁启超奏，在上海设立编译学堂。

"百日维新"期间，助康有为倡行新政，草拟大量变法章程及条文。

9月21日，戊戌政变发生。当日晚，梁启超避入日本公使馆，旋乘日舰逃亡日本。10月16日，梁启超抵达日本东京。

12月23日，梁启超与冯镜如等在日本横滨创刊《清议报》（旬刊），先后发表《戊戌政变记》部分章节与《爱国论》等。

1899 年（光绪二十五年己亥） 二十七岁

7 月，与韩文举、欧榘甲等十二人结义于江之岛，梁排行第五。

8、9 月间，得华侨资助，在东京创办高等大同学校，并于神户筹办同文学校，次年春成。

夏、秋间，与孙中山交往日密，"渐赞成革命"。12 月 22 日，离横滨，29 日抵檀香山。

本年，始作《饮冰室自由书》。

1900 年（光绪二十六年庚子） 二十八岁

2—7 月，居檀香山半年。倡议成立保皇会，并四处募集捐款。

9 月，应澳州保皇会之邀，取道印度游澳洲。居澳半年，环洲游说。

1901 年（光绪二十七年辛丑） 二十九岁

2—4 月，居澳洲。5 月，由澳返日，抵横滨。4 月 20 日，子梁思成出生于日本东京。

4—7 月，发表《中国积弱溯源论》《过渡时代论》等文。

11 月开始撰写《中国四十年大事记》，两个月后完成。

本年，在上海开办广智书局，著《南海康先生传》。

1902 年（光绪二十八年壬寅） 三十岁

2 月 8 日，于日本横滨创刊《新民丛报》（半月刊），创刊号发表《新民说》。同期，《新史学》问世。

2 月 22 日，发表《保教非所以尊孔论》。

11 月 14 日，《新小说》创刊，发表《新中国未来记》等小说。

同月，何擎一（天柱）辑成《饮冰室文集》，梁作序文，次年 3 月出版。是为梁著首次结集。

本年，集股创办译书局于横滨。

全年著述甚富，除政论与学术专著（如《论中国学术思想变迁之大势》《新史学》)外,大量介绍西方著名学者如亚里士多德、培根、笛卡尔、达尔文、孟德斯鸠、亚当·斯密、边沁等人的社会政治学说与文化学术思想。

1903年（光绪二十九年癸卯） 三十一岁

2月20日,应美洲保皇会之邀,离日赴北美。3月4日,抵加拿大温哥华。5月12日,抵美国纽约。12月11日返抵横滨。

访美归来后,放弃"革命排满"观点,"对于国体主维持现状"。

本年,成《新大陆游记》。

是年,梁启超与王桂荃结婚。

1904年（光绪三十年甲辰） 三十二岁

3月,赴香港参加保皇会大会。

4月,自香港秘密抵沪,筹办《时报》。次月返日本横滨。

10月7日,子梁思永在上海出生。

本年,成政论《中国历史上革命之研究》,学术著作《子墨子学说》等。《国文稿》(《中国通史》已草二十余万言)。

1905年（光绪三十一年乙巳） 三十三岁

秋冬间,为端方等代草考察宪政报告之类奏议,约二十万言。

1906年（光绪三十二年丙午） 三十四岁

1月6日,《新民说》连载完毕。

1月25日,《开明专制论》始刊于《新民丛报》,3月25日全文完。

11—12月,与杨度、蒋智由、徐佛苏、熊希龄等筹商组党事宜。

本年,与革命派论战白热化。梁氏作《申论种族革命与政治革命之得失》《暴动与外国干涉》《杂答某报》等文。

1907年（光绪三十三年丁未） 三十五岁

夏,为组党事奔走于上海、神户、东京间。

10月7日,政闻社机关报《政论》创刊于东京（第二期后迁往上海）,

梁氏撰《政闻社宣言书》。10月17日，政闻社于日本东京成立。

11月20日，《新民丛报》停刊。

是年，子梁思忠出生于日本。

是年忙于组党，为文甚少。与革命派论战有《驳某报之土地国有论》。成《国文语原解》。

1908年（光绪三十四年戊申） 三十六岁

9月4日，女梁思庄出生于日本神户。

9月13日，清政府诏禁政闻社。之后，梁氏一度"专务著述"。

12月和转年1月，先后上书摄政王载沣和肃王善耆，申明救国主张。

本年，成《王荆公》与《中国国会制度私议》诸文。

1909年（宣统元年己酉） 三十七岁

4月，成《管子传》。5月，著《财政原论》。

冬，指导国会请愿同志会的赴京请愿活动。

1910年（宣统二年庚戌） 三十八岁

2月20日，《国风报》创刊，撰《〈国风报〉叙例》。

夏秋间，积极活动开放党禁。

12月，发起国民常识学会，未果。

本年，通过徐佛苏等与国内各立宪团体广泛联系。全年著文六十六篇，其中直接谈宪政者二十二篇，谈财政者二十六篇。

1911年（宣统三年辛亥） 三十九岁

3月24日，与长女思顺离开日本赴台湾。

10月10日，武昌起义爆发。梁与康有为磋商对策。次月，作《新中国建设问题》，认为"惟英国式的虚君共和政体最适宜中国"。

11月6日，离开日本回国，9日抵大连，旋往沈阳。因形势严峻，即匆匆折归日本。

1912年（民国元年壬子） 四十岁

1月10日，参加汤化龙、孙洪伊等组织的共和建设讨论会。

4、5月间，有请康有为退隐之议。康、梁政治分途。

8月27日，民主党成立，以梁启超为党魁。

9月，离日回国，10月5日抵大沽。20日抵北京，民主党、共和党、报界、商会等开联欢会多次。11月1日返回天津，梁自诩："此十二日间，吾一身实为北京之中心，各人皆环绕吾旁，如众星之拱北宸。"

12月15日，子梁思达出生于日本神户。

1913年（民国二年癸丑） 四十一岁

2月24日，跨党加入共和党。

5月29日，统一、共和、民主三党合并为进步党，梁启超任理事。

9月11日，进步党"人才内阁"成立，梁出任司法总长。

10月初，为熊内阁起草《政府大政方针宣言书》。

是年，梁夫人李蕙仙带领全家由日本回国。

1914年（民国三年甲寅） 四十二岁

2月12日，熊希龄内阁倒台。19日，梁被任命为币制局总裁。

6月20日，任参议员。

12月13日，女梁思懿出生于北京。

12月27日，辞去币制局总裁。

年底，举家迁居天津。

1915年（民国四年乙卯） 四十三岁

1月20日，《大中华》创刊，梁氏为总撰述，作发刊辞。又刊《吾今后所以报国者》，表示今后当中止与一切政治团体之关系。

4月下旬，返广东新会探亲。

6月4日，由粤抵沪，旋赴南京。22日偕冯国璋抵北京。

此后，长居天津。

8月，与蔡锷密商反袁大计。

12月16日，梁氏离津赴沪，策划护国之役。

是年，子思成、思永进入清华学校。

1916 年（民国五年丙辰） 四十四岁

3月4日，离沪赴港转广西。4月4日，辗转抵南宁。

5月1日，两广"护国军都司令部"成立，梁氏任都参谋。

5月8日，就任护国军军务院抚军兼政务委员长。23日，任滇黔桂三省总代表。

5月30日，得知父亲已于3月14日去世，当即电辞本兼各职，居丧守制。

5月，发表《袁政府伪造民意密电书后》。

9月，梁氏于护国运动中所撰公文函电，结为《盾鼻集》出版。

10月30日，女梁思宁出生。

11月8日，蔡锷逝世，作《祭蔡松坡文》。12月，发起创办松坡图书馆。

1917 年（民国六年丁巳） 四十五岁

1月6日，为内阁、外交诸事入京。

7月1日，通电反对张勋、康有为复辟，参与讨伐张勋。

7月17日，出任段祺瑞内阁财政总长。

11月15日，内阁全体呈请辞职。

1918 年（民国七年戊午） 四十六岁

3—8月，于天津著《中国通史》。

8—9月，因著述过勤，吐血数次。病愈后暂停著述，转读佛书。

12月28日，由上海起航，赴欧洲游历。

1919 年（民国八年己未） 四十七岁

2月11日抵伦敦，18日抵巴黎。3月7日，由巴黎出发，考察欧战时各处战地。

6月7日返伦敦。7月18日，由巴黎出发，游比利时、荷兰、瑞士、意大利。10月7日，回巴黎。12月12日，抵柏林。

欧游期间，随时记录所见所闻及观察感想，年终已撰成六七万言。

1920年（民国九年庚申） 四十八岁

1月23日，由马赛归国。3月5日，抵沪。

3月19日，抵京。

3月，《欧游心影录节录》于《时事新报》《晨报》连载。

4月，与蒋百里等组织共学社，编译新书。

9月5日，创办讲学社。

本年，刻意著述，成《清代学术概论》《墨经校释》，撰中国古代哲学及佛学论文多篇，承办上海中国公学。

1921年（民国十年辛酉） 四十九岁

2月15日，发表《复张东荪书论社会主义运动》。

秋，应南开大学聘，主讲中国文化史。

10月10日—12月21日，应天津、北京各校邀请，作公开演讲七次。次年2月，汇集成《梁任公先生最近演讲集》出版。

本年，长居天津，"除就餐外，未尝离书案一步"，成《墨子学案》《中国历史研究法》等。

1922年（民国十一年壬戌） 五十岁

3月，讲学于清华学校。

4月1日—9月中旬，在北京、济南、南京、上海、南通、武昌、长沙等地作巡回学术讲演二十余次，后折返天津。

10月下旬，赴南京东南大学讲学，原题中国政治思想史，因11月21日起患心脏病，汉以后部分阙如，乃整理讲义，12月20日，成《先秦政治思想史》。

本年，著《大乘起信论考证》。有《科学精神与东西文化》《历史统计学》诸文。

1923 年（民国十二年癸亥） 五十一岁

1月13日，作《东南大学课毕告别辞》，15日离南京，返天津。是月，发起创办文化学院。

参与科学与人生观论战，5月撰写《人生观与科学》诸文。

5月7日，子梁思成、梁思永遭遇车祸，经抢救脱险。

7月，主讲南开大学暑期学校。

9月起，讲学清华学校。

10月10日，发起戴东原二百年生日纪念会。

本年，成《陶渊明》《朱舜水年谱》《国学入门书要目及其读法》等。

1924 年（民国十三年甲子） 五十二岁

1月29日，于北京召开戴东原二百年生日纪念会，撰《戴东原先生传》及《戴东原哲学》。

春，讲学于南开大学。成《清代学者整理旧学之总成绩》。

4月26日，于北京会见印度诗人泰戈尔。

6月，子思成、思永赴美留学。

8月24日，子梁思礼生于北京。

9月13日，夫人李蕙仙病故。

本年，《中国近三百年学术史》出版。因陪侍病榻半年，心绪哀痛，甚少著述。

1925 年（民国十四年乙丑） 五十三岁

5月1日，讲演《无产阶级与无业阶级》。

"五卅"惨案发生后，陆续撰写《为沪案敬告欧美朋友》。

9月初，开始主持清华研究院。10月初，对研究院诸生讲演《指导之方针及选择研究题目之商榷》。

11月17日，发表《国产之保护及奖励》。

12月，出版《要籍解题及其读法》。

本年，任京师图书馆馆长。题跋碑志画最多。

1926年（民国十五年丙寅） 五十四岁

1、2月，尿血甚剧。3月，入北平协和医院，16日手术被误割去好肾。

春，就任中华教育文化基金会所设北京图书馆馆长。美国耶鲁大学欲赠梁氏名誉博士学位，因病未能成行。

秋，筹办司法储才馆。11月，计划重缮《四库全书》。

本年居北京，著《中国历史研究法补编》《王阳明知行合一之教》等。

1927年（民国十六年丁卯） 五十五岁

1月17日，司法储才馆开学，梁启超任馆长，致开馆辞。

年初，除续任清华学校导师外，又在燕京大学兼课。

7月，中华教育文化基金董事会通过梁启超关于编纂《中国图书大辞典》的提议，并给予津贴。

8—12月，因时局及健康原因，除清华任职外，完全摆脱各事，进行休养，病情有所减轻。

本年著述有《中国文化史》《儒家哲学》《古书真伪及其年代》等。

1928年（民国十七年戊辰） 五十六岁

1月及4月，入协和医院检查治疗。

3月21日，长子梁思成与林徽因在加拿大渥太华举行婚礼。

6月，完全辞去清华研究院各事。

8月24日，因旧病屡发，请辞《中国图书大辞典》编纂工作。

9月，梁思成夫妇学成归国，受聘于东北大学创办建筑系。

9月10日，抱病作《辛稼轩先生年谱》，成十之七八。10月12日，病重绝笔。

11月28日，再入协和医院。

1929年（民国十八年己巳） 五十七岁

1月19日病逝于北平协和医院。

附录二 主要参考书目

文献资料集

[1] 北京建设史书编辑委员会编:《建国以来的北京城市建设》,北京,1985年。

[2] 北京建设史书编辑委员会编辑部:《建国以来的北京城市建设资(第一卷 城市规划)》,北京,1987年。

[3] 北京市档案馆、中共北京市委党史研究室编:《北京市重要文献选编》(1948.12—1965,共17册),北京:中国档案出版社,2001—2007年。

[4] 王国华:《北京城墙存废记——一个老地方志工作者的资料辑存》,北京:北京出版社,2007年。

[5] 杨永生:《1955—1957建筑百家争鸣史料》,北京:中国建筑工业出版社,2003年。

[6] 中共北京市委党史研究室编:《北京记忆》,北京:中央文献出版社,2007年。

[7] 中共中央文献研究室:《建国以来重要文献选编》(共20册),北京:中央文献出版社,1992—1998年。

[8] 中共中央文献研究室、中央档案馆、《党的文献》编辑部:《共

和国走过的路——建国以来重要文献专题选集》（1949—1952年），北京：中央文献出版社，1991年。

[9] 中共中央文献研究室、中央档案馆：《建国以来周恩来文稿》（第1—2册），北京：中央文献出版社，2008年。

[10] 政协第一届全体会议秘书处编：《中国人民政治协商会议第一届全体会议纪念刊》，北京：人民出版社，1999年。

个人文集、书信、日记、年谱、回忆录等资料

[1] 陈愉庆：《多少往事烟雨中》，北京：人民文学出版社，2010年。

[2] 陈占祥等著，陈衍庆、王瑞智编：《建筑师不是描图机器——一个不该被遗忘的城市规划师陈占祥》，沈阳：辽宁教育出版社，2005年。

[3] 丁文江、赵丰田编：《梁启超年谱长编》，上海：上海人民出版社，2009年。

[4] 华揽洪：《重建中国——城市规划三十年（1949—1979)》，北京：生活·读书·新知三联书店，2006年。

[5] 胡适著，曹伯言整理：《胡适日记全编》（第1—8卷），合肥：安徽教育出版社，2001年。

[6] 李华兴、吴嘉勋编：《梁启超选集》，上海：上海人民出版社，1984年。

[7] 梁从诫编：《林徽因文集·文学卷》，天津：百花文艺出版社，1999年。

[8] 刘敦桢：《刘敦桢全集》（第1—10卷），北京：中国建筑工程出版社，2007年。

[9] 林徽因著，陈学勇编：《林徽因文存·建筑》，成都：四川文艺出版社，2005年。

[10] 林徽因著，陈学勇编：《林徽因文存·诗歌·小说·戏剧》，成都：

四川文艺出版社，2005年。

[11] 林徽因著，陈学勇编：《林徽因文存·散文·书信·评论·翻译》，成都：四川文艺出版社，2005年。

[12] 刘培育：《金岳霖的回忆与回忆金岳霖》（增补本），成都：四川教育出版社，2000年。

[13] 《梁思成全集》（第1—9卷），北京：中国建筑工业出版社，2001年。

[14] 《梁思成全集》（第10卷），北京：中国建筑工业出版社，2007年。

[15] 梁思礼口述，吴荔明、梁忆冰整理：《一个火箭设计师的故事——梁思礼院士自述》，北京：清华大学出版社，2006年。

[16] 刘小沁编选：《窗子内外忆徽因》，北京：人民文学出版社，2001年。

[17] 逄先知主编：《毛泽东年谱（1893—1949)》，北京：人民出版社、中央文献出版社，1993年。

[18] 全国政协文史资料委员会《平津战役亲历记》编审组：《平津战役亲历记（原国民党将领的回忆)》，北京：中国文史出版社，1989年。

[19] 杨永生：《建筑百家书信集》，北京：中国建筑工业出版社，2000年。

[20] 张镈：《我的建筑创作道路》（增订版），天津：天津大学出版社，2011年。

[21] 中共中央文献研究室：《周恩来年谱（一九四九——一九七六)》，北京：中央文献出版社，1997年。

[22] 中共中央文献研究室：《周恩来年谱（一八九八——一九四九)》，北京：中央文献出版社，2007年。

[23] 张郎郎：《大雅宝旧事》，上海：文汇出版社，2004年。

[24] 张品兴编：《梁启超家书》，北京：中国文联出版社，2000年。

[25] 张品兴主编：《梁启超全集》，北京：北京出版社，1999年。

研究论著、传记及论文集

[1] 编辑委员会编：《梁思成先生诞辰八十五周年纪念文集》，北京：清华大学出版社，1986年。

[2] 陈其泰：《梁启超评传》，南宁：广西教育出版社，1996年。

[3] 陈徒手：《故国人民有所思：1949年后知识分子思想改造侧影》，北京：生活·读书·新知三联书店，2013年。

[4] 崔晓麟：《重塑与思考：1951年前后高校知识分子思想改造运动研究》，北京：中共党史出版社，2005年。

[5] 陈学勇：《林徽因寻真——林徽因生平创作丛考》，北京：中华书局，2004年。

[6] 崔勇、杨永生选编：《营造论——暨朱启钤纪念文选》，天津：天津大学出版社，2009年。

[7] 崔勇：《中国营造学社研究》，南京：东南大学出版社，2004年。

[8] 窦欣平：《像史学家一样逛北京》，北京：北京燕山出版社，2012年。

[9] 窦忠如：《梁思成传》，天津：百花文艺出版社，2007年。

[10] 郭黛姮、高亦兰、夏路：《一代宗师梁思成》，北京：中国建筑工业出版社，2006年。

[11] 高亦兰编：《梁思成学术思想研究论文集》，北京：中国建筑工业出版社，1996年。

[12] 耿云志、崔志海：《梁启超》，广州：广东人民出版社，1996年。

[13] 侯仁之：《北京城市历史地理》，北京：北京燕山出版社，2000年。

[14] 黄延复：《清华逸事》，沈阳：辽海出版社，1998年。

[15] 梁从诫：《不重合的圈》，天津：百花文艺出版社，2003年。

[16] 赖德霖：《中国近代建筑史研究》，北京：清华大学出版社，

2007年。

[17] 罗检秋：《新会梁氏·梁启超家族的文化史》，北京：中国人民大学出版社，1999年。

[18] 李喜所、胡志刚：《梁思成的前世今生》，北京：东方出版社，2010年。

[19] 李喜所：《近代留学生与中外文化》，天津：天津教育出版社，2006年。

[20] 李喜所：《中国近代社会与文化研究》，北京：人民出版社，2003年。

[21] 李喜所：《中国留学史论稿》，北京：中华书局，2007年。

[22] 林洙：《建筑师梁思成》，天津：天津科学技术出版社，1996年。

[23] 林洙：《叩开鲁班的大门——中国营造学社史略》，北京：中国建筑工业出版社，1995年。

[24] 林洙：《梁思成、林徽因与我》，北京：清华大学出版社，2004年。

[25] 林洙：《困惑的大匠·梁思成》，济南：山东画报出版社，2001。

[26] [美] 费慰梅著，曲莹璞、关超等译：《梁思成与林徽因：一对探索中国建筑史的伴侣》，北京：中国文联出版公司，1997年。

[27] 清华大学建筑学院：《建筑师林徽因》，北京：清华大学出版社，2004年。

[28] 清华大学建筑学院：《梁思成先生百岁诞辰纪念文集》，北京：清华大学出版社，2001年。

[29] 清华大学校史编写组编著：《清华大学校史稿》，北京：中华书局，1981年。

[30] 钱锋、伍江：《中国现代建筑教育史（1920—1980）》，北京：中国建筑工业出版社，2008年。

[31][瑞典]奥斯伍尔德·喜仁龙著,许永全译,宋惕冰校:《北京的城墙和城门》,北京:北京燕山出版社,1985年。

[32]王军:《城记》,北京:生活·读书·新知三联书店,2003年。

[33]王军:《拾年》,北京:生活·读书·新知三联书店,2012年。

[34]吴荔明:《梁启超和他的儿女们》,北京:北京大学出版社,2009年。

[35]吴其昌:《梁启超传》,南京:江苏人民出版社,2015年。

[36]许纪霖主编:《近代中国知识分子的公共交往(1895—1949)》,上海:上海人民出版社,2008年。

[37]萧乾:《北京城杂忆》,北京:生活·读书·新知三联书店,1999年。

[38][英]迪耶·萨迪奇著,王晓刚、张秀芳译:《权力与建筑》,重庆:重庆出版社,2007年。

[39]岳南:《1937—1984:梁思成、林徽因和他们那一代文化名人》,海口:海南出版社,2007年。

[40]岳南:《李庄往事——抗战时期中国文化中心纪实》,杭州:浙江人民出版社,2005年。

[41]杨佩祯、王国钧、张五昌主编:《东北大学八十年》,沈阳:东北大学出版社,2003年。

[42]杨永生:《建筑百家轶事》,北京:中国建筑工业出版社,2000年。

[43]杨永生、刘叙杰、林洙:《建筑五宗师》,天津:百花文艺出版社,2005年。

[44]赵炳时、陈衍庆编:《清华大学建筑学院(系)成立50周年纪念文集》,北京:中国建筑工业出版社,1996年。

[45]曾昭奋:《清华园里可读书》,北京:生活·读书·新知三联书店,2013年。

图书在版编目（CIP）数据

新文新民新世界：梁启超家族 / 李喜所，胡志刚著 . --北京：新星出版社，2017.1
ISBN 978-7-5133-2446-5

Ⅰ．①新… Ⅱ．①李… ②胡… Ⅲ．①梁启超(1873-1929)-家族-史料 Ⅳ．①K820.9

中国版本图书馆 CIP 数据核字（2016）第 301729 号

传记文库

新文新民新世界：梁启超家族

李喜所　胡志刚　著

策　　划：彭明哲
责任编辑：杨英瑜
责任印制：李珊珊
装帧设计：一千遍工作室

出版发行：新星出版社
出 版 人：谢　刚
社　　址：北京市西城区车公庄大街丙3号楼　　100044
网　　址：www.newstarpress.com
电　　话：010-88310888
传　　真：010-65270449
法律顾问：北京市大成律师事务所

读者服务：010-88310811　　service@newstarpress.com
邮购地址：北京市西城区车公庄大街丙3号楼　　100044

印　　刷：北京汇瑞嘉合文化发展有限公司
开　　本：660mm×970mm　　1/16
印　　张：20.75
字　　数：250千字
版　　次：2017年2月第一版　2017年2月第一次印刷
书　　号：ISBN 978-7-5133-2446-5
定　　价：46.00元

版权专有，侵权必究；如有质量问题，请与印刷厂联系调换。